高校体育教学改革创新与发展研究

刘永科　齐海杰　著

吉林出版集团股份有限公司
全国百佳图书出版单位

图书在版编目（CIP）数据

高校体育教学改革创新与发展研究 / 刘永科, 齐海杰著. -- 长春 : 吉林出版集团股份有限公司, 2022.9
ISBN 978-7-5731-2022-9

Ⅰ. ①高… Ⅱ. ①刘… ②齐… Ⅲ. ①体育教学－教学改革－研究－高等学校 Ⅳ. ①G807.4

中国版本图书馆CIP数据核字(2022)第161105号

高校体育教学改革创新与发展研究
GAOXIAO TIYU JIAOXUE GAIGE CHUANGXIN YU FAZHAN YANJIU

著　　者　刘永科　齐海杰
出 版 人　吴　强
责任编辑　蔡宏浩
装帧设计　万典文化

开　　本　787 mm×1092 mm　1 / 16
印　　张　10. 25
字　　数　200千字
版　　次　2022 年 9月第 1 版
印　　次　2022 年 9月第 1 次印刷

出　　版　吉林出版集团股份有限公司
发　　行　吉林音像出版社有限责任公司
地　　址　吉林省长春市南关区福祉大路 5788 号
印　　刷　北京四海锦诚印刷技术有限公司
电　　话　0431-81629667

书　　号　978-7-5731-2022-9
定　　价　50.00 元

前　言

高校体育是高校教育的重要组成部分。它肩负着增强学生体质，培养学生良好的心理、道德和意志品质，使学生成为具有良好社会适应能力的国家建设人才。在高校教育开展过程中，应该要积极地发挥出高校体育教学的重要作用，通过体育教育能够有效促进学生实现综合进步和发展。

国际21世纪教育委员会提交《教育——财富蕴藏其中》的报告中提出，21世纪教育的4个支柱，即“学会认知、学会做事、学会共同生活、学会生存”，这是从未来的视角对人的素质的高度要求和对人的教育提出的新的构想。就体育教育而言，人对体育的需要既有生物层面，即增强体质，增进健康；更有心理需求，即通过体育运动和竞赛来满足人们精神内化、品格形成、实现自我、体验生命的价值的需求，并达到满足人的超越自我和精神升华的需要。体育教学作为一种特殊的教学过程，它本身蕴藏着丰富的人文内涵和价值，体育本身就凝结了人类的竞争、开拓、创新、锐意进取和奋发向上的卓越品质。

现如今，高校体育教学当中依然存在不少的问题，比如教学内容单一，教学模式陈旧，教学方法和手段不足，教学评价比较片面，教师自身素质欠缺，场地设施受限等，造成教学质量无法跟上时代发展脚步。因此高校体育教学改革必须注重系统性、整体性、创新性和协同性，顺应大数据信息化时代发展的时代要求。在此背景下，本书论述了高校体育教学的重要意义，然后就高校体育存在的相关问题进行分析，在当前高校体育教学实践仍存在诸多不足的基础上，提出了高校体育教育教学改革创新之路。

本书首先对高校体育教学进行了深入的研究与探索，阐述了高校体育教学改革的思想基础，其中包括“寓德于体”“寓智于体”“寓美于体”“寓乐于体”的教育思想，引发读者对高校体育教学思想中有价值的问题作出反思，提高教师教学设计和教学研究的能力。然后，从多维角度论述了高校体育教学的发展动态，其中包括体育教学目标的统一与协调、体育教学内容的选择与开发、体育教学方法的运用与创生、体育教学手段的使用与创新、体育教学模式的多元化发展以及体育教学的有效性与正当性等内容。最后，对高校体育教学的基本内容、高校体育教学方法的改革与创新、高校体育教学过程与评价的革新、高校体育课程规划研究、高校体育资源的开发与优化配置以及高校体育与大学生心理健康教育进行了深入研究，让读者对高校体育教学改革创新与发展有了全新的认识。

高校体育教学改革从根本上改变了体育与身体、心理、社会发展的关系，提升了体育价值取向从“增强体质”到“促进身心健康”又到“满足社会需求”的境界，明确了体育价值观中的“人本位和社会本位”的统一和协调发展。

为了增强本书的学术性与严谨性，在撰写过程中，笔者参阅了大量的文献资料以及诸多专家学者的研究成果，因篇幅有限，不能一一列举，在此一并表示最诚挚的感谢。

编　者

目 录

第一章 高校体育教学的研究与探索

第一节 高校体育教学指导思想的内涵和主要观点

一、高校体育教学指导思想的内涵

学校体育教学指导思想是对体育教学活动起方向指导作用的，并以教学目标、任务为核心的基本观点与认识。它从体育教学角度反映了一定时期社会对学校体育、体育教学培养人才的要求，在根本上与社会的政治经济发展水平、学校体育发展水平相适应，以适应当今的社会对人才培养的新要求。按照改革开放时期党的教育方针，人们开始从多角度、多层次的系统出发，进一步确立起生物、心理、社会等多层次的学校体育观。在学校体育指导思想方面，强调学校体育要增强学生体质的同时，为终身体育求基础，为竞技运动备人才，为培养个性全面发展的社会主义现代化建设者服务。

二、高校体育教学的主要观点

虽然高校体育理论界开展过多次有关高校体育教学指导思想问题的讨论，但至今尚未取得一致的认识。归纳起来，主要有以下几种观点：①高校体育教学应以增强学生体质、提高健康水平为主，因此提出“体质教育”的指导思想；②“三基”教学是高校体育教学的中心环节，因此提出“技能教育”的指导思想；③高校体育教学应以促进学生德、智、体全面发展为方针，以全面完成体育教学各项目标为主导，因而提出“全面教育”的指导思想；④当前国内外教育家都十分重视学校教育中培养和发展学生的能力，所以提出“培养能力”的指导思想；⑤随着竞技体育的发展，许多高校都成立高水平运动队，于是有的学者强调高校要为发展学生竞技能力，提高运动技术水平多作贡献，因而又提出了“竞技体育”的指导思想。此外，还有“快乐体育”“主动体育”“终身体育”等体育教学指导思想。从现阶段高校体育教学改革的现状看，各种指导思想都不同程度地在起作用，各种观点都有不同的针对性、时代性和强调的重点。在当前高校体育教学改革的热潮中，对体育教学指导思想各抒己见，观点纷呈，各种指导思想的提出和争论，是深化高校体育教学改革和活跃学术气氛的表现，这对于逐步建立具有中国特色的高校体育教学体制是十分有益的。

高校体育教学指导思想是体育教学活动的根本方向和目标，高校体育教学要落实以终身体育为指导思想，就必须立足于现实，着眼于未来，对现有的体育课程进行整体改革，重视体育理论知识的传授，建立“少而精”的体育实践教材新体系，延长开设体育课程的年限，体现“以人为本”的观念，关注学生的身心健康，为学生终身健康服务。

三、体育教学指导思想的主要制约因素

体育教学指导思想的形成和发展具有历史和逻辑的必然性，但制约这种必然性的因素是多种多样的，这些诸多因素的矛盾运动影响着它的产生和发展。正如恩格斯所说：“历史从哪里开始，思想进程也应当从哪里开始，而思想进程的进一步发展不过是历史过程的抽象的、理论上前后一贯的形式的反映，这种反映是经过修正的，然而是按照现实的历史过程本身的规律修正的。这时，每一个要素可以在它完全成熟具有典型形式的发展点上加以考察。”尽管要理顺这些复杂的制约比较困难，但从系统论的角度把体育教学看成一个系统加以分析和概括的话，我们可以把体育教学指导思想的诸多制约因素分为外部主要制约因素和内部主要制约因素。

（一）外部主要制约因素

体育教学指导思想作为一种理性的东西，综合反映了一种社会现象，绝不是独立地存在，它必然受到某些哲学思想、教育思想和民族习惯及文化观的影响。因为思想史的研究不是单一地研究某一领域，而是站在政治、经济、历史、教育、宗教、社会这一层次上综合地、全面地论述它的理论体系和学说。体育教学本身是由于社会的需要而产生的，它的思想是一种复合型社会思潮、倾向和目的的体现。这种体现必须依托于一定社会的政治、经济、文化背景而存在，正如我们研究体育思想史时，要把某一体育思想纳入整个社会背景中去分析它的产生、发展和各种社会因素，当我们从整个社会的政治、经济、文化等背景考虑体育教学指导思想的制约因素的同时，也不能忽视社会生产力发展水平，尤其是科学技术发展水平。科学技术是第一生产力，它的发达程度往往取决于教育发展水平，而教育发展水平标志着教学论和心理学的发展水准。作为学校教育的一个重要组成部分的体育教学，当我们研究其指导思想的制约因素时，就不得不考虑这些因素。

综上所述，我们探讨体育教学指导思想的外部制约因素，必须从全面的、综合的、联系的观点出发，既考虑社会背景，又考虑社会生产力发展水平。

（二）内部主要制约因素

体育教学指导思想不仅受到外部因素的制约，同时还受其系统内部的影响，如体育教学的本质特征和功能、学生身心发展特点和规律、传统体育教学观念、学校体育教学发展不平衡和多样性、体育教师的政治水平和业务水平、学生的体育观念和体育态度等诸多因素。

第二节　高校体育教学体制的目标、内容、方法和评价

一、不断发展高校体育教学目标

目标是想要达到的境地或标准。体育教学目标是体育教学活动的主体在具体教学活动

中所要达到的结果或标准，是教和学双方都应共同遵循的原则。对教师来说是教授的目标，对学生来说则是学习的目标，理想的教学目标应该是教授目标与学习目标的统一体。由于体育教学目标是在具体的教学活动中所达到的结果，也就意味着，具体教学活动不同，教学目标是有差异的。可以说，体育教学目标是一个系统，由大小不等、具有递进关系的一系列教学目标组合成的。它包括教学总目标、课程教学目标、单元教学目标、课时教学目标几个层次，各个下属目标都是其上位目标的具体化。人们追求的目标，总是有特定价值的目标，有特定价值的目标又总是诱发人们的追求。总之，追求价值是人们产生行为的内在动因。高校体育教学目标也是同样，它必须有特定的价值，使人们通过选择教学内容、方法、手段等来达到这一价值。

（一）高校体育教学目标的发展过程

中华人民共和国成立以来，我国高校体育教学目标从单一追求社会需要向追求社会需要与个体需要相结合的方向发展，可以通过多次体育课程标准的修订过程看到这一趋势。1956 年我国第一套体育课程标准明确规定体育教学的目标是“培养学生成为全面发展的社会主义的建设者和保卫者”。1960 年高校体育教材规定了体育教学的目标是“增强学生体质，并通过体育向学生进行共产主义教育，使学生能更好地学习、参加生产劳动和准备保卫祖国”。1976 年至 80 年代中期学校体育课程标准规定体育教学目标是“增强学生体质，使之在德育、智育、体育几个方面都得到发展，成为有社会主义觉悟的有文化的劳动者”。1992 年高校体育课程标准规定体育教学的目标是“全面锻炼学生身体，增进学生身心健康；掌握体育的基础知识、基本技能，提高学生的体育意识和能力，为终身体育奠定基础；培养学生良好的思想品德，陶冶学生情操”。2000 年体育与健康课程标准规定体育教学的目标是“学校体育与健康教学以育人为宗旨，与德育、智育和美育相配合，促进青少年身心的全面发展，为培养社会主义的建设者和接班人奠定良好的基础”。2002 年高校体育课程标准规定体育教学的目标是“使大学生掌握体育与健康的基本知识、运动技能和科学健身方法；培养运动兴趣和爱好，形成终身体育的意识、习惯和能力；培养竞争意识、合作精神、坚强意志品质和良好的体育道德，增强控制情绪和抗挫折能力；养成积极乐观的生活态度和健康的行为方式；培养关注和参与社会体育与健康事务的能力”。从以上所列举的目标来看，1992 年以前的体育教学目标要求学生增强体质，在德智体美几方面都得到发展，目的是为社会主义培养合格的建设人才。很明显，这一目标强调了社会需要，突出了体育教学的社会价值。1992 年以后，体育课程标准对教学目标的表述发生了很大的变化，突出特点是重视了学生身心发展，为学生终身体育奠定基础，在教学中注重陶冶学生的情操等个体的需要，尤其是 2000 年的体育与健康课程标准明确指出“应以育人为宗旨”，更加明确了以学生为本的教学目标。分析我国高校体育教学目标的发展轨迹可见，它与我国政治、经济、文化教育发展的时代要求相合拍。这个全国统一规定的教学目标，以及为实现这个目标而建立的一套体育教学的基本体系，其主要特征是：教学目标的统一性；教学要求的整体性；教材内容的系统性；教学管理的纪律性。

（二）高校体育教学目标的发展特点

任何阶段的体育教学目标的规定、发展和变化都是要与当时社会的政治、经济、文化的发展紧密相关的，都要服务于社会的需要，遵循教育的发展规律；高校体育教学目标涵盖了智育、德育、美育和体育各个方面的内容，具有统一性，从而制定了统一的教学体系；体育教学目标是实现体育目标中增强体质、增进健康的基本途径之一，在任何阶段增强学生体质仍是高校体育教学目标的首要目标。体育教学任务是体育教学目标的具体体现，高校体育教学目标的制定要完全符合全体大学生的身心发展规律和社会发展的实际需要。

（三）高校体育教学目标的发展趋势

在倡导“以人为本”“健康第一”“终身体育”的教育观念的同时，高校体育教学目标也从单纯追求学生外在技能学习转向全体学生的身心协调发展，打破传统的以运动技能传授为主线的教学体系，构建以学生的个体需要、体育能力、习惯的培养、健身娱乐、体育卫生健康知识传授为一体的新的教学体系。首先，重视发展学生身体，增强学生体质，体育科学基础知识、体育运动和卫生保健基本知识和技能的传授；其次，在高校体育课教学中，重视学生终身体育态度意识和行为、能力的培养；最后，在高校体育课教学中，强调适应和发展学生的个性，注意培养学生对体育的爱好和享受体育学习的乐趣。

（四）高校体育教学目标的价值取向

所谓价值取向，是人们价值思维和价值选择的方向性。体育教学目标的价值取向也就是在制定体育教学目标时对体育的价值思维和价值选择的方向性。体育教学目标是体育教学所要达到的目的，是一切体育教学活动的出发点，也是归宿，同时还是体育教学目标得以实现的价值。高校体育教学目标的价值取向分为社会本位和学生本位：社会本位要求教学以社会为价值主体，满足社会需要，把学生培养成社会所需要的人；学生本位要求教学应满足学生个体的需要，教学应以学生的兴趣、需要为出发点，让学生自由地、自然地发展。

二、深入改革高校体育教学内容

（一）体育教学内容的概念

体育教学内容的概念有如下三种：第一，体育教学内容是依据体育教学目标选择出来、根据学生发展需要和教学条件进行加工的，在体育教学环境下传授给学生的体育知识原理、运动技术和比赛方法等，体育教学内容与体育教材的意思基本相同。第二，为实现体育教学目标而选用的体育卫生保健基本知识和各种运动动作。第三，体育教学内容指的是在体育教学活动中，传授给学生的体育与健康知识、技术技能、培养思想品德、发展智力、体力的总体系。笔者认为，体育教学内容是针对体育教学目标而选择的有利于促进学生身体健康的各种体育理论与运动活动的总称。

（二）教学内容的改革

高校传统的体育教学内容重点不突出，无针对性，缺乏培养学生从事体育活动的兴趣、爱好、习惯以及独立进行身体锻炼的能力。体育课教学内容中，轻视理论知识教学的现象非常严重，体育人文、体育锻炼等有关科学知识的传授，缺乏针对性、时效性和长远性，学生对自己的体育实践往往没有深刻认识，因此难以在课后自觉锻炼。高校体育与社会体育断层，缺乏连续性和统一性，教材选择缺乏终身受益的内容，使不少大学生大学毕业后，体育活动也就终结了。因此笔者认为，对体育教学内容应从以下几个方面进行改革。

1. 健身性

健身是体育的本质功能，也是体育教育追求的最根本的目标。尤其是面临着当今学生体质、体能下降的现状，更应选择健身强体的体育内容，比如我们在每一次体育课都加进了素质锻炼的内容。

2. 教育性

教育性即选择的内容蕴涵着丰富的教育因素，对学生的体育意识、体育行为、道德品质、人格完善能产生深刻的影响。比如教师穿插在课堂中，寻找恰当的时机讲解课的理论意义和实际意义。

3. 针对性

针对性即针对不同的教育对象，采取不同的措施，不可千篇一律，多鼓励，充分调动学生的参与意识。

4. 娱乐性

娱乐性即选择体育内容具有趣味性、游戏性与新颖性，对放松身心、消除疲劳、调节情绪、改善心态、丰富生活具有积极作用的项目，如攀岩、定向越野等。

三、创新高校体育教学方法

长期以来，我国的高校体育教学，一直以技术教学、技能教学、体能培养为主导思想，运动成绩为主要要求，生物体育、体能体育成为高校体育建设的目标，因而注重运动教育、技能教育、体能教育，注重教学的形式、结构、内容、方法、手段、要求、考核、评价等的统一性与标准化。在中华人民共和国成立初期和社会经济大发展初期，这种体育教学适应国家建设所赋予高校体育的目标和要求，促进了体育的发展，具有积极的意义。当前国家经济转型，世界文化交流激增，旧体育思想和观念的局限性与片面性突显。高校体育教学如何与整个高等教育发展相协调，如何适应转型期体育建设的主题，如何适应人才培养的新模式，这是我们在 21 世纪从根本上改变现状，摆脱桎梏，创新高校体育发展模式的关键，也是能否在新形势下全面展示体育育人功能的关键。本着结合高校体育的实际，从教学方法入手，慎思素质教育及“健康第一”对体育教学提出的本质要求，以实践研究为基础，突破传统教学方法中不适合时代要求的内容。重新审视高校体育教学的教育本质，强调教师的导学与导练，让学生通过高校体育的教育具备一种自学自练的体育能力，以此推进高校体育教学“课内外一体化”整体性改革进程，促进高校体育适应时代发展的要求。

（一）当前高校体育教学方法存在的主要问题

1. 教学方法单一

当前，很多高校体育教师由于过去传统落后的教育思想观念的影响和制约，在开展高校体育教学活动中，往往存在教学方法比较单一的问题。在教学活动过程中，一些高校体育教师仍然停留在以传授体育技术为主要教学目的的方法上，一般都表现为继承讲解、示范、练习等传统落后的教学方法，这样的教学效果可想而知。必须进一步转变教育思想观念，继承和发扬传统体育教育的长处，不断创新高校体育教学的方式方法，才能更好地为开展好高校体育教学服务，促进学生身心的全面健康发展。

2. 传统教学思想严重影响当前高校体育教学方法的革新

传统的体育教学方法是教育者有目的、有计划、有组织地对受教育者施加的各方面的影响，以期改变受教育者的心理和生理现状，使教育者达到预期教育目的的活动。这种传统的体育教学观念往往只注重强调教育者主体作用，而忽视了受教育者的主观能动性的发挥。在推行素质教育和创新教育的今天，传统教学方法已经严重阻碍当前体育教学改革的发展。在传统教学思想的禁锢下，学生在体育教学活动中一直处于被动、消极、受压制的地位，许多学生对体育课产生消极情绪。因此，改革高校体育教学方法，使学生课内与课外一样生气勃勃、积极主动。

3. 忽视学生主体作用的发挥

教学以教师、课堂、教材为中心，强调严密组织、严格纪律，重视教师“主”的作用，为了实现完整的教学进程，教师作为传授知识方面无可厚非。在真正的学习过程中，学生是主体，教学的主要目的是让学生通过教学有所获得，所有教学方法与形式的选择应该为这个目标而服务，所以教师作为掌握整个教学进程的主体作用的同时，更要尊重学习主体，学习主体的实际需要与个体差异是教师教学的依据，只有这样，才能使教学有章可循。

（二）高校体育教学方法改革的目的

众所周知，在高校体育改革中教学改革是重点。改革体育教学方法，加强学生获取知识的能力和对学生创新精神的培养，是深化体育教学改革的重要内容，对提高办学效益，保证体育教学质量的提高，具有重要的现实意义。当前，在整体上看，从社会发展的观点出发，高等体育教育面临的将是信息化的社会和知识经济的社会，国力的强弱越来越取决于劳动者的素质，取决于各类人才的数量和质量，这对于培养和造就我国社会主义建设新人提出了更迫切的要求。体育教学方法改革的目的在于适应时代发展的需要。改革的目标是培养有知识、有能力的、社会认可程度高的、全面发展的人才。

（三）高校体育教学方法改革的措施

1. 更新教育思想和教育观念

深入开展体育教学方法的改革，必须进一步更新教育思想和教育观念。高等学校体育教育必须树立全面加强素质教育，树立终身体育思想，增强质量意识等现代教育思想和教育理念，充分认识体育教学方法改革在整个教育教学改革中的地位和作用，把以教师为中心、以课本为中心的传统教学观念转变为以学生为中心、以学习为中心的现代教学理念；把重知识传授、轻能力培养的观念转变为既传授知识，又重视能力的培养，更重视素质教育的观念。在提高认识、转变观念的基础上，把体育教学方法的改革不断深入。

2. 实现新型教学模式的创新

创建以学生为主体的新颖教学方法是当前高校教学改革的主要目标之一，是改变传统的教学模式，建构一种既能发挥教师的主导作用又能充分体现学生认知主体作用的新型教学模式。在这种新的教学模式下，教师是教学活动的指导者和组织者；学生是知识的主动发现者和探究者；教学过程以学生的意义构建为核心，通过建立教学情境，师生之间、学生之间的讨论、协作，与理论紧密结合的实践，使学生达到发现知识、理解知识，并通过意义构建形成自己的知识结构。新型体育教学模式就是在先进的体育教学思想和教学理论指导下建立起来的适应各种类型教学活动的基本结构和框架。这些新的教学模式的出现，有的趋向于各种模式的综合运用，有的趋向于师生关系的建立，有的趋向于教学内容，有的取向于技能学习与学生心理发展。实现学生从被动学习到主动学习，从生理改造到终身体育意识的培养，从能够学习到学习水平的提高，都是新的教学模式下教学方法的创新成果。

3. 改革体育教学的内容

体育教学内容是指为实现体育教学目标而选用的体育卫生保健基本知识和各种运动动作，它是实现体育教学目标的根本保证。方法是内容的运动形式，体育教学方法依体育教学内容而存在，它的选择和运用受体育教学内容的制约。首先，体育教学内容的形态制约着体育教学方法的选择。其次，体育教学内容的复杂程度制约着体育教学方法的选择。一定的教学条件下，体育教学内容过多，会造成体育教学方法的单一性，而将教学内容减少或压缩一些，就会促进体育教学方法选择的多样化。最后，在体育教学过程中，教师只有独立地对体育教学内容进行重新加工，真正掌握其特点，并把它们转化为自己的知识体系，才能在体育教学方法上获得选择与创新的自主权。

4. 重课堂，优化教、学、练

体育教学方法的优化，不仅在于体育教师“教”的优化，更应包括学生“学”“练”的优化。教学家陶行知先生认为“好的先生不是教书，不是教学生，乃是教学生学”“教”应该着眼于学生的学和练，优化教育教学过程应该突出学练法的研究。所谓体育教法是教师依据体育教学目标，根据体育教学内容，向学生发送信息，传授体育知识、技术、技能的方式方法；而学法就是学习体育的基本规律、基本方法。因此，优化教育教学方法应该从两个层面入手：第一，要通过教学方法的优化使学生“要学”；第二，要通过体育教学方法的优化使学生“会学”。体育教学过程中教师既要注意学习认识规律、身心发展规律、运用技能形成规律的渗透，还要及时对学练方法加以优化，努力改进教学，以适应学生掌握和运用学练法。一切教法都要力求使学生会看、会做、会说、会练等。当教师的教学方法着眼于学生的学与练，引导学生达到先是“要学”，继而“会学”的境界时，“外因通过内因起作用”，学生产生了兴趣，掌握了练法，体育教学的实施才能产生预期的效果。

5. 积极培养学生的创新意识

积极培养学生的创新意识，是创新高校体育教学方法的重要策略之一。首先，要创新思想认识。坚持发展娱乐体育与健身体育的有机结合，这是转变高校体育教育思想观念的具体体现，更是当前高校体育教学的根本任务。其次，要创新教学内容。教师应当结合实际选择一些符合学生身心健康发展的、深受学生喜爱的体育项目内容开展具体教学活动。这样，就可以切实改变高校体育教学内容枯燥乏味的不足。再次，要创新教学方法。教师可以结合学生的需要，采用启发教学方式以达到引导学生自己动脑、动手思考和解决问题，进而不断激发和调动学生的积极主动性。最后，可以运用发现式教学方法，不断培养学生发现问题、思考问题、分析问题的能力，也可以运用学导教学方法，促使学生积极自主进行学习，从而培养锻炼学生自觉性、主动性，不断养成学生自我锻炼、终身锻炼的行为与习惯。

6. 把握体育教学方法的整体性

体育教学方法的优化，不能局限于就教学方法来研究教学方法，而应用系统考虑构成体育教学方法体系中的各种因素以及它们之间的内在联系。首先，要把体育教学方法作为整个体育教学系统中一个重要因素，在体育教学过程诸要素之间考察其作用与效果。事实上，体育教学方法总是和具体的教学内容相联系并与一定组织形式相结合的。其次，要把具体的方法作为一个要素来研究，力求各要素的最佳组合。实现体育教学过程最优化，并不是将传统的体育教学方法摒弃，而是在提高质量的同时，使它们在具体的教学情境中实现最佳的组合。最后，体育教学的特点决定了体育教学方法的多样性，它们各自的优劣只是一个相对的概念，所谓“好的教学方法”，实为“最适当的教学方法”，是相对具体的目标而言的。比如，“手把手”的方式教学用来使学生体会某些技术要领，获得“运动感受性试验”是行之有效的，但并不适用于所有技术。现代化的直观教具如电影、电视、幻灯片等的运用大大丰富了直观教学手段，但也在一定程度上影响学生抽象思维的发展。可见多种教学方法都有其优越性和局限性。要根据各种教学方法的相互联系和辩证关系取长补短，相辅相成。发挥体育教学方法本身的整体综合效应。现代信息技术在体育教学中的应用，不仅为教师提供了新的教学方法，同时也为教师和学生营造了很好的交流平台。让教学更自然地延伸和发挥其应有的效果。根据具体情况认真研究课程建设、改革教学方法，从而营造一个现代化的教学环境是现代教育改革的必然要求。

四、完善高校体育教学评价体系

体育教学评价具有对体育教学活动及其效果进行判断，通过信息反馈调控教学过程，保证教学活动朝向和达到预定目标的功能。目前，高校体育课程的改革已成为高校体育教师论及的热点问题。其中，注重让学生体验运动乐趣和发展学生主动性的体育教学模式，正在被许多高校所推广。但是，由于教学评价在我国起步较晚，不论是理论研究还是实践操作，都还处在一个不断发展的时期，作为教育评价的一个分支，体育教学评价工作开始得更晚，许多方面还处在探索之中。由于与新的体育教学模式相配套的体育教学评价体系还没有及时推出，仍采用旧的体育教学评价体系评价新的体育教学模式，因此，推出新的高校体育教学评价体系是当前亟须解决的问题。

（一）传统体育教学评价分析

传统的体育教学评价方法，采用运动项目测试的成绩给学生评分，这种方法是描述学生的个体水平及其在群体中所处的位置，对学生排名次，不能客观地反映学生学习的前后变化，作为体育教学效果评价不够合理。用什么样的评价方法来描述学生个体在学习过程中的变化程度，从而更合理地为学生评分，笔者认为这是研究体育教学评价的目的。

1. 体育教学目标认识的误区影响着体育教学评价的方向

体育教学目标影响着体育教学评价方向。关于体育教学目标的确立，一直存在着不同的观点：在学校体育目标与体育教学目标的异同上，在体育教学中增强体质与提高健康水平的互相联系上，在提高运动技能水平与掌握锻炼身体的方法上，在提高运动技术技能与掌握手段的互相关系上，在对终身体育意识和体育能力的认识上，甚至在教师主导作用上都存在一些误区。由于体育教学目标的内涵不明确，层次模糊，导致课堂教学任务的确定、教学内容的选择、教学方法的应用都受到影响。这种体育教学目标认识的不一致，必然会在教学评价体系的具体指标中反映出来，并对体育教学的方向产生影响。

2. 注重评价指标定量化导致评价结果的片面

注重量化，强调可操作性、可比性，是体育教学评价的一种倾向。有些人认为量化的东西比较客观，便于操作，其结果的可比性也很强，因此热衷于进行定量分析，忽略了对评价目的和评价理论的深入研究和认真分析，这种片面性主要表现在评价指标体系总是以能直接量化的因素为主体，如学生的技评与达标成绩，学生的达标比例，上课时学生的密度、强度、运动量曲线等，然后将不易量化的教学行为采取分级量化的形式，对优秀、良好、及格、达标、不达标等级给予相应的分数，而那些在体育教学中很有意义，但很难量化的因素却被忽略了。如学生正确的体育态度的形成、情感意识的发展、终身体育意识的树立、体育能力的自我超越等，都是体育教学目标的重要因素，应该作为体育教学评价的重要内容，大多在评价体系中得不到体现。显然，这样的指标评价体系是不完整的，评价结果是片面的。

3. 结果的功利性影响评价结论的客观性

运用客观标准对体育教学进行检查，并通过认真分析和评判，得出结论，然后进行信息反馈，以进一步改善教学，这是体育教学的出发点和落脚点。教师自己主动评价时，这种指导思想容易得到体现，一旦评价的结果同教师评优、晋职等联系起来时，就蒙上功利性色彩，得出的评价结论往往就会变得复杂起来，评价者可能就会考虑各种与评价无关的因素，只肯定成绩，对改进教学的意见却闪烁其词，避而不谈，使评价结论失去了公正性，不能客观地反映评价的真实情况，体育教学评价就失去了它应有的价值。

（二）高校新的体育教学评价与传统体育教学评价的区别

1. 评价的指标所体现的作用不同

传统体育教学评价的作用在于学生对总量掌握了多少，而新体育教学评价除了具有传统体育教学评价的功能外，还包含学生完成目标的情况。

2. 评价对象的影响范围不同

传统体育教学评价对部分学生的影响是消极的，有的学生“不努力都行”，有的学生“怎么努力都不行”，而新体育教学评价要求所有学生都要确立目标，影响范围广，是积极的“只要努力就行”。

3. 由终结评价向过程评价转化

传统体育教学评价定位于教学内容结束时的最后评分，而新体育教学评价考虑的是起始目标到终极目标的变化程度，是过程目标和终极目标的结合。

（1）评价从重结果向重过程转化。目标评价的目的是通过评价教学过程，从而达到督促和鼓励学生学习，修正和改进教师教学方案的作用，发挥反馈功能。

（2）评价内容从单一向多元转化。影响体育教学评价的因素是多方面的，它是对学生学习效果的多因素评价。

（3）评价方法从定量到定量与定性相结合转化。体育教学评价包含着学生的情感态度等非智力和非体力因素的结合，定性分析纳入评价的内容，量化指标的重要性相对降低。

（三）新的体育教学模式与传统体育教学评价间存在的问题以及解决的办法

1. 主要问题

新的体育教学模式与传统体育教学评价标准间存在的主要问题，将会导致学生所学的项目与所考的项目不一致，致使学生不重视学习过程，从而挫伤了学生的学习积极性和主动性。

2. 解决方法

（1）给学生一个较大的选择空间。不论学生在每学期当中选择什么专项，除了进行专项内容的考试外，还应对几个规定的项目进行考试，他们就会自觉地去练习要考试的项目。这样可以促使学生养成自觉锻炼的好习惯，从而为学生从事终身体育锻炼打下良好的基础。

（2）给体育教师一个较大的评价空间。每个学生在体育基础、体质状况等方面都存在差异，体育教师在上课时要摸清每个学生的情况，对学生的评价因人而异，根据他们上课的态度、进步情况、成绩差异等进行综合评价。从另一个角度说，体育教师得到了一个宽松的上课环境，可以对那些少数认为自己体育成绩可以轻松过关而又不好好上课的学生，给予适当减分，而对那些体育基础虽然较差但认真上课的学生，给予适当加分，这样对学生的评价就比较合理和公平。

（3）给学生自我客观评价的机会。我国现行的评价标准都是由教师完成的，体育学科应该尝试学生自我评价的形式，让学生自己作一个较全面的回顾，然后对自己的体育学习进行小结，这样对学生今后的体育学习态度和学习热情十分有利。当然，学生自我评价前，教师首先要给学生强调自我评价的客观性，如果发现学生自我评价有较大的水分时，体育教师要参与其中，帮助学生端正态度，给自己一个客观的体育自我评价。

（4）引导学生互评。教师对学生的了解，不如学生之间的了解。采用学生互评方式，可使评价的真实性更高；同时，学生互评能够避免学生自我评价的较大水分。因此，将学生互评与学生自我评价、教师评价结合起来，对学生的学习评价更客观、更全面、更立体。

（5）引入相对评价。教育部颁布的《全国普通高等学校体育课程教学指导纲要》规定，要把“学生的进步幅度纳入评价内容”。如学生在此学期开学时的体育成绩较差，经过一段时间的努力后，成绩有了很大的进步，但仍未达到现行的体育评价标准中的合格标准，这时体育教师就可以根据相对评价的原则对这部分学生进行正确的评价。

（6）将评价的标准区间值增大。我国现行的体育教学评价标准把分值划分得很细，这样容易使学生只注重体育评价的结果，而不注重体育锻炼的过程，使学生产生急功近利的思想。在国外一些著名高校的教育体系中，所有的学科成绩评价均采用 A、B、C、D、E 5 个档次。笔者认为，可以将这种方法借鉴到我国的体育教学评价中来，把国外的这个标准换算成我国的百分制，20 分一个等级，制定评价标准时可以实行这样的分级制度，把学生引导到注重体育锻炼的过程中来。

（四）新的体育教学评价标准的设计

表 1 – 1 为新的体育教学评分标准。

表 1 – 1　新的体育教学评价标准

分值权重	教学评价的内容	评定形式
体育专项技术分占 50%	学生每学期在素质项目中任选一项作为考试内容，再在技能项目中任选 2 ~ 3 个项目考。	打破原有的系别、班级建制，重新组合上课，以满足不同层次、不同水平、不同兴趣学生的需要。学生按照自己的意愿自主选择。
教师评价、学生自评、互评分占 20%	对学生的学习评价应是对学习效果和学习过程的评价，学生的自评、互评要求客观、真实。	主要包括体能与运动技能，认知、学习态度与行为、交往与合作精神、情感表现等。
学生的进步分占 20%	每个学生在进校时都应该测试一个体育成绩，这样在每个学期期末时就可以根据这个成绩作为对照分进行比较，把学生的进步情况纳入期末成绩中。	对每个学生每学期的期末体育成绩都以该学生上一个学期期末体育成绩作为对照，教师在这个分值里要把好关，杜绝学生弄虚作假的现象。

续表

分值权重	教学评价的内容	评定形式
理论教学分占10%	重视理论与实际的结合，在运动实践教学中注意渗透相关理论知识，并运用多种形式和现代教学手段。	每学期安排约4学时的理论教学，扩大学生的体育知识面，提高学生的认知能力。

正确、合理的体育教学评价是高校体育教学改革不可缺少的一个方面，传统的体育教学评价已经不能满足新时期体育教学的需要，因此，不断探索和完善新的体育教学评价体系尤其重要。

第三节　高校体育教学现状的分析和创新设想

一、高校体育教学现状的分析

（一）忽视体育科学传授

当前高校的体育理论教材不仅比重偏小，而且内容粗糙，缺乏实效性、针对性和长远性，实用价值不高，未形成一个适应现代发展的大学生体育理论知识体系及相应的教育检查和评定措施。学生对自己的体育技术技能知其然而不知其所以然，不清楚自己是否需要这些练习，故而难以在课后进行自觉锻炼。

（二）体育教学目标狭窄

高校体育与社会体育断层，缺乏连续性和统一性，两者之间尚未开辟出教育通道。教师过分注重学生的现实锻炼，盲目追求体育教育的近期达标效益，片面地将增强学生体质的教育目标归结为增强在校期间学生的体质，缺乏培养学生从事体育活动的兴趣爱好、参加体育锻炼的习惯和独立进行身体锻炼的能力。

（三）教材杂乱而不精

教材的选择过多地从运动技术角度考虑，强调传授以运动技能为中心的教学，偏重运动外在表现形式，大多活动项目缺乏终身受益内容，远远不能适应大学生成年后的运动要求。由于缺乏一定的终身健身运动项目，不少大学生从学校毕业后体育生活也随即停止。一个大学生接受了十几年的体育教育，在他走上工作岗位后，竟与体育分别，这与体育教学忽视培养学生健身意识、能力和习惯有直接关系。

上述情况说明，在高校体育教学中盲目地把运动技术传授抬到至高无上的地位，忽视学生身心发展的特点和个体差异，把许多难度高、技术复杂的竞技运动项目原封不动地搬到高校体育教学中来，并统一教学要求与考核标准，而采用的教学方法与教学步骤又是专业院校专项教学方法的浓缩，致使学生望而生畏，难以掌握技术，从而产生厌学情绪。

二、创新高校体育教学现状的设想

（一）树立全新教学观念

明确高校体育教学在当前形势下的重要职责，坚定地树立起崭新的体育教学观念。

（1）体育教学是培养新世纪人才必不可少的教育环节，高校育人的目标不单是向学生传授科学文化知识，更需要注重的是学生的德、智、体综合素质的培养。

（2）着眼于未来新时代的新要求，以终身体育锻炼取代传统的课堂体育教学观念，着重培养学生的终身健身理念。

（二）加强基础理论知识学习

高校学生应不断提高认识与学识修养，应具备不断发展的能力以适应新变化的出现，应具有从缺憾向完美阶段前进的潜能。因此在设置体育课程的具体内容时，应增加运动原理、强健体质以及人体、物理力学等理论知识。并且要具有突出性、实效性、指导性、针对性与时代性，使学生能够在体育教学中终身受益。

（三）加强硬件设施建设与师资力量投入

体育场馆、运动器械与师资队伍的质量是培养高素质学生的必备条件，改善场馆设施是提高高校体育工作水平的当务之急。制约高校人才培养和高校体育改革的又一重要因素是学校师资队伍的质量，由于当前知识更新速度快，交叉学科和边缘学科发展迅速，所以只有适应高速发展的高素质教师才能培养出高素质的学生。因此，应该加强教师之间的学术交流活动，定期派遣教师到先进学校进行学习，以提高教师教学的水平与能力，并鼓励体育教师积极参与相关的科研活动。

（四）将“终身化”作为高校体育教学的宗旨

社会的发展需要终身化体育，同时也是人们工作、生活的基础性需要。从高校体育教学的实际情况以及全民身体素质的实际情况出发，增加体育课时，延长体育教学年限势在必行。在大学体育教育阶段进行全程体育课程教学，并贯穿于四年大学教育的全过程当中，以提高学生主动健身的意识，使学生认识到终身健身锻炼的重要性，从而保证学生在毕业后依然能够熟练运用两种以上的锻炼方法和手段，真正实现体育锻炼终身化。

第四节　高校体育教学环境的设计与实施

一、高校体育教学环境的构成因素

（一）高校体育教学环境的物质环境

高校体育物质环境是指体育场馆、体育器材等。良好的物质环境是保证高校体育教学和体育活动开展的重要物质条件，是实现体育教学目标，提高学生健康水平的重要物质支持。高校漂亮、宏伟、造型各异的体育场馆，是激发学生体育兴趣，保持参与锻炼的动力之一。

（二）高校体育教学环境的制度环境

制度作为约束和强化实践活动的组织内容，高校的体育制度是保证学生锻炼时间、提升体育开展约束力的重要内容。当前高校的体育制度主要指学校体育工作条例等，各个学校制定适合学校体育活动开展的制度，也是保证体育教学开展的重要依据。灵活、严谨的制度环境是提升高校体育环境建设质量的重要保证。

（三）高校体育教学环境的舆论环境

良好的体育舆论导向能够有效地发挥体育先进人物、先进事迹的激励作用，提高大学生从事体育锻炼的积极性。在更高的层次上，提高大学生对体育的认识、体育习惯的养成、参与体育锻炼的动力等。体育舆论环境是实现大学生从被动接受体育转变成主动参与锻炼的条件。

（四）高校体育教学环境的心理环境

高校体育教学的心理环境是体育教学中无形的、动态的软环境部分，主要包括班风与校风、学校体育的传统与风气、体育课堂常规、体育教学中的人际关系等。体育教学中的人际关系主要是体育教师与学生的关系和学生与学生的关系。

二、高校体育教学环境的设计

高校体育教学环境对体育教学活动至关重要，高校体育教学环境在高校体育教学活动中处于至关重要的地位。良性的高校体育教学环境对体育教学活动起着积极的作用，这种积极的影响作用于体育教学目标的达成，教学内容的丰富，教学原则的落实和教学评价的完善。

（一）高校体育教学环境的现状

高校体育教学环境的现状并不理想。一方面是领导不重视，另一方面来自部分高校自身物质环境的劣势。许多学校没有体育馆、游泳馆，部分学校体育设施不健全，还有部分学校没有良好的体育传统，学校不重视体育场地的建设和维护。另外，很多高校师生和学生之间的人际关系紧张，一半以上的学生觉得本校体育场地的布局不合理。在有体育馆的学校，对体育馆的建设和维护上也存在多方面的弊端。总之，目前高校的体育教学环境远远达不到学生和社会的要求和期望，高校体育教学环境亟须设计和优化。

（二）高校体育教学环境设计的原则

1. 教育性原则

高校是一个特殊的环境体，高校的作用在于净化身心，启迪知识。因此对高校体育教学环境的设计和优化要注意教育性原则，要有利于激发学生的体育思维，有利于提高学生的体育动机，有利于陶冶学生的体育情操。

2. 科学性原则

将体育教学环境的设计与优化从体育教学目标、体育教学内容的实际和特点出发，尽可能满足体育教学活动的各种需要；体育教学环境的设计与优化要符合学校美学、生态美学、建筑美学等基本要求。

3. 系统性原则

高校体育环境构建是促进教育优质化实施的措施之一，是高校体育部门的任务，也是高校多个部门相互支持的结果。从系统观的角度出发构建体育环境，第一，要提升环境的系统意识，以发展高等教育为目标，做好高校体育环境建设的资源开发和共享。第二，提升高校体育制度的有效性和适用性。第三，加强高校体育舆论宣传，促进学生参与体育锻炼的积极性，更好地带动高校体育环境氛围的建设。

4. 区别对待原则

体育教学环境的设计与优化要考虑不同年龄、不同性别、不同身体素质的学生身心发展的基本规律，要照顾大多数学生的需要。另外，要特别关注部分特殊群体的需求和个性发展需要。

5. 人文性原则

所谓人文性原则是体育教学环境的设计与优化要始终以学生为本。各种体育教学物质环境的设置不仅要体现对学生的人文关怀，考虑到学生的生命安全、卫生等，而且要营造出和谐的、充满人性的、民主平等的氛围。

6. 实用性原则

所谓实用性是体育教学环境的设计与优化，要根据各个高校的实际情况和实际经济条件，符合经济、高效、实用的宗旨。注重体育教学物质环境的因地制宜以及高校体育教学心理环境的独具特色，形成各个高校的特色。

三、高校体育教学环境的实施要素

（一）以学生发展为主，提升环境对兴趣的激发效果

要充分利用高校体育课程的开展，提升高校体育环境的使用和改进空间，充分保证体育环境的建设进程。通过认真组织和实施体育课，保证学生掌握体育技能的有效性，不断提升学生的体育意识和体育观念。首先，要充分借助高校的文化优势，加强对新兴运动项目、新生体育明星的宣传，更好地激发大学生参与运动的激情，保证体育环境创新特点的延续。其次，要不断增强体育学习内容的新颖性和适用性，在促进学生体育技能、体育意识发展方面，构建体育教学的环境氛围。

（二）加强高校体育制度环境的创设，提升高校体育教学的规范化

在高校体育环境创建的过程中，要在遵守学校体育工作条例的基础上，制定适合高校体育环境形成的考核办法，加强对大学生运动会、课外社团、竞技比赛等管理制度的制定，从场地场馆使用制度，到运动员选拔制度，都按照一个良性的运作过程，来提升制度环境创建的有效性。

（三）创建适合高校学生身心发展的体育环境

高校学生在接受体育教育的过程中，身体素质得到了一定的发展，如果对于一些所谓的“优秀课程”不假思索地照搬，结果就是很有可能造成学生对体育课的敷衍了事。因

此，只有选择合适的体育教学内容，才能够使学生真正爱上体育课。

（四）充分利用高校的体育教学物质环境

充分利用学校已有的各种有利的环境条件，创设具有特色的学校体育教学环境。在高校体育教学环境的设计与优化中，各个高校要充分挖掘，精心设计，开创和突出各个高校的体育教学特色，合理变通，将不利的体育教学环境转化为有利的体育教学环境。

（五）加强体育课堂教学管理，营造宽松、和谐、民主的体育课堂氛围

从基本的规范强化课堂的教学管理，同时发挥骨干的作用，帮助学生进行自我管理，提高学生在体育教学活动中的自我约束能力。培养学生主动参与体育学习的态度和习惯，让学生主动参与到体育教学活动中，注重课堂教学活动中的人际情感交流，形成教师与学生互相激励、互相鼓舞的良好情感氛围。

第五节　高校体育教学模式发展趋势研究

学校体育是国民体育的战略重点，这是我国体育理论界早已达成的共识。高校体育是学校体育的最后一环，与社会体育紧密相连，其教育效果与整体发展水平对我国正在实施的全民健身计划起着举足轻重的作用，因而应站在历史的高度，以战略的眼光来认识高校体育教育改革的重要性和迫切性。教育改革应以教学改革为核心，而教学改革的核心则是课程设置和教学内容的选择。笔者在本节中把高校体育的目的任务定位于健康教育与终身体育意识的培养和发展上，并以此为基点，力图构建一个理论依据充分、实效性和可操作性较强的高校体育教学课程模式，并对这一课程模式的整体运行机制作初步探讨。

教学模式是按照一定原理设计的一种具有相应结构和功能的教学活动组合或策略，它既是教育系统和教学过程的具体化和实践化，又是教学形式和教学方法的综合载体。

一、高校现行的几种体育教学模式

表 1－2 为前高校的几种体育教学形式。

表 1－2　目前高校体育教学模式

序号	类型	特征	形式	优点	缺点
1	三基型	注重传授体育基本知识、基本技术和基本技能。	多以原教学班为单位。	注重发挥教师的主导地位，使学生扎实掌握“三基”，教学规范。	一味重技术，轻理论。
2	一体化	注重培养学生体育锻炼习惯。	把早操、课外活动和教学有机结合。	有利于培养学生体育锻炼习惯，增强体质，使体育场地、器材得到充分利用。	教师工作量大

续表

序号	类型	特征	形式	优点	缺点
3	分段型	基础课、选项课、选修课并存。	以原班级或分班级为单位。	既重视“三基”，又重视体育能力的培养。	学习不易深入
4	快乐型	注重学生心理体验。	以原班级或分班级为单位。	能调动学生对体育的兴趣，使学生在体育活动中身心得到健康。	教学随意性大
5	康乐型	重视学生身心健康。	根据学生兴趣划分。	既能兼顾学生对体育的兴趣，又能使学生的身心健康得到协调发展。	对体育知识了解单一。
6	俱乐部	高校体育与社会体育接轨。	分班分层次	有利于树立学生终身体育思想，培养终身体育习惯。	只进行单一的体育活动，身体机能难以协调发展。

二、构建高校体育教学新模式的对策分析

（一）构建普通高校体育教学新模式的分析

构建一个完整的体育教学模式包括教学思想、教学目标、教学结构和教学方法等诸多方面，因此改革体育教学模式，实质上就是对体育教学过程的重新整合，其结构是否合理主要看教学的组织形式和方法是否满足学生的需要，是否最大限度地实现教学目标。目前普通高校体育教学模式存在着一方面众多体育教学思想一齐涌入体育课堂；另一方面高校体育为体现有别于传统的教学思想，在教学中尽可能多地接纳，造成体育教学主题分散、华而不实、负担过重。目前高校广为采用的以班为群体形式，虽然整齐划一，秩序井然，便于教学管理，却不易于对大学生的个体差异、兴趣爱好、掌握技术的能力等进行卓有成效的教育与培养，这显然不利于教学目标的实现。

（二）构建高校体育教学新模式的对策

（1）明确高校体育教学应遵循和坚持的指导思想。

（2）依据指导思想，改革体育教学内容与教材。

（3）改革体育教学班的组成方式，让学生在不同的学段选择参加不同项目组合的教学班。

(4) 改进教学方法，当前应着重研究如何根据多样化的课程内容和针对不同的教学对象采用有效的教学方法。

三、适应素质教育要求，构建新的高校体育教学模式

从以上几种模式可以看出，教学模式越来越重视发展能力，重视学生的主导地位，各种教学模式互相借鉴，共同发展。要充分发挥教学模式的作用，优化教学结构，必须树立正确的体育教学观念。

(一) 树立全面育人的体育教学观念

高校体育教学应当从培养跨世纪的德、智、体全面发展的高素质人才出发，给予大学生全方位的教育，即体育教育、健康教育、竞技教育、生活教育和娱乐教育等。

(二) 树立主动体育的体育教学观念

在体育教学中，既要充分发挥教师的主导作用，又要注意发挥学生的主体作用，努力调动学生学习体育和锻炼身体的主动性和积极性，激发学生对体育的兴趣，让学生主动地、自觉地体验体育学习的乐趣，从而促进学生身心健康发展，培养学生终身从事体育锻炼的习惯。

(三) 树立三维综合评价的体育教学观念

在评价体育教学效果时，不能仅仅以提高生理机能为标准，追求生物学改造的效果，而应该从生物、心理和社会三维的角度来综合评价体育教学的效果。三维体育的教学观反映了体育教学是一个多功能、多目标的动态系统，它通过大量的体育教学实践取得效果。

四、新的体育教学模式的设计

(一) 第一学年：基础课

以全面锻炼和提高身体素质为主，通过体育基本知识的传授和基本技能的培养来实现高校体育的目标。可根据具体的场地器材等条件，充分发挥教师的主导作用和能动作用，使学生身体素质和身体技能得到全面发展，为参加第二学年的选项打下基础。考核时，以全面的素质指标和技能指标为主。

(二) 第二学年：选项课

根据学校场地、器材和师资等情况，按项目开设若干个选修班，由学生根据自己的特长和兴趣，选择项目和教师。在具体的实施过程中，每个项目根据学生掌握技术的情况可分为初、中、高级班，既可满足学生初选，又可满足再选。体育特长生可根据项目编入高级班。考核时，以技能指标为主，结合一定比例的素质指标。

(三) 第三、四学年：俱乐部协会制

俱乐部教学模式使高校体育与社会体育接轨，它在树立学生终身体育思想和培养终身

体育习惯方面的作用是其他教学模式难以替代的。可集中开设一些项目，以学生自我锻炼为主，开展有偿性教学。这不仅有利于增强大学生的体育意识，培养经常锻炼身体的习惯，也有利于把大学生的体育教学过程延伸到高等教育的全过程，保持体育教学与课外活动的统一性和连贯性。

五、新的体育教学模式构建的依据

（一）新时期对传统体育教学模式变革的需要

新的《全国普通高等学校体育课程教学指导纲要》要求“把健康第一的指导思想作为确定教学内容的基本出发点，同时重视教学内容的体育文化含量”。面对新时期社会、经济、文化的快速发展，学生在学校所学的知识很可能在离校不久便过时了。因此体育教学应该使学生了解终身学习的重要性，培养学生终身学习的习惯和技能，使其走向社会后，能够成为终身学习的实践者。

（二）新时期对高校体育教学改革的要求

高校体育教学改革必须做到：体育的终身化、体育的民主化、体育的多样化和体育的个性化。体育的终身化就是打破学校体育的原有空间和时间的限制，把体育扩展到社会和人生的每个阶段。体育的民主化就是打破不平等、不民主，改变以教师为中心，学生被动服从的教学关系。体育的多样化就是在体育教学中采取多种教学方法，提倡师生之间、学生与学生之间的多边互动活动，努力提高学生参与的积极性，最大限度地发挥学生的创造性。体育的个性化就是在体育教学中每个学生所显示的各种不同的运动本能、素质、价值取向、集体荣誉等。

（三）新时期为高校体育改革提供了条件

高校体育自改革开放以来取得了令人瞩目的成就，集中体现为四大优势：一是人才优势；二是信息优势；三是物资优势；四是地位优势。这四大优势说明，高校体育教学模式的改革具有坚实的基础。

（四）高校学生对体育教学模式的选择需要

笔者曾经对湖北经济学院、武汉大学、华中科技大学、武汉工程大学、湖北大学等院校750名高校学生就“你喜欢的体育教学模式”进行问卷调查，结果选择以全面提高身体素质为主的“基础课”37人，占4.9%；选择与社会接轨的“俱乐部”协会制156人，占20.8%；选择以兴趣爱好为主、能够自由选择教师的“选项课”185人，占24.7%；选择一年级“基础课”，二年级“选项课”，三、四年级“俱乐部”协会制372人，占49.6%。调查结果表明，第一学年“基础课”，第二学年“选项课”，第三、四学年“俱乐部”协会制是最受高校学生喜爱的教学模式。

六、高校体育教学模式的发展趋势研究

体育教学模式是体育教学活动赖以开展的必要条件，但体育教学模式并不是一成不变

的，必须明确是由内容决定形式，而绝不是由形式决定内容。

（一）体育教学模式的开放化

目前，全国各大高校体育课教学模式不尽相同，各校根据校情不同会采用不同的适合自己的体育课教学模式，大的改革方向还是一致的，都是朝开放式的、更加符合当代大学生心理和生理特点发展的方向进行。开放式体育教学模式是今后一个发展趋势，特别是随着社会的发展和进步，电子产业和信息技术的迅猛发展并直接介入体育教学活动，使输送信息的手段灵活和开放。

未来的高校体育将采用多种途径、多种方法、多种形式来满足学生的不同体育要求，向社会开放，向国际开放，体育课堂也将扩展到社会，扩展到大自然。

（二）体育教学模式的多元化

随着学校教学由“应试教育”向素质教育的转轨，高校体育应从学校的“阶段体育”向“终身体育”转变，从片面的生物学评价或运动技术评价向综合性评价转变。体育价值观从单一的健身向健身、健心、娱乐等多元价值观改变，单一的体育教学模式无法满足多元的体育教学目标的需要，因此要从单一的教学模式向复合式的、具有现代性和科学性的教学模式转变，并且多种教学模式相互渗透、互相依存将是未来高校体育教学的发展趋势。

第六节　高校体育教学改革的研究

伴随着我国改革开放的脚步，高校体育课程教学走过了40多年的风雨历程。站在科学发展观视角，回顾改革的历史，探讨改革的得失，分析目前的状况，寻求发展的策略，无论是对高校体育课程理论体系的建设，还是对推进教学改革实践的深化，都具有积极的意义。

一、高校体育教学中普遍存在的问题

（一）教学目标理论与实践不完全一致

现行的高校体育课程教学目标涵盖了“运动参与、运动技能、身体健康、心理健康、社会适应”五个领域的内容。从理论上看，它充分关注了学生的健康成长和人的全面发展，体现了“以人为本”的时代理念。但在实际操作中，由于教学内容、教学组织形式、学生个体水平不同，要通过有限的教学时间（144学时）完成五个领域的教学任务是极其困难的。加之近年来我国高等教育规模的急剧扩张，给大多数学校带来的教师资源不足、体育场地设施短缺等问题，事实上，要全面达成教学目标几乎不可能。

（二）教学效果测量与评价不科学

教学效果测量方法与评价标准的改革步履维艰，至今仍未走出“生物体育”的怪圈。

测量与评价课堂教学效果的通行方法是监控学生的心率变化，无论什么类型的体育课，也不管课的教学内容、教学任务是什么，无一例外地是通过“摸脉”获取学生心率的变化情况，由此推断其生理负荷，进而评价教学效果。至于教学目标中运动参与态度、知识技能掌握、心理品质培养等方面的指标，或是因为课时计划（教案）中原本就没有设计具体的达成路径与措施，或是因为根本就没有切实可行的办法进行操作而不得不将其束之高阁。

（三）教学改革重心偏移

长期以来，国家、省（部、委）重点资助的高校体育课程改革研究项目主要集中在“985”“211”大学，教学改革的试验区也局限在位于中心城市且办学条件好、生源质量高的重点大学。真正能够代表我国高校主体的地方院校（占高校总数80%以上），始终被搁置在边缘地带。教学改革实践中，站在教师“如何教”的角度，进行“教法”改革的项目与成果俯拾即是，而站在体育课程学习主体——学生的角度，研究“如何学”的问题，进行“学法”改革项目与成果寥若晨星，改革的重心偏失。

（四）课改试验事倍功半

课程改革试验是对未知领域的探索，是走前人没有走过的道路。局部乃至整体的失败都是在所难免的，即使是失败了，至少也可以为后来者提供借鉴。从这个意义上讲失败是成功之母，但对传统教学理论近乎是颠覆性的“新课改”试验。自2001年开始在全国38个国家级试验区试行，至今未见到任何实验区的任何实验失败的报道，高校体育教学改革亦是如此。事实上，“新课标”“新纲要”的教学理论还远未成熟，在用以指导体育课教学实践时经常会遇到捉襟见肘的尴尬。这些“尴尬”长期被好大喜功的心态屏蔽，致使课改试验事倍功半。

（五）理论研究缺少争鸣

在体育课程改革研究中，对上级主管部门的指示和意见积极响应，罕见学术质疑。对专家、学者提出的某种新观点或学说，通常只对它注释和佐证，没有不同观点的争鸣与批判。使得改革实践中涌现出来的一些极具发展前景的学术观点和实操范例，在无所节制的滥用和沸沸扬扬的炒作中夭折。长期以来，缺乏争鸣与批判已成为体育教学改革与研究领域久治不愈的“顽症”，严重地阻滞了学术发展，是我国至今未能形成具有本土特色的、完整的体育教学理论体系的根本原因。

（六）教师管理导向错位

现行的高等学校教师工作绩效评价与职称晋升制度中，学术论文的数量是衡量教师业务水平、决定其职称升迁的硬性指标。没有在学术期刊尤其是核心期刊上发表一定数量的论文，就无法在教师队伍中立足，至少是无法迈进精英队伍——高级职称的行列。面对关乎自身生存发展的选择，体育教师不得不放弃深入探求体育教学规律、不断提高教学水平的价值追求，而将大量的精力用于揣摩学术刊物的“口味”，研究与本职工作毫无实际关系的“纯理论”问题。撰写论文成了教师的第一要务，发表论文成为从事研究工作的唯一目的，致使大量教学改革的实际工作处于被动应付的境地。

二、高校体育教学改革的具体措施

根据教育部《大学体育教学基本要求》的精神，结合我国高校体育教学的现状，并借鉴成功的国际体育教学经验，我国高校体育教学改革应从课程标准、教学模式、课程设置、教学评估以及师资队伍建设五个方面入手。

（一）制定有本校特色的课程标准

各高校应根据本校学生的特点，结合本校的办学特色和人才培养方向，参照全国统一的课程标准的要求，制定本校的科学化、系统化、个性化的体育课程标准及具体实施方案和细则，指导本校的体育教学工作。

（二）转变教学思想，改革教学模式

当前大学体育教学应由传统的“以教师为中心”向“以学生为中心”转变，强调师生互动，发挥学生的主体作用和教师的主导作用，充分调动学生的学习积极性，使学生实现由要我学到我要学、进而达到我会学的根本性转变。在新的教学模式下，教师的角色理应发生革命性的转变，教师应由过去单纯的体育技术的传授者转变为教学内容的设计者、教学活动的组织者、教学过程的监控者、教学结果的检验者以及学生能力的培养者。改革教学模式时，应实施分层与分流教学、普修与专修教学相结合，课堂教学与课外体育锻炼相结合，大班上理论课与小班上技术课相结合，课堂教学与开放式自主教学相结合，传统教学与多媒体辅助教学相结合等多种方式。学生可在同年级、多种教材范围内自由选择上课。在考试方面，将通过学校进一步建立体育理论与实践试题库，以抽签形式确定考试内容，并对结果给予评价。在完成体育教学任务的同时，增加体育选修课程，为培养学生的终身体育意识打好基础。

（三）改革高校体育课程设置

从我国高校体育教学的实践不难发现，一方面，体育课的教学内容和学时不能满足学生兴趣和锻炼身体的需要，学生总是围绕达标、考试而进行学习锻炼，这在一定程度上抑制了学生的个性发展；另一方面，高校体育教学仍沿用传统的“运动训练法”和“普通教学法”，即通过教师的讲解示范、学生的模仿练习，以达到应付达标和考试的目的。课程结构、教学内容与教学方法仍然停留在一种“大学名称、中学内容、小学组织”的模式中。

由于长期以竞技体育知识为中心或过分强化了其知识、技能在体育教学内容中所占的比重，而导致了学生竞技知识与健身能力之间的失衡。显然，这种重竞技知识、轻健身能力，重共性、轻个性的课程设置模式与素质教育的理论相背离，不利于现代社会创新人才的培养。因此高校体育课程的设置，在内容上要充分考虑学生的兴趣及其运动习惯的养成。在高校课程安排上应相应地减少体育必修课的比例，增大选修课的比例；应该加强课外体育锻炼的组织与实施，建立以健身为主要内容的新体系。体育的课程内容需要增加大

量的休闲运动，尤其是终身体育的内容要不断地增大，使学生体会到运动的价值不仅在于提高运动技术水平，更重要的是要掌握健康运动的科学方法，为增进自身健康服务。增设学生喜爱的体育休闲项目，提高其参加体育活动的兴趣，激发其锻炼的动力，充分发挥学生的积极性和创造性。

（四）改革高校体育教学评估体系

教学评估是教学过程的一个重要环节。全面、客观、科学、准确的教学评估体系对于实现课程目标至关重要。它既是教师获取教学反馈信息、改进教学方法、提高教学质量的重要依据，又是学生调整学习策略、改进学习方法、提高学习效率的重要手段，它还是教学管理者调整和制订教学计划、合理安排课时分配的重要参考依据。而传统“一刀切”的考核与评价方法，对考查学生的全面发展程度和各项身体素质的提高都存在着很大的局限性。单一的成绩评定容易挫伤部分学生的学习积极性，不利于学生形成正确的现代体育意识和健身观。因此，对学生体育成绩的考评应从以下三个方面进行：一是注重学生学习过程的考查。学生学习和练习过程的质量在很大程度上决定了其结果的质量。因此，那种只重视结果而不注重过程的做法是不妥的。二是要重视发展个性的考评，以考促学。学生在身体条件、运动爱好和运动技能等方面的个体差异是客观存在的，应根据这些差异来确定目标和评价方法，并提出相应的教学建议，以确保绝大多数学生都能完成学习目标，使之成为促进学生学习的动力。三是要重视对身体素质达标情况和体育理论知识学习水平等内容的考评。可以加强体育教学评价与考核方法的研究，使之符合素质教育的要求，同时，增强学生的体育意识，促进学生综合体育素质的提高和能力的培养。这种教学评估体系的转变将极大地调动学生学习体育的积极性，全面提高学生的身体素质和运动能力。

（五）提高体育教师队伍的整体素质

首先要从源头抓起，严把教师录用关。其次要加强对教师的培训，通过培训来提高他们的教学水平和教学技巧，使其学会如何激发学生的学习兴趣，如何鼓励学生全身心地投入学习活动中去，如何适当地纠正学生学习过程中出现的错误等。最后，通过培训使其掌握必要的教学理论和教学技能，使教师从单一的“技术型”向“复合素质型”转变，从而推动素质教育的成功进行。

三、高校体育教学改革的回顾

（一）教学指导思想与教学目标的探索阶段

1979 年，教育部、国家体委、卫生部、共青团中央联合召开中华人民共和国成立以来规模最大的一次全国体育卫生工作经验交流会，颁布了《高等学校体育工作暂行规定》。在“调整、改革、整顿、提高”方针的指引下，高校体育课程改革全面启动。1990 年 2 月，国务院批准发布实施的《学校体育工作条例》规定，“普通高等学校的一、二年级必须开设体育课。普通高等学校对三年级以上学生开设体育选修课”。同年 10 月，国家教委颁发了《大学生体育合格标准》和《大学生体育合格标准实施办法》。1991 年国家教委开展了对全国高校体育课程的评估。1992 年国家教委颁布了《全国普通高等学校体育课程教学指导纲要》，将体育课的教学目标确定为“通过科学的体育教学过程和体育锻炼过程，使学生增强体育意识，具有体育能力，养成体育锻炼的习惯，受到良好的思想教育，成为体魄强健的社会主义事业的建设者和接班人”。

（二）教学内容与教学模式的改革阶段

1995 年 6 月 28 日国务院颁布了《全民健身计划纲要》。同年 8 月 29 日第八届全国人民代表大会常务委员会第十五次会议通过的《中华人民共和国体育法》第十七条规定：“教育行政部门和学校应当将体育作为学校教育的组成部分，培养德、智、体全面发展的人才。”随即国家体委又推出了《全民健身 121 工程》，要求学校“保证学生每天参加 1 次健身活动；每年组织学生开展 2 次远足野营活动；学生每年进行 1 次身体检查”。伴随着“121 工程”的推进，各种健身、娱乐体育内容走进学校体育课堂。1999 年 6 月中共中央、国务院颁发了《关于深化教育改革全面推进素质教育的决定》要求“学校教育要树立健康第一的指导思想”。同年 10 月教育部在江苏无锡召开了全国学校体育卫生工作经验交流会，要求认真落实“学校教育要树立健康第一的指导思想，切实加强体育工作”。随后出现的“俱乐部模式”“运动处方模式”“三自主模式”，开启了教学模式多样化发展的格局。

（三）教学理念与课程目标的创建阶段

2001 年 6 月，国务院颁发的《国务院关于基础教育改革与发展的决定》提出了“加快构建符合素质教育的要求的基础教育课程体系”的任务。2001 年秋季开始，基础教育《体育与健康课程标准》在全国 38 个国家级实验区试行，2002 年秋季实验范围进一步扩大到全国近 500 个县（区）。2002 年 8 月教育部颁布了《全国普通高等学校体育课程教学指导纲要》。新《纲要》秉持以人为本、全面发展的教育理念，规定了由运动参与、运动技能、身体健康、心理健康、社会适应构成的课程目标。2006 年 12 月，教育部、国家体育总局在北京召开了全国学校体育工作会议，颁发了《关于进一步加强学校体育工作，切实提高学生健康素质的意见》。同期，教育部、国家体育总局、共青团中央联合下发了《关于开展全国“亿万学生阳光体育运动”的通知》，力争用 3 ~5 年的时间，使 85% 以上的学校能全面实施《学生体质健康标准》，85% 以上的学生能做到每天锻炼 1 小时，达到《学生体质健康标准》及格等级以上，掌握至少两项日常锻炼的体育技能，形成良好的体育锻炼习惯，体质健康水平切实得到提高。

四、高校体育教学改革的现状和趋势研究

为了适应社会对人才需求，多年来，全国各高校在探讨体育教学目标、体育教学思想的基础上对体育课程设置、教材内容、教学方法、体育教学的组织、教学的模式、教学的评价等方面进行了全面探索和改革。

（一）体育教学目标呈现多元化

高校体育教学目标的主要观点包括：①以改善健康状况，增强体质为主要目标；②以

学习和掌握体育知识技能为主要目标；③以竞技教育，提高运动水平，为国家培养优秀运动员为主要目标；④以培养学生体育能力为主要目标；⑤以满足学生娱乐心理，享受体育乐趣为主要目标；⑥以奠定学生终身体育观念为主要目标；⑦以提高学生的心理素质和体育文化素养为主要目标；⑧以体育锻炼为手段，对学生进行思想品德教育，培养优良品德为主要目标；⑨以身体练习为手段，促进学生身、心发展，达到育人的目标；⑩以学生掌握锻炼身体的方法为主要目标。体育教学的诸多目标都是围绕着育人的总目标，在体育教学过程中，根据教学任务、教学内容、学生的实际和教学条件所提出的具体目标或者是阶段性的目标。要实现育人的总目标，教育者必须科学地选择教学内容，根据现有的教学条件，分阶段、分层次、合理地选用教学方法进行教学。

（二）体育教学指导思想多样化

多年来，我国高校体育教学思想呈现多样化和综合化，其主要观点包括：①全面教育的指导思想；②以体育教育为主的指导思想；③以培养学生运动能力为主的指导思想；④以快乐体育、娱乐体育为主的指导思想；⑤以终身体育为主的指导思想；⑥以竞技体育为主的指导思想；⑦以增强体质为主的指导思想；⑧以技能教学为主的指导思想；⑨以发展学生个性为主的指导思想。以上研究表明，高校体育教学思想随着社会发展，有越来越“泛化”的趋势，各种体育教学思想之间有着逻辑上的紧密联系，它是围绕着两条相对稳定的主线（体质与运动能力），着眼于身心全面发展的。

（三）课程设置和体育教学内容的选择成为高校体育教学改革的核心

高校体育教学改革必须从改革课程设置和科学合理地选择教学内容为切入点。高校体育教学内容和课程设置的改革要以高等教育体育教学目标、现代体育发展的需要、学生的兴趣、爱好、场地设施为主要依据，确立以增强体质，促进身心全面发展为主的指导思想。在 20 世纪 80 年代初，随着我国改革开放，许多高校在大学二年级相继开设专项课的设置，1992 年原国家教委颁发《全国高等学校体育教学指导纲要》，正式对普通高等学校体育课程设置做出了规定，即基础体育课、选项体育课、选修体育课、保健体育课 4 种类型。体育教学也从单一型发展到多种课型并举，较好地克服了传统单一课型忽视受教育者的个性心理特征及主体作用的弊端。目前，高校体育教学内容和课程设置的模式为一年级以必修课为主，安排了提高身体素质、配以各类基本技术的教材体系，以弥补中学体育教学的不足，完成中学至大学的合理衔接和过渡。二年级开设专项课，学生可选择课程、教师。开设选项课，以满足学生兴趣、爱好和选择的要求。三、四年级开设选修课，以休闲课和娱乐课为主，增加专业性的内容，采用“俱乐部”制。例如，地质院校增加了登山运动、负重行军等内容；商业院校增加了保龄球、台球等内容；形式多样、内容丰富的教材，不仅有健身、娱乐之功效，而且能够使学生适应毕业后的生活与工作。另一方面，又适当地增设体育理论知识课程，让学生明确学习的目的，端正学习态度；了解人体发展和运动生理、卫生知识；掌握各项运动的知识和锻炼身体的方法。但在改革中也存在着一些共性问题。例如，教学目标宽泛、模糊，教材的选编、课程的设置存在着较大的随意性；

在教学内容的安排上，运动项目主要是解决手段问题，重视方法不够；运动的内容欠全面，重运动，轻养护。

（四）体育教学方法的改革正逐步向“启发学生主动学习”的方向发展

体育教学效果很大程度上取决于教学方法应用科学与否。目前，体育教学方法的改革十分活跃，如主体教学、发展式教学、自学式教学、启发式教学、快乐式教学等，从整体改革的思路来看，大都能体现“启发学生主动学习”的思想，这表明“以教师为中心”的传统观念正在转变。但在改革中，许多研究者没有清楚地认识到教学方法两重性的特点，即功能性和局限性。因为教学过程是一个结构复杂、多阶段、多因素的动态过程，教学有法、教无定法、贵在得法。教学必须针对学生的实际，既有利于发挥教师的主导作用，又必须尊重学生的主体意识，周全地考虑教学方法运用的针对性、时效性、全面性。

（五）体育教学组织形式呈现多维性

体育教学的组织工作是否严密、合理，直接影响教学效果。有关研究表明，目前大多数高校采用的是分组不轮换的教学组织形式，分组是根据“三向”交往的理论来进行（教师与学生之间；学生与学生之间；教师与学生、学生与学生之间的交往）。根据这一理论，目前主要有以下几种教学组织形式：一是散点式；二是“小群体”式；三是自然分组式；四是按运动能力分组（搭配式、分级式）；五是俱乐部组织形式。总的来讲，体育教学的组织是多维的，上面叙述的是目前研究比较多的组织形式，各种组织形式都有其各自的特点，它们的共性在于能发挥学生的自主性、积极性，有利于发展学生的个性和创造性。但教学的组织形式受教学条件的制约，还有待于在更大范围内做更缜密的研究。

（六）体育教学模式具有针对性

体育教学模式的研究是当前体育教学论和体育教学改革的重要课题之一。近几年，对体育教学模式的研究日趋活跃，这表明高校体育教学改革已开始进入综合研究阶段。目前，中国体育科学学会学校体育专业委员会提出了主体教学模式、成功教学模式、合作竞争教学模式。上面多种教学模式不是孤立存在着，各种不同类型的体育课，因其特性和要完成的任务不同，就需要有多种教学模式去适应。由此看来，教学模式既可以组合，又允许创造，但设计任何教学模式都必须以科学的理论为先导，并通过实验对比才能对它的合理性、可行性和可操作性进行评价。

（七）教学评价的双向性

教学评价是获得反馈信息的重要手段。目前，高校体育教师比较重视教学评价的研究，尤其重视师生的双向评价。通过教师评价学生的学习，使每个学生都能够从教学评价中得到新的目标和新的动机，通过学生评价教师的教学，促进教师科学安排和控制教学程序。但教学评价的研究多数停留在理论研究上，付诸实施的较少。

综上所述，当前高校体育教学改革表现出以下特征：①教学目标开始朝着“多目标”“多功能”的方向转移，既追求近期效益，更追求远景目标。②教学思想从“生物体育观”逐渐向由生物、心理、社会三方面因素构成的“三维体育观”转变，从而拓宽了它的健身、娱乐、竞技、文化、社会等方面的功能。③课程设置和教材建设已成为高校体育教学发展的核心动力。近年来围绕着课程设置、课程类型、课程内容、教学定位、课程标准、教学模式和教学体系等内容进行了改革，课内外一体化已经形成。④教学方法的改革显得格外活跃，从规律性的思路看，大都能体现“启发学生主动学习”的思想，表明“以教师为中心”的传统体育教学正在逐步转变。⑤高校体育教学组织形式的改革是根据“三向”交往方式，由表浅向着深层次发展。⑥高校体育教学模式的研究已通过许多具有内涵丰富结构的研究模式表现出来，但目前这种教学改革实践滞后的现象却比较普遍。⑦教学评价的研究从身、心两方面效果考虑，采用定性和定量相结合的评价方法，在一定程度上可以适应现实的需要。

第二章　高校体育教学改革的思想基础

第一节　“寓德于体”教育思想

一、“德”在高校体育教学中的意义分析

增强学生体质，培养学生良好的身心素质，是高校体育教学的根本目标和出发点。学校的体育课程是学生身心共同参与的活动。在学校体育教学中，学生通过参与身体锻炼以及互相配合来获得知识与技能，这就在客观上为教师培养学生的道德品质提供了条件。但实际情况并非如此，在我国很多高校，大部分体育教师往往只注重课堂组织教法的运用和学生技能的提高，忽视了体育教学中的德育教育，甚至认为德育是文化课的任务。德育，具体来讲就是对人的思想品质、生活品质的培养。其任务是提高受教育者的思想认识，培养高尚、健康的人格，丰富情感世界，培养积极乐观的人生态度。

叶圣陶先生曾说过：“什么是教育，简单地说就是要养成良好的习惯，对于德育而言，就是要养成良好的行为习惯。”体育教学过程主要是一个让学生身体素质得到全面发展的过程。在体育教学的过程中，教师向学生传递知识、答疑解惑，提高其身体的力量、速度、耐力、柔韧、灵敏等素质。与常规的文化课教学不同，体育教学以体育锻炼实践为主，更侧重身体素质的培养。当今社会，由于亚健康人群的增多，身体健康日益成为人们关注的焦点，体育健身锻炼逐渐成为人们生活中不可或缺的部分。体育教育的地位也因此变得越来越重要。伴随着体育教育影响范围的扩大，人们也挖掘出体育教育的德育价值。德育，主要是指对学生思想素质和道德层面的教育。德育的过程实际上是一个善恶辨别和道德价值观树立的过程。德育的最终目的是要帮助学生树立正确的道德价值观，对是非荣辱形成正确的评价标准，最后内化为自身的内在品格，保持并发扬于有形的生活之中。德育是教育教学的重中之重，它同样也应该贯穿体育教学的始终。因此，现代高校体育教学也成了德育教育的重要载体和桥梁。

纵观体育教学，“德”在其中主要具有以下五点意义。

（一）培养学生的坚强意志

与竞技类体育教学不同，高校体育教学对学生的技战术没有那么高的标准和严格要求。但是，现代体育教学已经不完全等同于技战术和身体素质教育了，它还需要培养学生的优良品质和良好的意志力来共同达成当今社会所提出的全新的体育教学目标。例如，跳马、双杠需要学生的勇气、自信进行自我挑战，长跑运动需要学生的耐力和坚持不懈，足球、篮球等需要学生长期的摸索和学习，等等。基于此，体育教师应以体育课程标准为基

本着眼点，适时创新教学内容，对每一个学生进行个性化的特殊处理。经过一系列的体育教学活动培养学生坚持不懈、敢于拼搏、勇敢向前的道德品格，并将其融入未来的工作和生活之中。

（二）培养学生的竞争意识

现代社会是一个高效率、快节奏的社会，因此，人们若想在社会中脱颖而出，必须时刻保持最佳的竞争状态。现代社会要求人们必须具备敢于拼搏、敢于竞争的精神。体育教学为竞争素质提供了很大的发展空间。竞争意识，简而言之，就是对外界活动持有积极应对的心理反应。人们在竞争意识的引导下进行一系列竞争行动。作为体育运动项目突出特点的竞争因子在体育竞赛中可表现得淋漓尽致。体育教学过程中所组织的一系列体育竞赛和活动，可以激发学生身上的竞争因子，调动学生的竞争细胞，激发学生的最大潜能，让学生在体育竞争中内化竞争意识，树立顽强拼搏的竞争精神。从此种层面上来说，体育教学的德育功能主要体现在激活学生的内在竞争意识，培养学生勇于拼搏、敢于拼搏的竞争意识，在竞争中树立良好的道德行为规范。

（三）培养学生的团队合作意识

虽然当今社会充满竞争，但是仍然掩盖不了合作是主旋律的事实。任何一个个体力量所创造的效益与合作产生的群体效益是无法匹敌的。合作意识是个体对共同行动及其行为规则所赋予的情感与认知。合作意识是合作行为的方向标，引领着合作行为的产生与发展。合作意识也体现在体育运动项目之中。如篮球、排球、足球、接力、拔河等集体类运动项目的开展，单靠一己之力根本无法完成。如若想很好地完成上述这些活动，除了要掌握这些运动项目特有的技战术外，还需要队员之间的团队合作。只有通过队员之间的紧密配合，个人的价值才能在集体中得到最大的体现，最终实现自我价值，取得比赛的胜利。所以，体育教学不但给学生提供了交流沟通的平台，还为学生良好人际关系的搭建起到桥梁的作用。学生与学生之间关系密切了，交流频繁了，无形之中营造出相互帮助、相互关心、团结合作的融洽氛围。学生在感受到集体温暖之余，也逐渐养成团结协作的精神，树立起集体主义的观念。这一切也必将为他们在日后融入社会奠定坚实的人生基础。

（四）培养学生的自我约束能力

自我约束能力，简而言之，就是自己能够控制自己的所作所为的能力。学校体育教学是一种以室外活动为主的动态群体行为。教学管理，相对于常规学科来说，较为困难，这就需要有一定的行为规范来保证体育教学活动的顺利开展。以运动竞赛项目为例，像“三大球”“三小球”、田径和各种集体类体育运动竞赛项目，必须遵循该项目特定的规则，用切身行动去维护它、捍卫它。规则无论对他人还是对自身的要求都是一样的，因而是公平的。它像一把标尺，衡量和监督每一位参赛者，让他们时刻保持清醒的头脑，用明确的规则来约束自己的运动行为。长此以往，学生就可自然而然地形成良好的组织纪律观，提高自我约束能力。

（五）调节学生的身心健康

随着社会经济的不断向前发展，人们的生活压力、工作压力越来越大，各种“富贵病”接踵而来。研究发现，体育运动可以帮助人们释放压力，保持心情愉悦，满足一定的心理需求。因此，在体育教学过程中，我们应该注重学生生理和心理的双发展。我们不仅要让学生在科学合理的运动负荷下，实现身体素质的全面提升，还要让学生在日常的体育教学训练之余，得到精神上的放松。学生在体育课堂上收获的不仅仅是健康的身体，还应该包含愉悦的心情，这才是体育教学的真正价值所在。

二、中外“寓德于体”教育思想的比较分析

（一）国外不同时期的“寓德于体”思想研究

1. 古埃及和古希腊时期

在古埃及，人们很注重子女的教育问题，古埃及人在关心子女身体是否健康之余，还很关注对子女智力和德育的培养。当子女还处于婴儿期，古埃及的父母们就让他们的子女赤裸着身体尽情地拥抱大自然，让孩子们在户外运动的过程中尽情享受充足的阳光和新鲜的空气；当子女成长为少年时，古埃及的父母们会适时开展一些适合他们年龄特征、个性特征的游戏；当子女成长为青年时，古埃及的父母们会让他们尝试一些激烈的球类游戏和剧烈的户外运动，充分满足孩子们的身心需求。孩子们通过这些体育运动项目的锻炼，逐渐养成了遵守纪律、团结友爱、协作共赢的良好品格。体育运动的开展不仅有利于人们“体”的发展，也有利于人们“德”“智”“美”的综合发展。

古希腊人眼中的美德不单单指心灵美，它更关乎人们的道德和心理。古希腊人认为，只有道德、心理、身体均健康发展才可以称之为美德。所以，他们倡导“智慧的人”与“行动的人”相统一的教育理想。古希腊人训练身体素质，不单单是出于自身力量素质和军事的考虑，他们更多的是侧重于通过体育锻炼，培养坚强、勇敢、礼让、果断、智慧等良好品格。苏格拉底曾说过：“体育和音乐教育一样，应该让他们从小就开始接受，而且体育训练应该十分小心且要终其一生。我并不认为不良好的体质本身有利于灵魂的修养，相反，美好的灵魂它本身能够在可能的范围内改善体质。”此外，其他一些古希腊思想家也都分别从各个维度详尽地论述了体育与道德之间的关系，但万变不离其宗，其主要论点依然是体育有着不可比拟的道德教育价值。

在体育之于品格的价值研究上，古埃及人和古希腊人是明智的，他们很早就看到体育游戏和体育比赛的深层隐性价值。选取适合各个年龄阶段的体育游戏和体育比赛，不单单可以帮助锻炼者强身健体，更能在强身健体的同时丰富业余生活，提升他们的道德水平。古埃及人和古希腊人主张人的全面发展。全面发展不只包含身体强壮，还包含心理健全和道德完善。通过体育锻炼这一载体，让人发展成为健全的人，是他们更希望看到的结果。“寓德于体”的教育思想在古埃及人和古希腊人身上体现得淋漓尽致，值得我们学习与反思。

2. 文艺复兴和启蒙运动时期

文艺复兴后期法国人文主义思想家蒙田指出：“教育绝不是着重于一个人心灵的培养；我们的教育也不是注重到一个人身体的锻炼，教育的对象是整个的人；我们决不能将之一

分为二……我们必须同等地给予发展，就像一鞭指挥着双马一样。”基于此教育思想，我们可以将体育的目的归纳如下：“为了使他有坚强的心，就需要他有结实的肌肉；使他养成劳动的习惯，才能使他养成忍受痛苦的习惯；为了使他将来受得住关节脱落、腹痛和疾病的折磨，就必须使他历尽体育锻炼的种种艰苦。”因此，那一时期体育教育的本质是想让学生在体育锻炼的过程之中提高身体素质、道德素质和心智素质。学生在体育锻炼之余，也间接促进了其坚毅顽强、敢于挑战、吃苦耐劳等良好品格的养成。由此，“身心既美且善”成了该时期希腊人体育教育的主旋律。

英国著名的教育家约翰·洛克认为，体育是一切教育的基础。他认为教育主要由德育、体育和智育三部分构成。但是，三者中的重中之重，他认为是体育。因为在他的观念里，培养出健康的人才是教育的最核心任务，而体育是能够实现这一任务的首要之选。继而，他在这一套教育理论的基础之上，又研究出了一套适应该时期社会发展的“绅士评比准则”。在“绅士评比准则”的第一条里，他要求绅士必须具备平衡发展的身心。他认为一个真正的绅士不应该只拥有强健的体魄，还应该拥有良好的教养和优雅的风度。这一点在他的经典作品《教育漫话》中得到了印证。“人生幸福有一个简短而充分的描述：健康的心智寓于健康的身体。凡身体和心智都健全的人就不必再有什么别的奢望了；身体或心智如果有一方面不健全，那么即便得到了种种别的东西也是枉然。”从此以后，“健全的精神寓于健康的身体”成为人们推崇的主流教育思想。

谈起启蒙运动，我们不得不谈到卢梭。“身心统一论”是他的基本理念。在他的思想世界里，人的身体和心理是不可割裂的，二者成比例地良好发展，才是适应社会、适应大自然的前提条件。他认为：“教育的最大秘诀是使身体锻炼和思想锻炼互相调剂。”卢梭注重感觉经验，他倡导积极参与体育运动和比赛。他认为运动和比赛可以帮助人们平衡竞争与合作，在体育运动和比赛过程中锻炼身体，净化心灵。此外，他还倡导广泛修建体育设施，推广体育竞技项目和游戏环节。他还提出进行体育锻炼的关键时期应该是在童年。因为该时期的孩子自我意识刚刚形成，理智还不成熟，可塑性极强。他主张在该时期通过体育锻炼来塑造儿童的自我意识和理智情感。

约翰·亨里希·裴斯泰洛齐是瑞士著名的民主主义教育家。他认为，体育教育对身体素质的价值是无可厚非、有目共睹的，然而，体育教育对道德教育的价值也是旗鼓相当、不容小觑的。经过适宜的体育训练，儿童的身体和心理都可以获得健康长足的发展，这无形之中促进了道德教育目标的达成。除此之外，长期坚持不懈地体育锻炼，也必将会对锻炼者的意志品格产生重要的影响。不怕吃苦、敢于拼搏、勇于挑战、团结友爱、互助协作等都是体育锻炼衍生出来的无形的道德价值。由此可知，裴斯泰洛齐主张体育教育之初，应遵循客观规律，安排儿童进行科学合理的运动，在儿童可承受的能力范围内进行体育锻炼，提高身体素质，培养道德品格是正确的。他认为，体操的目的在于“使儿童的身体四肢、智慧和心灵处于相互统一的和谐整体之中”，并指出手工劳动、竞技、体操和游戏都意义重大。

综上所述，众多教育家和思想家都主张人的身心要和谐发展。他们认为，身体和心灵是紧密关联的，应该抓住塑造良好品格的黄金时期——童年时期，安排一些合理的、适宜的体育运动锻炼，让孩子们在游戏、竞技比赛活动之中养成不畏吃苦、自立坚强、团结合作、勇于竞争、挑战自我等优良道德品格。这即是“寓德于体”。

3. 近现代时期

近代时期的德国，体育被视为保持身体健康的一种手段。体育教育未受到人们的重视。当时德国的体育课程是以养生为主的，主要从卫生角度出发，研究一些与之相关的饮食、锻炼、着装、日光、空气等问题。被称为近代学校体育之父的德国体育教育家约翰·克里斯托夫·弗里德里希·古兹姆茨则认为，保养不足以成为体育运动锻炼的所有重心，体育运动锻炼应该侧重于帮助学生强筋健骨、提升技能、塑造品格。由此可知，体育教学的三大任务早在18世纪后期就已经基本明确了。有着“幼儿教育之父”美誉的德国学前教育家、教育理论家弗里德里希·威廉·奥古斯特·福禄贝尔，主张抓住儿童早教这一黄金时期，优先开展体育锻炼，在游戏和竞技中开启学生的运动天赋，形成科学的道德品格，开发深层的大脑智慧。他曾说：“游戏是人类心灵发展的首要手段，是认识外在世界，从事物及事实中汇集原始经验与练习身心能力的首要任务。”“游戏是一种能形成非常强大的力量的心灵沐浴。”由此可知，他对游戏活动之于心灵意义是肯定和认同的。一系列的体育游戏活动必然会对其道德品质和智力产生一定的影响。体育锻炼过程中逐渐养成的公平正义、忠诚苦干、顽强拼搏、自我约束、团结友爱的品质就是最好的证明。

19世纪20年代末，英国体育思想家托马斯·阿诺德很重视体育运动以及体育游戏对教育的作用，他主张在学校教育中广泛开展竞技游戏，培养学生顽强、果断、正直的思想品格，提升学生的全面素质，提高整体教学效果。19世纪50年代，小说《汤姆·布朗的学校生活》横空出世。该小说主要描绘了英国拉格比公学的生活，小说所折射出来的对竞技和体能的关注远比现实生活中多得多。这使得当时的人们，尤其是广大的教育家、思想家、神职人员和普通大众深受启迪，体育教育思想理念也随之发生了重大变革，竞争精神深入人心。赫伯特·斯宾塞紧随其后出版了《教育论》一书，书中的主要观点为注重游戏的自然性，反对一切赋予游戏鲜明的人为色彩。他主张体育教育过程中要记得遵循客观规律，要用科学的思想统领体育锻炼的全过程。他推崇以人的自然本性为核心内容的游戏环节，因为他认为只有让学生充分发挥本性，才有利于兴趣持久的激发和保持。他重视体育锻炼过程中人是否释放了最大的自主能动性。他曾说过：“自主能动性是人的品质中一个最有价值的因素。”此外，他口中所说的自主能动性还包含有一定的独立性，他所希望的自主能动性是在独立性的基础之上产生和发展的。他认为，人的独立性可以使人获得自信，获得坚强不屈和肯吃苦的优良品格。

爱默生发展了他的人类自我完善和自立哲学的思想理念，这种思想在健身运动和竞技之中都有着重要的指导意义。他认为强健的体魄是完成伟大使命的敲门砖、奠基石，体能是人类勇气和道德力量的源泉。因此，健康才是人这一辈子最大的财富。他认为，离开游戏活动，单独谈一些空理论的教育是不完整的。尤其是对儿童而言，只有赋予游戏活动的游戏理论才会在他们身上生效，这些游戏本身才是最终的幕后的真正教育者。

前苏联现代著名教育实践家、理论家瓦西里·亚力山德罗维奇·苏霍姆林斯基认为，体育在人个性的全面发展进程中发挥着不可替代的作用。德育、智育、体育、美育、劳动教育都是教育旗下的几个重要分支，都从属于教育，它们之间虽然侧重点有所不同，但是它们之间的关系是相互影响、密不可分的。因此，在对学生进行体育教育的同时，必然也会对其进行一定程度的道德教育、智力教育、审美教育和劳动教育。他认为，在学生的不同成长阶段应进行不同的体育教育。例如，儿童时期的体育教育就应该以发展儿童的身体机能和促进健康为主；少年时期，体育教育的侧重点应当有所转变，除了提高身体素质外，还应拓展精神世界，发展智力潜能，激发道德情感，塑造道德品格，丰富审美内容，提高审美层次。在有了一定量体育锻炼的基础之后，身形的变化，增添了人们的青春活力与自信，心态和性格也因此变得柔和。他还特别强调："体育不可能仅局限于锻炼身体与增进健康，它还涉及培养道德尊严、建立纯洁与高尚的情感、确定道德与审美的准绳及对周围世界做出评价与自我评价等人的个性方面的复杂问题。"

这一时期"寓德于体"的教育思想突出表现为人们对体育教育中德育教育的重视程度。众多体育家和教育家都十分重视人在体育活动中的独立性和自主能动性，他们普遍认为体能是人类勇气和道德力量的源泉与奠基石。他们主张依靠纯天然的游戏和竞技来强壮人们的筋骨与体魄，激发情感，培养道德品格，最终塑造人的性格、磨炼人的心智。深入进行体育锻炼可以帮助人养成忠诚正义、果断勇敢、自我约束、自主自立等优良品格。

（二）国内不同时期的"寓德于体"思想研究

1. 先秦时期

"造棋教子"源于《路史·后记》记载："（丹朱）骜很娼克。兄弟为逆……帝悲之，为制弈棋，以闲其情。"故事大意为：尧的儿子丹朱，嫉妒心强，骄傲蛮横，凶狠残暴，品德恶劣，兄弟之间争吵不休，矛盾重重。尧得知后心里很是焦虑，于是就命人制作了围棋教育丹朱，希望在"棋道"的教育下，人也能改邪归正。可见，围棋的教育功能不可小视，它教会人们"守之以仁、行之以义、秩之以礼、明之以智"。

春秋时期伟大的思想家、教育家、哲学家老子有云："不失其所者久，死而不亡者寿。"这句话的意思是人若想肉体活得长久就不能离开生命的根基，但若想获得真正意义上的长寿还是要保持精神上的人格。因此，要想获得真正意义上的长寿，光靠鲜活的肉体来维持是远远不够的，还必须不断完善自己的品格，让精神之光常亮。养生，顾名思义，就是指身体的保养。但是究其实质，养生需要保养的不仅仅是单纯的肉体，还应包括精神人格。整个养生系统应该始终包含肉体和精神，二者缺一不可。庄子有云："形劳而不休则弊，精用而不已则劳，劳则竭。"这就告诉我们应该把形体和精神都抓起来，并且"两手都要抓，两手都要硬"。"静而与阴同德，动而与阳同波"。这句话的意思是：与阴同德，就像大地一样，厚德载物；与阳同波，就像九天之上，自强不息。由此可知，养生这一概念，在先秦就产生了，并且已从鲜活肉体的养生过渡到精神领域，开拓了养生领域的新篇章。

孔子是儒家学派的代表人物，也是伟大的教育家、思想家。他在传承西周官学中"六艺"的基础之上，发展了独特的"礼、乐、射、御、书、数"等教学内容。这一教学内容反映了孔子的教育思想。他主张培养德、智、体全面发展的人。孔子的道德标准是

"礼"，政治思想是"仁"，对于体育思想而言，他倡导遵"礼"。他所期冀的教育目标是发展文武双全、道德高尚的仁义之人。孔子尚文，但文必须"之以礼"；孔子尚勇，他认为："知者不惑，仁者不忧，勇者不惧。"但是，他又警告世人"勇而无礼则乱"。他主张无论"武"多么"勇"，也要服从奴隶主贵族之"礼"。故孔子有云："有文事者，必有武备，有武事者，必有文备。"这里所提到的"武"是军事的意思，但由于古代体育大部分以军事为主，故"武"在这里可以狭义地理解为当今体育的源头了。对于"礼"而言，孔子讲求将其应用于实践，空谈"礼"绝不是他的本意。孔子善射御。在他行射的过程中，他对周围的旁观者和身在其中的参与者都有严格的礼仪要求。凡是道德礼仪低下者，均不允许参与其中。因为他认为行射的最终目的并不是谁输谁赢，而是在于品鉴人的道德。"君子无所争，必也射乎！揖让而升，下而饮，其争也君子。""射"不只拼技艺、讲方法，而且要以"礼"当先。行射的最终目的是从行射中学习礼数。由此可知，孔子注重身心合一的教育方式，倡导体育强身健骨之余，更加看重体育之于人的道德的影响。

墨子是墨家学说的代表人物，他主张"厚乎德行，辩乎言谈，博乎道术"。他认为，"德"为"力行"提出了标准，指明了方向。他对学生进行德行教育，首先要求学生能够吃苦耐劳，坚毅不屈，敢于挑战。他也主张通过"行射""习御"这一体育途径来强健人的筋骨、内化人的品格。

荀子是著名的唯物主义教育家、思想家。他崇尚"乐行而志清，礼修而行成，耳目聪明，血气和平，移风易俗，天下皆宁，美善相乐"。他认为，体育活动不仅对人的身心健康有所裨益，还会影响社会风气。

这一时期"寓德于体"的教育思想可以归纳为：肯定了体育对身心健康的价值，但是，这两方面相比较而言，更突出体育的健心价值，尤其是其德育价值。古代重视"行射""习御"，但是出发点绝不仅仅是为了强健身体，更多的是通过体育这一媒介，对人的心性进行磨炼，使人形成良好的品格和德行。

（三）唐宋、明清时期

在唐代，以木射为代表的体育活动盛行：用木为侯，以球代箭，用球击射木侯。木射场地上一端设立15根笋形平底木柱，其中有5根木柱分别用墨笔写上"傲、慢、吝、贪、滥"，10根木柱分别用朱笔写上"仁、义、礼、智、信、温、良、恭、俭、让"。参加比赛的人员纷纷在木柱的对面用木球往木柱方向抛掷，击中有朱笔写字的木柱即获得胜利，反之，则视为失败。通过这种带有朱笔和墨笔字迹的木柱，我们可以看出古人对哪些道德信仰持肯定态度，对哪些道德信仰持否定态度，进而帮助参加体育运动的人们形成正确的道德评判准绳。儒家"仁爱"思想在古代体育运动中也得到了很好的体现。在体育运动过程中，侧重点由取胜转移到了道德层面的比较，倡导"君子之争"，体育的礼仪性、娱乐性在该时期体现得淋漓尽致。

明末清初杰出的教育家、思想家颜元，倡导施行文武双全、全面发展、综合素质高的学生教育。他认为，体育的价值不仅在于强壮筋骨，还有很多内化的智育和德育价值。他对体育的德育功能有如下理解："人之心不可令闲，闲则逸，逸则放""习礼则周旋跪拜，习乐则文舞、武舞，习御则挽强把辔，活血脉，壮筋骨""以礼、乐、兵、农，心意身世，一致加功，是为正学”。因此，他招收学生时就明确提出“礼、乐、射、御、书、数、兵”都将作为学习的重点课程，而其中“射”“御”“兵”是基础中的基础。颜元认为身体锻炼过程中，人们的道德修养和智慧成果必然有所增加。如若每日加以练习，假以时日，身心必将得到双向和谐发展。颜元倡导身心一致，主张德育、智育、体育同时发展，只有这样才能培养出社会发展所需的栋梁。颜元的体育德育论、体育智育论都是一种崭新的尝试，为后期体育的多功能发展奠定了坚实的基础。

这一时期“寓德于体”的教育思想主要可以概括为：儒家思想中，体育运动蕴含着忠诚仁义、谦虚宽厚、包容礼让等“仁爱”思想。教育思想家颜元透过体育的健体价值表象，挖掘出体育更深层次的智育和德育价值，他倡导促进学生德、智、体全面发展的教育。

（四）近现代时期

著名教育家蔡元培肯定了体育的首要地位，他说：“完全人格，首在体育”。关于体育和德育的辩证关系，他坚持体育是基础，体育是根本，而道德教育是体育教育的衍生品。空谈道德的体育，会让人嗤之以鼻；空谈体育的道德，会让人的心灵无处安放。

中国奥运先驱张伯苓认为，体育学科在学校教育中是一门基础学科，除了强健体魄外，还能培养公民的道德意识。张伯苓注重体育运动过程对人的道德素质的建构。“德体并进”“体与育并重”是他的主要观点。著名大学校长梅贻琦认为体育是实现高尚人格的最佳途径。他认为，在体育锻炼过程中，可以使人和人之间变得亲近，团队荣誉感增强，竞争与合作共存。因此，他总结道：竞赛是为了练习团队的合作守法的习惯，而体育旨在促进团队道德的养成。著名体育家马约翰在体育的价值问题研究上又有所突破。他认为，体育除了具有强身健体和道德塑造的价值之外，还具有磨炼性格的价值。在体育的世界里，人的勇敢、顽强、拼搏等性格品质被极大地激发出来。他曾说：“体育最重要的效能是塑造人格，弥补教育不足之处，要学生学会负责任，学会帮助关心别人。”这一点在他的作品《体育的迁移价值》中有具体的体现：“体育是培养学生品格的良好场所和最好工具，体育可以批评错误，鼓励高尚，陶冶情操，激励品质。”

这一时期“寓德于体”的教育思想可以大致归纳为：肯定了体育的基础地位，与此同时也提出了“德体并进”思想。体育的价值从健身层面拓展到了培养道德、塑造人格等精神层面。体育的团结协作、竞争突破精神可以向爱国强国精神靠拢，为祖国的建设提供综合性人才。

三、体育教学中武术武德教育的实例分析

近几年，伴随着“国学热”，传统文化又重新进入现代人的视野。武术历史悠久，其博大精深的内涵成为中华文明传播的载体之一。随着北京 2008 年奥运会的成功举办，武术被越来越多的人所了解。武术以其独特的动作风格和表演形式受到人们的喜爱，在全世界广泛传播，让无数人为之痴迷。因此，武德教育应引入高校教育。

（一）在教学计划中渗透武德教育

在武术教学计划的订立之初，武术教师应该端正自己的立场，把武德教育视为与武术

技术教育同等重要，让武德教育融入武术技战术教育的血液中来。诚然，开设武德教育课程是对此理念最好的诠释。武德教育课程可以围绕武德内涵、习武观念、武德精神等内容展开，让学生体会到中华武德的真正内涵，并引以为鉴，严格要求自己，树立科学的世界观、人生观和价值观，激发爱国热情，为祖国的建设贡献一份自己的绵薄之力。此外，武德学习的结果还应按照一定的考核标准纳入考试范畴，以便学生对武德的学习有着清醒的认识。

（二）将武德教育应用于武术教学实践之中

在武术教学实践中，武术教师应该采用多样多变的教学手段和方法对学生进行武德渗透。例如，在上课前期阶段，武术教师可以对学生开展武术礼仪教育，让学生对抱拳礼、递接礼、器械礼有科学的认知和学习。在一系列的武术道德学习之后，学生便会逐渐养成尊师重道、以礼待人的美德。上课中期阶段，武术教师在教授武术技术的过程中，可以鼓励进度快的学生主动帮助进度慢的学生，形成互帮互助的良好竞争氛围，进而帮助其养成乐于助人的良好美德。上课后期阶段，教师可以教育学生把课上的武术方法和武术精神广泛应用到课下的日常练习中，让学生坚持练习。这样一来，学生就养成了坚持不懈、坚忍不拔的良好美德。

（三）将武德教育渗透到武术竞赛之中

课堂上的武德教育不仅是武德教育的一方面，其还应包含在课堂外的一切体育运动竞赛之中。只有这样，武德教育才能全方位、立体化。在武术竞赛中，学生们可提高技术水平，相互交流思想，增加感情。竞赛的过程实际上也是一个自我品德提升的过程。在竞赛中，我们可以从对手身上汲取精华，提高自己的道德修养。武术教师在完成基本教学任务之余，还可以以提高学生的武德认知为目标，广泛组织学生开展一些武术课外活动。这些活动可以跨越班级、年级、系别之间的界限，只要是对武德教育有益的，都可以为我所用。组织形式也可以广泛采纳学生的意见，只要学生能积极参与的都是可行的。

（四）选取优秀人文素材适时进行武德教育

历朝历代为国家牺牲的武林豪杰的故事都可以作为优秀的人文素材。他们身上忠于祖国、甘愿牺牲的精神可歌可泣，他们为我们阐明了武术的真谛，值得后人学习。中华武术因为有了这些英雄的存在而变得更加高尚。他们不断地为武术精神补给养料，为习武之人树立了良好的榜样。抗击倭寇的戚继光、抗击英国侵略者的关天培，以及“灭洋”的义和团都是英雄。可见，忠于国家是中华武术的优良传统之一。中华武术的另一优良传统是仗义济民，习武之人大多不畏土匪强盗，不畏恶霸地痞，不畏残暴的统治者，不畏凶恶的侵略者。勤学苦练是中华武术的又一优良传统。少林寺的武僧每天都会勤学苦练，风雨无阻，无不对他们充满敬仰，被他们所感动。综上所述，学生通过武术的学习，武德必然也会有所提升。

（五）提升武术教师自身的武德修养

教师的言行对学生有很大的影响力，学生会模仿教师的言行。因此，教师要意识到自己言行的重要性，对学生起到更多的积极影响。对于武术教师而言，要加强武德修养，提高武德风范，身体力行，潜移默化地影响每一位学生，引导他们形成正确的世界观、人生观、价值观和道德观。因此，高校武术教师不仅要在专业知识方面做足功课，还要不断提升自己的武德修养。凡是要求学生做到的事情，自己都应身体力行，为学生树立道德榜样。武术教学实践的过程，是每一位武术教师的必经过程。只有经历过武术教学实践，武术教师的武德教育才更加具有说服力。

在全面推进素质教育的今天，作为学校体育教学重要内容之一的武术教学，应该适时进行教育改革，将武德教育融入武术教学中，并与武术技战术教学并驾齐驱，充分发挥武术教育的武德教育功能，力求把每一位习武学生都培养成为技术底蕴深厚、道德素养较高、适应现代社会发展的新型人才。

第二节　“寓智于体”教育思想

一、“启智促健”是高校体育教学的必然选择

当今社会，素质教育成为教育的主旋律，然而体育教育作为教育的一个重要分支，除关注学生的身心健康外，还应把视野放宽，关注智慧技能的提升。体育教学中的“启智促健”应用，是促进学生思维活跃、提高学生综合素质的重要方法。基于上述因素，“启智促健”也是高校体育教学改革的大势所趋。

（一）体育教学过程中“启智”的必要性

“启智”，顾名思义，就是启发学生的智力，最终获得智慧的过程。这也是各门学科教授知识的最基本目的。研究表明，虽然经常参加体育运动可以启发学生的智力，但并不表示只要参加运动，智力就会随之增长。当然，智力和运动之间存在着某种关联。但是，两者之间也存在一定的矛盾。因此，找到智力和运动这两者的平衡点，才能找到解决问题的突破口，这也是我们研究的重要课题之一。体育教育找到了智力与运动之间的最佳平衡点，它帮助学生成长为德、智、体全面发展的综合型人才。如果单纯依靠体育运动，虽可达到强身健体之功效，也能在一定程度上促进智力的发展，但是智力的发展和体力的发展绝不会是同步的。因为体育运动首先能确保的是让大脑这个物质器官获得良好发育，继而为大脑智力的发展提供沃土，至于将来智力如何发展则需要时间去印证。而体育教育可以弥补体育运动之不足，它好比是体育运动的营养剂和催化剂，在体育运动过程中影响学生智力的发育，最终帮助学生获得德、智、体全面发展。

在体育教学过程中运用“启智”是十分必要的。如果在体育教学中一味注重技能练习，忽视对学生智力的开发，那么将会使学生不能全面认知和掌握所学运动技术的规律，进而对其智力的发展和智慧技能的习得产生阻碍。体育教学必须通过外在的、具体的体育锻炼，将学生内在的智慧激发出来。体育教师要善于指导学生学习运用多种学习策略来提高自己的体育学习效率。

（二）启发学生智力，习得智慧技能的方法

1. 启发学生元认知参与体育教学

西方有“未来的文盲不是不识字，而是没有学会怎样学习的人”的说法。东方有“授人以鱼，不如授之以渔”的古语。很显然，东西方不谋而合。我国宋代教育家朱熹倡导教师应该教会学生学习的方法，而不仅是学习内容，教师只要负责为学生引领方向，其余的就要靠学生自己了。我国当代教育家叶圣陶主张“教是为了不教”。他也建议让学生学会学习，而不是一味地、无休止地教导学生。由此可知，“教会学生学习”已成为人们普遍认可的教育真理，也充分体现了学生的主体地位和教师的主导地位，符合当今教学改革的理念。“授之以渔”对教师的教学提出了新要求，它要求教师要启发学生，让其运用元认知能力来学会体育学习。

“元认知能力”是对认知能力进行调节和监控的能力，对促进学生学会学习有着重要的意义。元认知过程，实际上是一个对任务知识认知、对个体知识认知和对策略知识认知的过程。以体育教学为例，让学生在上体育课之前就对自己在要达到的体育目标、体育过程中将会遭遇的制约因素和学习该体育知识需要调动哪些思维和记忆等有所了解的话，那么学生进行体育知识学习的效率将会大大提高。元认知体验是体育教学中最重要的体验，它使学生不断调整认知策略，以选取最佳策略。学生通过观察和体验，逐步验证自己的动作是否正确合理，进而在一次次的失败中进行调整，直到最终掌握。元认知的体验可以调动学生认知的积极性，激发学生的认知潜能。教师应教会学生掌握正确的元认知知识，让学生体验认知活动中自我调节与自我监控的快感，启发学生自觉思考。教师应在教学中调动学生参与体育活动的热情，激发想象潜能和创造性思维，让学生从传统的“接受”学习束缚中解放出来，学会发现学习，形成适合自己的一套独特的学习理论和学习方法，引领自己掌握学习规律，从此成为学习的主人。教师还应引导学生进行学习方法和学习策略的分析与总结，从而不断地调整、控制学习活动，使学生成为学习的真正主人。

2. 启发学生进行新知识的建构

与动物不同的是，人脑可以对已掌握的知识、方法加工整理后，形成一套新的知识和方法，广泛应用到未来的学习生活之中。体育活动具有多变性，这就对学生知识的建构提出了新要求。因此，学生要学会根据不同的变化，改变自己的认知策略，对大脑中已成型的知识进行重新建构，以适应新的认知要求，掌握新的体育知识和技能，获得好的比赛成绩或练习效果。当然，有些建构的内容是可以提前预测或演练模拟的，但是对比赛中的任何一个细节任何人都是无法预料的。这就要求参加者调动身上的每一个认知细胞，找到适合当下比赛的技战术方法，在比赛过程中创造属于自己的一个又一个奇迹。布鲁纳认为，从外部进入知觉的因素为智力的成长提供了很大的空间，学生对各种新技术的不断掌控需要在教师的引导下，对大脑中已经积攒下的体育技能重新组建，利用重新组建的新结果来尝试解决面临的新问题。因此，教师的引导和帮助显得尤为重要，它能帮助学生习得智慧技能和发展智力，以便学生在未来不断独自应对新问题。

体育教师要教会学生拓宽思维，建构知识，首先应该从全面了解学生做起，在全面了

解学生、掌握其智力的发展规律之后，还要钻研教材，找到适宜学生的教学方法，激发学生的参与积极性和创造性。体育教师一定要突破常规思维，杜绝懒惰，教授学生常规的技术动作组合后，还应创编一些新的动作组合，以满足学生不同的兴趣需要。只有极大地激发学生的主观能动性，才能让学生学会学习，进而在未来的学习生涯中能够主动学习、主动探索、主动创新。

3. 启发学生进行知识的迁移

知识的迁移是未来学习过程中一种不可或缺的学习手段，它可以将人们大脑中已有的知识应用到类似的事情之中，借以解决新面临的极其类似的问题。这种特征也是人类所特有的。知识的迁移教会学生用一种学习方法去解决后面遇到的诸多相似的问题。学习的信息加工理论认为，新知识在记忆系统编码、储存和提取的过程，是新旧知识相互作用的过程。学习就是用新掌握的知识不断地去替代原有知识的过程，但是这种替代不是简单的、毫无连接的替代，而是有着某种特殊关联的替代。在这种替代作用下，形成知识的迁移。通过知识的迁移，学生能够举一反三，闻一知十。正迁移是迁移组成部分之一，顾名思义，即是大脑中已有知识对后面技能习得有着积极影响的迁移。我们在教学过程中要多多鼓励学生进行正迁移，这也将对学生提高学习效率产生积极的影响。在日常体育教学过程中，技能迁移成为我们关注的焦点，而对横向学科联系与技术原理方面的迁移的关注则少之又少。从学生角度出发，一味地学习动作根本无法吸引他们的注意力，在不感兴趣的前提下进行某些技能知识迁移，更是难上加难。以体育教学为例，教师在教授体育运动技能的同时，也可以引导学生将体育学、生物学、物理学、卫生学等进行关联思考，将众学科紧密地联系起来，使其逐渐建构一个全方位的、立体的完整知识体系。最后学生运用新获得的知识体系再理解体育的技术动作结构和意义，收获将颇丰。在这样来回地摸索过程中，学生会慢慢体会到教师让他们完成这些动作背后的真正意义。学生在深刻地理解体育运动技能规律的来龙去脉之后，在遇到新的困难时，他们解决起来也将更加轻松。像这种知识的迁移，则属正迁移范畴。其间，教师的正确引导是至关重要的。在学生迷惑的时候，教师应对学生进行耐心引导，启迪他们往正确的关联方向思考，最终促成正迁移的产生，让学生在不断的正迁移过程中，摸索出体育学习的真谛，将体育学科规律学习延伸到未来的各个学科和领域之中，成为一个会利用已学知识举一反三的真正会学习的人才。

今天的体育课程标准早已脱离了安排具体教学内容的低级阶段，给学生和教师提供了更大的学习与教学空间，赋予了更多的创新性。因此，在体育教学过程中，教师应根据学生的兴趣需要和身心发展特点，选取能够调动学生积极性的体育运动内容，充分安排能够为学生带来乐趣和成功体验的运动项目，让学生积极加入课堂教学中来，享受主体地位。当然，在体育教学过程中，掌握知识和技能仍然是基础教学目标。帮助学生实现从“学会体育”向“会学体育”“会用体育”良性过渡，才能最终达成“终身体育”的目的。

二、“尽心尽智”是高校体育教师应有的态度

现代体育教育的重要性已经得到越来越多教育专家的认可，它不仅承担着提高学生身心健康的重要使命，而且帮助学生发展德育和智育。为此，“尽心尽智”地上好体育课才

是体育教师应秉持的正确态度。

但如今，大多数人仍把体育视为非主要学科来对待，甚至体育课被其他学科抢占的现象时有发生。但是，体育也是素质教育的一项重要指标之一，没有体育的素质教育是不完整的教育，体育承载着促进学生身心健康的双重使命。从这个意义层面上来看，体育教师所肩负的责任比其他任何学科的教师都重得多。因此，体育教师应该“尽心尽智”地上好每一节体育课，认认真真地完成每一个教学目标和任务，踏踏实实地做好以下五项工作。

（一）以爱为本，因材施教

教育家程红兵说：“有真诚的爱心，才有流动的血脉，才有生命的教育。”一个优秀称职的体育教师要有一颗爱学生的心，把学生当作是自己的孩子，就像苏霍姆林斯基那样乐于把整个心灵献给孩子。以体育考试成绩为例。经过一个学期的体育学习，大部分的学生在期末考试中获得优异成绩，也有少数学生的成绩不够理想。此时，教师需要付出更多的耐心，帮助他们在一次次练习中重新挑战自己，获得自信，让学生在教师有爱的教学中茁壮成长，进而创建一个“有爱”的教师队伍。那么在接下来的补测中，这些学生的成绩会取得质的飞跃，他们每个人的脸上也会露出满意的笑容。诚然，要让他们知道，测试并不是最终目的，重要的是要让他们在爱的浇灌下茁壮成长，这才是每一位教师的最大心愿。

（二）营造氛围，提高效率

体育课与文化课教学不一样，它本身的特性决定了它活泼、愉快的课堂氛围。体育课的最终目的是让学生在和谐愉快的氛围中，调动兴趣，掌握运动技能。体育课大部分内容以单纯的技战术教学训练为主，课程自然会略显枯燥乏味，激发不了学生的学习兴趣。体育教师可以通过在体育教学中融入适当的体育游戏，激发学生的学习兴趣，满足学生日益增长的体育需求。通过游戏的开展，学生学习专项运动技术的效率也会大为提高。由此可见，体育教师在教育过程中加入游戏环节，可以营造出一个愉悦、融洽的学习氛围。

（三）优化结构，转差培优

“爱是教育的前提”，作为一名教育工作者，要关爱每一个学生，不管是成绩优异的，还是成绩平平的。面对一些成绩不理想、调皮捣蛋的学生，教师不要言语讥讽，不管不顾，要学会科学、合理、机智应对，谆谆教导，循循善诱，抓住他们的兴趣和在意的事情，打开他们的心扉，让他们意识到教师对他们的注意、尊重与认同。诚然，这期间需要体育教师付出真诚和无私的爱。体育教育应该坚信真诚永远大于技巧的原则。教师对学生全心全意的付出，相信终有一天学生能感觉得到，进而向好的方向转变。苏联学者苏霍姆林斯基多次谆谆告诫教育者，不能让学生那种“成为一个好人”的愿望的火花熄灭。

（四）重视道德培养，教育学生做人

大学时期是学生从学校走向社会的转折时期。那么对于一个高素质的体育教师来说，培养学生良好的体育道德也是体育教学的重要任务。古今中外伟大的教育家、思想家都认为体育教学不仅要提高学生的身体素质，更应注重对学生进行精神教育和道德教育。以奥运会为例，奥运最重要的不是比赛的名次和奖牌的数量，而是全世界人民之间的友爱和人类在奥运场上一次又一次的自我挑战。良好的体育道德才是体育事业得以兴盛的因素之一，人们也终将受益于此。

（五）转变教育理念，倡导合作学习

现阶段，我国很多高校大力推行教育改革，体育教学也在其中，“合作学习”便是体育教学改革的一项重要内容。合作学习就是要营造一种“在合作中竞争，在竞争中合作”“在乐中求学，在学中取乐”的全新学习氛围，它符合素质教育的最新要求。合作学习可以培养学生的主体性意识，激发学生的创新和成功的意识，培养学生的责任感和合作精神，因此它是一种愉快的体育教学方法。它还有利于形成师生之间相互尊重、相互配合、相互理解的良好氛围。

综上所述，体育教学的最终目的是帮助学生塑造健康的道德品格，发展学生的综合素质，使之成为满足社会需要的栋梁之材。因此，体育教育工作者一定要倾注全部的爱心、力量和智慧于教育之中。

三、高校体育教学中实施培智教育的有效途径

（一）体育与智育相互联系，对人的全面发展具有重要意义

马克思曾说过：“我们把劳动力或劳动能力，理解为人的身体即活的人体中存在的、每当人生产某种使用价值时就能运用的体力和智力的总和。”从马克思这一政治经济学观点中，我们可以看到他对人的全面发展的定义，那就是对体力劳动和脑力劳动都能运用自如的人才算得上是一个合格的全面发展的人。由此可见，人的全面发展的本质特征应该是涉及各个方面的，但最基础的当属体力和智力的发展。因为对于任何一个社会个体而言，无论你从事哪种社会活动，最后都需要手脑并用才能够完成。任何只单纯依靠体力或者脑力的劳动都是不存在的，这也是人之所以是人而不是动物的决定性因素。只有使二者有机结合起来，运用到具体的社会实践之中，人才能获得全面发展，而且人的发展最终也会反作用于体力和智力的发展。马克思和恩格斯不仅揭示了人类自身发展是片面向全面发展的客观规律，而且详尽地阐述了人全面发展的本质特征和真正含义。

（二）体力与智力发展并进

纵观世界，不管东方还是西方，教育的目的就是育人成才，克服人自身的不足，进一步发展人的体力和智力，使人趋于完善。智力是人对客观事物的自我认知和运用已储备的知识解决现实问题的能力。通常情况下，人们常说的智力主要包含观察、想象、注意、记忆、思维、分析、判断等一系列心理内容。首先，智力的发展离不开它赖以生存的土壤——大脑，大脑为它提供生存的土壤并源源不断地供应其营养。其次，智力的发展还离不开社会实践活动，没有深入社会实践活动中，人是不可能获得超越常人的智力的。在现实生活中，我们熟知的伟大人物都是经历过人生的历练才成长起来的。当然，伟大的人物并不一定都是外表威武强壮的，他们中也不乏瘦弱矮小的心灵巨人。由此可见，智力和体力并不一定是成正比的。于是，有一些人就开始把智力和体力对立起来看待，重文轻体和重体轻文是其中最常见的两种错误思想。居里夫人说过：“科学的基础是健康的身体。”古今中外许多做出丰功伟绩的英雄人物，其才能不仅表现在智慧上，也表现在顽强拼搏和舍己

忘我的精神上，他们还很注重身体的健康。最后，为了实现强国富民，我们不仅需要储备大量的科技人才，还应该大力发展一批优秀的体育人才，尤其是发展一批文武双全的人才。

（三）体育锻炼能促进智力发展

受传统观念的束缚，长期以来，体育教学一直不受重视。很多学校注重学生的文化课成绩，对于体育成绩持忽略态度，甚至有些把体育运动看作胡蹦乱跳的体力活动。显然，这是人们对体育运动的误解。体育运动除了能够发展人的体力外，还能发展人的智力。清华大学的一位学生曾做过这样的实验：他一改往日学习 8 小时的习惯，每天从 8 小时里抽出 1 小时进行体育活动。经过一段时间的实验，他得出结论：“7 小时的学习 +1 小时的锻炼 >8 小时的学习”。这就是著名的“8 -1 >8”理论。由此可见，体育锻炼对于开发人的智力有着非常重要的意义。众所周知，人的智力水平可以通过如记忆能力、思维能力、想象能力、判断能力等表现出来，并且大脑为这些心理过程提供了物质条件和营养补给。那么大脑是如何产生记忆、思维、想象和判断的呢？这也是现代生命科学的研究方向。

健康的身体为智力的发展奠定了坚实的物质基础。有实验表明，经常参加体育锻炼能增强人的体质，增加大脑的重量和皮层的厚度。实验者用老鼠做实验。老鼠被分为两组，一组被关在小笼子中，限制其在里面运动，另一组被关在大笼子中，让其自由运动。一段时间过后，对它们的大脑重量和皮层厚度进行测量，结果表明经常运动的老鼠大脑皮层厚，大脑重量重，脑细胞树突明显且密集。这也印证了体育运动能强身健体、开发大脑这一科学论断。

大脑是人体的司令部，是人体的总指挥部。经过漫长的历史岁月，人脑逐渐从动物那并不发达的大脑进化成智能化的人体大脑。人体大脑像饱经岁月沧桑的老人的脸，颜色发灰，褶皱遍布。大脑的主要构成单位是大脑细胞，大脑中约有 140 亿个脑细胞，其中 92 亿个集中在大脑的表层。脑细胞就像是一台电子计算机，有着接收信息、储存信息、传递信息的功能。

众所周知，电子计算机内有几十万个电子元件，且体积庞大。而人脑所拥有的脑细胞要比电子计算机多一万倍左右，但是体积却比它小得多。由此可见，人脑构造是多么精密与复杂。人脑的工作需要充足的氧气和营养供给，就像电子计算机工作需要能源支持一样。这就需要我们进行充足的体育运动锻炼，来确保能量源源不断地供给大脑。

调查研究表明，经常参加体育运动的人，大脑神经细胞反应速度较快，表现在外在物质器官上就是视觉、听觉比较敏锐。国外也有学者指出，一个人的思考速度和反应速度直接反映着他大脑细胞的反应速度。大脑最大的应用就是可以对接收的信息进行加工、整理和编程，传输给下一次应用。从大脑的生理学角度分析，左右两个半脑分工明确。右半脑主要负责情感和意志，左半脑主要负责推理和思维。例如，在进行创造性思维时，左半脑起着决定性的作用，而在进行情感体验和文学创作时，右半脑起着决定性的作用。对于体育运动而言，它同时开发左右两个半脑，激发大脑的无限潜能，促进智力的跨越式发展。

（四）体育锻炼可促进健康

科学、合理的体育运动不但可以帮助人们强身健体，还可以促进其智力开发。但是，这并不等同于体力发展的同时智力一定会跟着发展，二者之间有着本质区别。体力的发展必将为智力的发展提供一片沃土，并为其供给营养，这一点是毋庸置疑的。体力要最终转化为智力还需要一个磨炼的过程，这期间需要调动大脑的多种思维细胞，在挑战过程中发现规律，将体力内化为智力。如果把大脑比作一把刀的话，那么用大脑思考就像是在磨刀，大脑要像刀一样多磨，才会变得更加锋利。

第三节　“寓美于体”教育思想

一、高校体育教学美理论初探

20 世纪 80 年代初，体育教学美逐渐成为一门独立的研究学科。体育教学美理论研究范围广泛，主要涉及体育教学美的定义、理念和主要分类等。但是，具体到现实的实践阶段时，大家的认识仍然存在诸多问题，归根结底，还是对体育教学美的认知不够深入和彻底。表面上，体育教学虽然看似形式单一，毫无美感可言，但这其实是对体育教学的一种误解。体育教学中美的创造和体现无处不在，只是我们还没有用心去挖掘。因此，体育教学美研究学科的诞生可以帮助体育教师对体育教学美有更深入的了解和认识。

（一）体育教学美的定义

体育教学外在表现为身体的运动状态，内在表现为对人体的各种塑造。若套用形式逻辑学中的定义概念模式“定义项 = 种差 + 属概念”的话，那么关于体育教学美的思考，可以定位在“种差‘体育教学’”和“属概念‘美’”上。体育教学存在于整个学校教学之中，是学校教学的一个重要部分。体育教学是一个以体育教师的引导为主的教育过程。学生由于生理和心理还不太成熟，需要在体育教师的正确引导下来提高自己的兴趣，使自己融入体育教学之中，在体育教学中主动学习各种体育技能，最终使自己的身体、道德素养和智力都得到发展。

作为哲学和美学重点讨论的话题——美的本质的理解，马克思在他的代表作品《1844 年经济学哲学手稿》中重点对其进行了解释。马克思认为，“劳动创造了美”“人在他所创造的世界中直观自身”。由此可以得知，美的本质其实就是“人的本质力量对象化的感性显现”。紧随其后的实践派李泽厚继承并发展了马克思关于美的本质的观点。他认为，美是在人类的劳动生产实践过程当中产生的，此观点与马克思的观点有异曲同工之妙。美学，究其实质，其实属于哲学范畴，它的目的就是引发主体享受美的体验。当然，美的形态有很多种类。如果按照领域标准来划分的话，美主要可以分为艺术美和现实美。如果按照性质标准来划分的话，美主要可以分为形象性的美、创造性的美和情感性的美。在这三类美当中，创造性决定着美的生命进度。所以，在体育教学进程中，如果想让学生更多地感受到体育教学的美，那么教师应该在教学方式方法上进行变革，只有教师创造性地将审美与知识巧妙地融合起来，才能永葆体育教学美的青春与魅力。

（二）理解体育教学美的三种视角

1. 体育教学美的手段论：以美育体

以美育体，简而言之，就是充分挖掘体育深层次的美育因子，把学生引向对体育美的感知、欣赏和享受阶段。体育美可以激发学生的学习兴趣，让学生在掌握体育美的同时，将其内化到自身，拥有自身特色的运动美和健康美。这也为将来学生学习体育技能和终身体育锻炼打下坚实的基础。

在传统“三基”体育教学模式和教学目标的影响下，教师更加注重对体育教学中外在形式美的追求。他们希望通过教学让学生展现出健康的体态，带给人们美的享受。例如，教师可以从造型美、仪表美、语言美、示范美、精神面貌美和技巧美等方面加大美育教学的力度。这些美的因子可以以不同的顺序进行排列组合，创造出更多新形式的组合美，以此来激发学生对体育运动的兴趣，使其积极投入到体育教学过程之中，让学生在饶有兴趣的体育学习之余，也使自己获得更美的享受。

2. 体育教学美的目标论：以美育人

以美育人，实际上就是要以美作为体育教学的目标，相对于以美为手段的体育教学美而言，这显然更具有导向作用。因为把美作为教学目标的话，其中必然包括把美作为手段去应用，但是它又不仅仅只是作为手段而存在，它具有超越性，直接指明了体育教学的最终目的就是以美育人。以美育人旨在发展学生的身心健康，因而以美育人更能发展学生的个性美。

强健的体魄为精神的发展提供了坚实的基础和无限的可能。从这种意义上讲，体育美学保障了学生身心健康。它既能为有限的生命提高体力、增强体质，又能促使无限的精神领域实现质的飞跃。体育美学不再把内容限定在发展学生的身体美、运动美的狭隘领域，而是向前迈进了一大步，它更加注重发展学生的个性美，使体育教学完成了从教授技战术转向发展学生个性的质的蜕变。当然，这种质的蜕变并不是说就可以弃技能和健康于不顾，只是一味地去注重发展精神领域。我们要端正态度，在发展精神领域、实现个性美的同时，不应该忽视发展学生的技能和体质，要在这些基本的物质基础上大力发展精神世界领域，从手段到目标都应该实现美的教育。

自国务院颁布《全民健身计划纲要》之后，我国体育教学的目标逐渐拓宽到了生理、心理和社会适应三个方向，成为育人的新型综合目标。因此，在接下来的育人过程中，需要将育心与育体结合起来，将主体需要与社会需要结合起来，将增强学生体质与终身体育意识结合起来，使得教育从对学生体质和运动技能等“有形”的关注，逐渐转向社会适应、心理健康等“无形”的关注，尊重学生的主体地位，促进学生的全面发展。在体育教学美的教育下，学生能获得一场享受美的视觉盛宴和情感体验，进而丰富情感和完善人格。

3. 体育教学美的过程论：美的享受

体育教学的美可以直观地体现在肢体语言、色彩、线条、动作等载体上。它既不像其他学科那样需要说理式的教育，也不像其他学科那样进行表象式教育，它是二者的有机融合。因此，体育教学美的过程是一种美的享受过程，是对真的把握和对善的追求的生动过程，它是体育教学设计者经过思考后的再创造过程，它是教师用各种教学组织方式和手段使得原本枯燥单一的动作技能学习变得情感味十足的过程，它是教师凭借自身魅力使学生向其靠拢的过程。体育教学美最大的特点是直观感性的，它需要借助动作、形体、空间、移动等载体来传递，只有把体育教学美不再当作课堂点缀，始终如一将其贯穿于体育课堂教学的始末，才能最终促进学生的全面发展。

运动的整个过程体现为运动的形式、运动的状态、运动的方式和运动的过程等。运动中达到极致的人体美，运动的形式融入了节律与和谐；动作的结构蕴含着力的最小化与做功最大化的美；运动过程中的人自由支配身体，自我表现精神美……由此可见，体育教学与美的关系非常紧密，二者不可分割。因此，学生不仅要以强身健体为目标，还应该把美融入体育学习之中，做到健中有美、动中有美，让自己享受美。就教学内容而言，教师要充分挖掘体育教学理论和实践中的各种美的要素，尤其是美感丰富的运动项目，如健美操、艺术体操、体育舞蹈、花样游泳、花样滑冰等，让学生在学习优美的肢体动作之余，深入理解肢体动作的内涵特征，让自己的身体在这种美的熏陶下获得释放。就教学方法而言，教师要在教与学的过程中，广泛借鉴美育的各种方法，尽一切可能地创造各种审美要素，提升学生的学习效果和审美能力。

（三）体育教学美的理念高度：生命关怀

体育教学美的最终目标就是把教学目标提升到生命关怀的高度。古今中外伟大的教育家、思想家都提出过人文关怀的主张。中国先秦道家的代表之一老子把“道法自然，自然无为”的自然生命精神融入修身养性中，张扬着一种质朴的“生”的精神。西方学者杜威立足于体育教学自身“生长”特性的教育思想，认为体育教学就是遵循人的本性，让学生自由地探索，自由地创造，自我地实现，成为全面发展的人。苏联学者苏霍姆林斯基认为“学校里最基本的科目应该是人学”。因此，体育教学应充分尊重人性的发展，通过体育教学这一途径，促进人的生命意义趋向完整。体育教学美帮助学生养成良好的身体素质和体格，让学生理解美的真正内涵，掌握审美技能。

在体育教学美的指引下，体育教学实现了从教师预先设计目标转向学生主动建构美的蜕变，这个蜕变的过程实际上是学生探索、发现、解决问题的主体生命行为过程。教学内容也因此一改之前的被动、权威、死板，变成了一个需要再理解、再创造的鲜活个体，它需要主体对象对其进行情感灌溉，使其拥有生命价值。因此，体育课程的设计者和参与者需要积极调动自己的情感，使体育教学富有生命色彩。

现代的体育课堂，对于体育教师而言，应该是实现生命价值、建立生命家园、体验生命激情的乐土。对于学生而言，它应该是焕发生命活力、充满生命律动、舒展生命张力的天堂。

从体育教学美出发，体育教学的过程应该是教师与学生之间、学生与学生之间相互交融和相互契合的过程，在此过程中，师生的生命价值与活力得以尽情展现。

（四）实现体育教学美理念的难点：情感关怀

苏联教育家赞可夫说过：“教学方法一旦触及学生的情绪和意志领域，触及学生的精神需要，便能发挥高度有效的作用。”可见情感之于体育教学的重要意义。因此，在体育教学中，如何运用情感成为体育教师亟待解决的重要难题。如果体育教师能够把自己的情感恰当适宜地注入体育教学之中，必将起到营造体育课堂教学氛围、美化体育课堂教学情境之功效。

体育教师可以通过表情、言语、示范动作等，将自己的情感传递给学生，让他们感受到情感关怀的暖流。

体育运动过程是一个可以帮助学生活跃大脑、开发情感的过程。在此过程中，师生之间情感共鸣，共同产生愉悦、舒适的情感体验。

运动和感知之间有着某种特殊的联系。正常情况下，在运动的过程中，人的感知会变得相对较弱。虽然我们不能强求既能体验运动，又能感知万物，但是我们可以从运动过程中的某一具体事物出发，将想象与现实相结合，以此来拓展我们的情感空间。当然，情感关怀除包含快乐、愉悦等内容外，还应涵盖紧张、焦虑、忍耐、痛苦等内容。只有充分重视体育教学中有可能发生的各种情感，才能让学生在面对突发状况时积极应对，最终促进体育教学效率的提高。

（五）体育教学美的分层与演进

体育教学美隶属于教学实践活动范畴，它与体育教师的体育价值观念、教学思想、体育审美情趣紧密相连。体育教学美不单单体现在体育教学形式上，它更体现在体育教学思想上。体育教学美的外在表现形式是技能技巧方面，体育教学美的内在表现形式则是其先进的教学思想。只有形神兼备的体育教学才能达到真正的体育教学美。而体育教学美则必须通过不断的创新和重组，才能发挥其陶冶、愉悦、和谐的作用。

1. 初级追求：美的方法

体育教学追求美的方法是多种多样的。有的是教师在教学实践中积累、总结出来的，有的是直接借用其他学科的教学方法。当然，无论是采用直接的方法还是间接的方法，当它以娴熟的教学技巧展现在体育教学课堂时，它无疑就是美的，也是体育教学美的重要构成要素。

第一，设计美教学。体育教师如果多了解学生的心理需要和审美需要，在学生需要的基础上设计体育教学环节，可以对提高教学质量起到事半功倍的教学效果。

第二，语言美教学。语言属于体育教师基本教学能力的范畴。体育教师的语言美也是体育教学美的一种表现形式。古人云：“师者，所以传道授业解惑也。”这也揭示了教师的职业特征和目标。而在传道、授业、解惑的整个过程中，语言教学是不可或缺的要素之一。因此，体育教师的语言应当简单明了，逻辑性强，情感丰富。体育教师只有在语言上做足功课，才能成功吸引学生的注意力，开启学生想听、爱听的第一步，无形中达成语言美的体育教学目标。倘若体育教学中没有语言美的话，那么后面的体育教学美也就举步维艰了。

第三，形式美教学。体育教学的形式美突出表现在队列设计上，这已成为引导学生练习的重要手段之一。在教学中可用一些图像器材，刺激学生的感官，激发学生的兴趣。当然，教学内容不同，队列图形也不尽相同，这需要体育教师在体育教学过程中灵活掌握和运用。例如，体育教师进行武术教学时，可以采用太极队列进行教学；进行健美操教学时，可以采用圆形队列进行教学；进行田径教学时，可以采用方形队列进行教学。在不同教学内容中采用不同的队列队形，学生觉得新鲜，增加学习体育知识的乐趣，带来美的享受。

第四，动作示范美。体育教师是学生学习的榜样和楷模。因此，体育教师的示范显得尤为重要。体育教师熟练的技术、优美的动作、强壮的体格，都可以成为学生模仿的对象。

2. 中级追求：美的心理体验

在体育技能学习过程中教师对学生练习的动作或比赛的欣赏，可以引起学生对体育技能、技术学习的兴趣，引发学生的求知欲望，从而达到美的自我心理体验，使其积极主动地投入学习。学生一旦主动、自觉地学习，他就可以亲眼看到学习进步速度和学习成果，在学习过程中体会到战胜自我的快感。学生通过对自己的表现做出积极中肯的自我评价，不断自我激励，增加自信心，未来的学习过程充满正能量，用积极的态度迎接将来的各种挑战。教师应引导学生学会自我欣赏，教会学生排除干扰，把精力集中在技能技术的钻研、模仿、比较、形成、提高上，形成清晰的运动表象。学生对自己体育美的正确欣赏和中肯评价会激发大量的情感，学习的积极性、满足感和自豪感也会接踵而至，最终超越自我。

在体育美的教育过程中，仅有学生的自我欣赏是不够的，还应欣赏他人。欣赏他人包括欣赏教师、欣赏同学和欣赏高水平运动员等。通过借助他人的力量来丰富自己的感性认识，提高自己的理性认识，这也就是所谓的“美的他人欣赏”。为了激励自己的运动技能水平达到一个新的高度，学生可以把优秀运动员的完美技艺视为自己将来要努力的方向，进而端正学习动机，激发无限潜能。对于一场体育比赛来说，最受关注的莫过于教练员、运动员和裁判员了。因此，他们也可以被视为重要的欣赏对象。教练员沉着冷静地欣赏着赛场上每一位运动员的表现，对他们进行及时的反思与总结，并帮助运动员端正心态；运动员胜不骄败不馁，在比赛中不求超越别人，只求超越自己，顽强拼搏，自强不息，尊重对手，尊重裁判，积极履行体育职责，践行体育精神；裁判员公正执法，严于律己，公平对待每一位选手，认真观察每一个比赛细节。通过对这些教练员、运动员和裁判员的欣赏，学生们可以领会体育精神，进而提高体育兴趣。仅从这个角度来看的话，体育教学所带给学生的欣赏内容是体育比赛无法比拟的。

3. 高级追求：美的创造性教学

美之所以为美，就是其具有自由创造性这一精髓。同样，创造性也是体育教学美的一大特点，因为美的教学在于创造，最忌模式化。黑格尔认为：“审美带有令人解放的性质，为人的自由发展开辟通向未来的道路。”教学可以不断警醒学生大脑中的理性法则，让沉睡于个体生命的社会规范不断苏醒过来，让生命具有无限可能性。

体育美教学是以切合实际审美的要求和明确的审美目标为导向的。这就对体育教师自身的美学素养提出了高层次的要求。体育教师要想实现体育教学美，就要勇于打破常规思维，随机应变处理教材内容，促进教学美的产生和发展。转换思路，变通思维，带动学生参与教与学的全过程是每一位体育教师应有的态度。体育教师要想实现体育教学美，就要学会打破体育课程标准的层层束缚，将教学内容重新进行排列组合，融入新的特色内容，填补教学空白，创造出一个又一个让人记忆犹新的教学环节，使得体育教学美展现得淋漓尽致。在体育教学过程之中，体育教师要善于把身边的感性材料和艺术形式，引入体育教学中，焕发体育教学新的活力，以便吸引学生，帮助学生理解所学知识。在祥和的同学关系、师生关系中，师生共同体验美、享受美、憧憬美。

4. 终极追求：追求体育教学美的精神

“成人”“为人”“完人”是现代体育教学美活动的全过程，促进人的美的精神成长，精神的自由一旦丧失，就意味着“为人”的自由被遏止。因此，学会和追求体育教学的美学精神自由应该成为体育教学的重要目标。

人类之所以创造体育，其目的在于人们想通过体育感受人生，愉悦生命，享受生活，进而寻求美、创造美、提升美，以获得精神世界的享受。在追求体育教学美的时候，学生应该熟练地掌握相应的运动技能。人只有在自由支配身体的基础之上，才能获得自由支配精神的可能。体育美的精神并不只是单纯地满足某种生理的需要或某种身体本能，更主要的是能够带给人们一种精神享受，这种享受是普遍的、永恒的、深刻的。美不仅有利于陶冶人的情操，增强人生信念，鼓舞人的斗志，弘扬人性，文明净化社会，还有利于我们看清未来，憧憬未来。通过体育教学，学生能够捕捉到体育情感想象、生命关怀等符号，带着发现美的眼睛去看待整个世界。

二、高校体育教学中美的体现与价值

（一）高校体育教学中美的体现

体育课程是大学生的必修课程，计入学分范围，体育成绩也是学生是否完成学业的考核标准之一。由此可见，体育课程并不是可有可无的，它已经成为教书育人的重要手段。现代体育教学不仅要以提高学生的身体素质为己任，还应以发展学生的身心健康为标准。教师在进行教学的同时，也在本学科的领域展示和探索特征美。而高校体育教师则是这种任务的主要执行者。那么，时常困扰体育教师的一些问题是：“体育教师职业美吗？体育教师职业具有吸引从业者的魅力吗？”这些问题不仅值得社会各界深思，而且要求每一位从业者做出理性的回答。可以说，对这些问题的认识直接影响着体育教师对自己所从事职业的价值判断和行为选择，并最终决定着体育教师的职业态度、工作业绩与生命质量。那么就“美”而言，美在何处？归纳历史上各种观念，大体上可分为三类：一为客观论——“美在物”；二为主观论——“美在人”；三为辩证法的观点——“美在物与人的关系”。

（二）学科的美

1. 体育学科教学蕴含着真、善、美

自古以来，体育运动就是人类社会不可或缺的活动之一，与人类的生产和生活息息相

关。体育活动富含丰富多彩的审美因子，是审美的一个特殊领域。如今，各种思想倾向于关注自然、身体和社会制度等，很多学者更看重人体自身的美学因素。人们对体育运动中美的好奇与解密可以体现在人们对瑜伽、太极、禅等东方文化思想的极大兴趣和强烈推崇上。究其实质，体育教学只是体育这个庞大家族中一个细小的分支而已。

现代体育教学的目的是培养学生德、智、体、美全面发展。众所周知，教学的使命就是要向学生揭示人间的真、善、美，教会学生运用规律进行创造。体育教学可以为学生将来登上世界大舞台奠定坚实的基础，增添生活的勇气和底蕴。这就要求体育教师不仅自身要提升真、善、美的素养，还要对学生求真、向善、趋美起到示范作用。这是体育教师必须肩负的重要职责。具体来讲，体育教师的“真”，主要体现在教学活动要符合学生身心发展规律，教学内容符合科学性，知识技能与心理逻辑要相统一；体育教师的“善”，主要体现在教师身体力行地为学生树立道德榜样，融情感教育于教学之中；体育教师的“美”，主要体现在教学过程形象生动、教学活动丰富精彩、教学互动愉悦和谐。

夏夫兹博里说：“凡是美的都是和谐的和比例合度的，凡是和谐的和比例合度的就是真的，凡是既美又真的也就在结果上是愉快和善的。”就体育而言，它在教授课程中展示出的各种动作形态、比赛时规定的各种规则条例、动作的起源和发展等无不是对体育美的演绎。从体育动作的学习过程中，我们可以感受到美。人们通过体育的动作美去探究运动本质的规律，这就是在追求所谓的真。由此可知，体育的真、善、美和人类的真、善、美是息息相关的。因此，教师学科教学的重要任务是以美引真、以美储善，这也是对体育工作者的职业要求。

2. 体育教学体现着感性的美

使学生掌握系统的体育理论、卫生保健和具体的锻炼常识，以实践的内容为志趣，是体育教学的出发点。教师不仅要增强学生的身体素质，更要培养学生进行终身锻炼的好习惯。体育教学内容既要包含体育教学理论，还要包含体育教学实践。其中涉及人体解剖学、营养学、生理学、力学、卫生学、化学知识、运动技能等。如果体育教学一直用单一枯燥的教学模式，学生不可能对体育有正确的感知。体育学科的教学也不可能脱离一定的形式而单独存在，它总是需要在某种特定情境下在体育教师的指导下进行，所以此时教师各种清晰的语言、生动的表情、形象的教具、准确优美的动作示范等感性形式显得尤为重要，它使整个体育教学过程极具感染力。如果抛开这些情感因素，只谈体育教学，真不知体育教学该如何继续下去。感性，作为“美”的基本存在形式之一，它不仅是师生主客体之间相互作用的桥梁，还是教学得以继续的决定性条件。可以这么说，没有感性参与的教学，是不完整的教学。体育教学过程不可避免地会接触到大量的形象动作，而美的传递又需要有感染力的形象动作作为载体。因此，体育教师可以抓住此契机，利用体育教学独有的特点对学生进行美学教育。教师在体育教学知识讲解中可以适当融入一些美学基础知识，让学生得到美的体验和熏陶。体育教师可以将美融入语言讲解、动作示范、教学方法、教学手段、场地器材的布置之中。体育审美教育的特点，主要有以下四点：第一，形象示范性。通过鲜明的形象示范来启发和熏陶受教育者。第二，方式自由性。即随时随地都可以进入情境教学之中，灵活自由。第三，情感陶冶性。美德教育最终是帮助学生陶冶情操，获得美的享受。第四，效应持久性。它不是稍纵即逝的，而是深刻持久的，影响审美层次和审美境界。

总之，体育学科教学的美是与学科自身共存共荣的，二者息息相关。无论是教学中感性形式的运用，还是学科教学中真、善、美的良性启发，都能体现出体育教师的职业美。

（三）过程的美

体育教学的过程是发展变化的而不是凝固僵滞的，体育教师的职业活动是在教育过程中进行的。“过程”二字就足以表明体育教学自身的特性——动态性和开放性，体育教学的过程伴随着教育情景和教育手段的改变而改变，也伴随着教育对象和教育内容的变化而变化。这就决定了体育教师职业的与众不同——动态效果明显。换言之，体育教师职业将一直处于变化之中，带有不确定的神秘色彩。也正因如此，体育教学过程的这种动态美阐述了体育教师职业美的基本内涵。

1. 对知识的活化

古语云：“师者，所以传道授业解惑也。”因此，有人认为教育意味着教学，教学意味着知识。作为教师，一项重要的职责就是向学生传授人类千百年积累下来的文化理论和实践，武装他们的头脑，促进他们的身心平衡、健康、和谐的发展，进而让他们用健康的身体和智慧的大脑为祖国、为社会贡献自己的力量。当然，对于体育教师而言，体育教师的教育过程首先是一个引导学生的过程，它首先要求教师自身要对本体育专业的知识了解透彻，灵活运用，才能为帮助学生学会相关的理论知识和运动技能打下扎实的基础。只有在熟练掌握的基础之上的运用才能游刃有余，教师也能因此“一心多用”，将有限的时间恰到好处地分割成几部分：教授专业知识和技能，掌握学生学习动态，了解教学进度等。除了对本专业学科有足够的了解之外，体育教师还应广泛涉猎其他知识，只有以雄厚的知识储备做基础，知识的灵活运用和迁移学习才能变得有的放矢。除此之外，体育教师还应该对该体育运动项目的发展趋势有所了解和预测，教会学生用发展的观点看待现实生活中要面临的实际问题，理论与实践相结合，并应用于未来。

知识的活化还应包括教师对学科认识论、方法论的传授，让学生学会学习才是王道。当然，这一切都是建立在教师丰富的知识文化底蕴基础之上的。能使知识在教学中不再单调乏味、一成不变，能在科学体系中对自己讲授的学科有清楚的认知，能在体育教学中展示知识本身所蕴含的无限生命力，能在教学中真正实现理论与实践、科学精神与人文精神的统一，能把知识活化，这些才是每一位体育教师应尽的职责。只有这样，教育过程才能扫掉尘埃，露出钻石；洗掉泥沙、露出珍珠，最终还原其本真面目，这也是教育的真正价值和意义之所在。

2. 教育过程中师生经验的分享

教师与学生、学生与学生之间的关系是教学过程中的主要关系，这种关系是双向的。尽管学生与教师在教学过程中所扮演的角色不尽相同，但都在教育活动中扮演着重要的角色。离开了教师的学生和离开了学生的教师，都不能构成完整的体育教学活动。只有教师和学生二者共存于体育教学之中，才能构成完整的体育教学过程。其中，不仅学生和教师之间关系紧密，学生和学生之间的关系也密切相连。因为体育教育过程同大多学科的教育过程一样，都是师生交流、共同促进提高的过程。

在教育过程中师生经验的分享主要指教师和学生互换位置，进行教育和运动中所获得的认识、情感等的“换位”体验。分享需要极强的包容性，其中主要包括以下两方面内容。一是“共同创造”。创造被视为人的优秀能力的表现，被视为制造世界中前所未有的事物的力量，它预示着人的无限可能，最终产生最大的享受。也正因如此，体育教学过程中最有意义的地方就是师生可以共同创造。二是“教学相长”。按照常规思维，体育教学过程就是一个“教师教”与“学生学”的过程。体育教师在整个体育教学过程中占据主导地位，而学生在整个体育教学过程中占据主体地位。学生在体育课堂中的主要目的就是从体育教师身上获得一切可以获得的知识，其中包括体育运动技能和思想品格等。“弟子不必不如师，师不必贤于弟子”，充分印证了师生关系在某种情况下是可以相互转换的。教师其实也是芸芸众生之一，他们不可能在自己有限的生命里熟知各个领域、各个学科的各种知识。他们有的时候也需要从学生身上受到启发，给自己的知识注入新鲜血液。在体育课堂教学中，体育教师与学生思想碰撞、灵感大发的情况也是时有发生的。这才是真正意义上的师生互动，师生双方发自内心的肯定、学习与相互欣赏，教师与学生进行平等的对话与交流，双方共同进步。在这样的良性循环过程中，师生互惠共赢，共同向前。

在体育教育过程中，体育教师有着主动性和被动性的双重属性。一方面，体育教师虽受教育规律和客观因素的制约，不能随心所欲，但与此同时，还可以在既定的范围里最大限度地动用各种主观因素和有利条件，为己所用。这就是所谓的创造过程，其中包含教师对教材、教法、学生的创造，也包含学生对自己的创造过程。学生对自己的创造过程不仅体现在他在教师引导下对知识的选择、消化和重组，还体现在他运用所学知识来解决面临的现实问题。学生自我创造的过程实质上是一个体验快乐、发展快乐、享受快乐的过程。此外，师生彼此之间的创造又是相互影响、相互促进的。在创造过程中，他们从对方身上吸取经验教训，在这些经验教训的基础上重新出发。有了高起点的创造，再加上自身积极主动的心态，相信成功就在脚下。于是，教育过程便完成了从单向的、静态的向双向的交流和动态的建构的蜕变。这一切无不在传达人类对生活的感受和体验。

与其他学科教学一样，体育学科教学中同样包含丰富的审美教育和美学教育，这就要求体育教师在体育教学过程中从美的本质出发。体育教学美首先要以教育的美为基础，真正发现和运用体育的独到之美，在体育教学中尽可能地用审美的眼光，发现美的原则，创造美的态度，向学生展示体育教学美。

（四）高校体育教学中美的价值

1. 体育美有利于唤起学生的主体意识

体育美教育有一个基础观点，就是首先要健康，然后才是美丽，美丽要建立在健康的基础之上。人们通过科学的体育锻炼能够有效地调节五脏六腑，促进血液循环，进而得以防病治病。

体育美教育要让学生知道，健康的身体才是学生精神焕发的保障。健康是生命的源泉，没有健康，生命也就无从谈起。通过科学的体育锻炼人们会获得更多的氧量和营养，促进血液循环，加速细胞新陈代谢，从而使面容光泽、有弹性，延缓衰老，保持青春活力。良好的体态在一定程度上决定了人们的气质、风度和魅力，因而它也成为人们竞相追逐的对象，而体育锻炼则是获得良好体态的最佳选择。如果学生想要获得形态美，那么坚持进行体育锻炼会是一个不错的选择。体育美教育有助于学生对体育课程有全方位的了解，对体育课程内涵有深层次的挖掘，激发起强烈的学习兴趣，从而能够积极主动地参与体育锻炼，使之成为生命中不可或缺的一部分，为终身体育事业奠定坚实的基础。

2. 体育美的教育有利于增进学生心理健康

体育运动在给学生带来美的享受、美的体验之余，还能帮助学生得到精神上的解放，用最积极的心态去迎接挑战、面对世界，进而有利于他们的身心健康发展。学生在欣赏体育美和创造体育美之余，也学会了遵守规则的优良品质和追求高尚美的体育行为，通过运动领会团结协作、尊重他人的体育精神。

3. 体育美的教育有利于培养和教育学生树立社会意识

从我国优秀的体育健儿身上，我们不难发现某些共同的特质，那就是顽强拼搏、刻苦训练、聪慧过人、道德高尚……他们的存在，让我国的体育事业得以进一步发展。他们的精神、行为和事迹激发了我们爱祖国、爱人民的热情，学生在学习体育之余树立强烈的社会责任感、社会意识，并将其外化在体育学习的行为上。

体育教学过程中，体育教师起着引导作用，是体育美的主要传播者。因此，体育教师自身素质的高低将在一定程度上影响体育教育美的传授。以体育教师渊博的知识为基础、高尚的道德情操为保障、良好的思想修养为根基、高超的技巧和体能为储备、较强的工作能力为依托，才能激发学生感知美、创造美、鉴赏美、评价美的能力，使学生体育与美育有机结合，让学生在体育课程中受到美的熏陶。

体育教学中，体育美无处不在。如果体育教师能够细心观察，发现这些美的因素，并最终把它们运用于体育教学过程，用体育自身独特的魅力去征服学生，激发学生体育锻炼的兴趣，使学生走出美的误区，形成借助科学的体育锻炼塑造健康美、形体美、姿态美、心灵美的正确价值观。寓美体育教学中，有利于学生主体意识的回归，促进学生的心理健康，树立学生的社会意识。

三、美在高校体操类教学中的合理运用

健美操已经成为当今社会人们健身、休闲、娱乐的重要体育运动项目，它之所以能够在短短的二十多年里走进人们的生活，改善和愉悦人们的生活，深受人们的喜爱，与当今社会人们对美和美好生活的无限追求息息相关，也与健美操自身深厚的美学基础、符合人们审美心理需求的特性密不可分的。进入新世纪，健美操活动已席卷全国的各大城市，深入各个社区和校园，尤其是伴随着全民健身活动的进一步开展，健美操以其独特的魅力和功效，深受人们喜爱。围绕健美操而开展的各项活动也越来越多，越来越流行，如规模盛大的高水平的全国健美操锦标赛和大学生健美操比赛，迅速发展的各种形式的健身俱乐

部，各种聚会和晚会中的健美操表演等。

（一）健美操运动的美学原理

美的基本形式主要表现为整齐、对称、比例、均衡、对比、和谐、层次、节奏、多样统一等方面，这为健美操创编者提供了基本的美学理论。

根据健美操的定义可知，健美操有三个方面的含义：第一，健美操是以裁判员依据规则评分为主的体育运动项目，这决定了健美操创造美要遵循体育美学的标准和要求；第二，健美操如同音乐、舞蹈等项目一样是以艺术表演为主的观赏性项目，这决定了健美操的美的实现要遵循艺术美学、音乐美学以及人体装扮美学的基本要求；第三，健美操是以达到健身、健美和健心为目的的娱乐、观赏型体育项目，这说明健美操只有达到塑造身体形态美、健康美的目的，并符合当今社会对美的追求，才能健康、稳定地向前发展。

从健美操概念的三个内涵可以推测，健美操的美受体育美学、艺术美学、音乐美学、人体装扮美学、人体形态美学和当今社会人们的审美观等诸多方面美学理论的影响。我们应当根据各方面美学原理，设计和创编出更符合人们对美的需求的技术动作和套路，将健美操的生命源泉进一步推动发展。

为此，在设计和创编健美操时应主要遵循以下各方面美学原理。

1. 体育美学中的“技术美”决定健美操运动技术的发展方向

（1）体育美学中的“技术美”。在体操运动项目中，凡是运动员创造出的新动作都以他的名字来命名，像“吊环李宁”“月久空翻”等。这就进一步说明了技术既是人类向自然显示自身力量的过程，又是向自身挑战的过程，是人类本质力量的体现。这就是健美操运动“技术美”的主要源泉。

体育“技术美”主要通过“动作美”来表现。“动作美”是由身体姿势、轨迹、时间、速度、力量、节奏等因素组成的，是一种动态的美。人体运动是体育存在的方式，体育美必须通过优美、细腻、柔软、精巧、刚健、雄劲、明快、敏捷等各种的人体动作及其组合来塑造美、创造美、表现美。“动作美”在体育美学中处于基础地位。“动作美”的特点在于准确、干净、协调、连贯、节奏感强，给人一种完美、无懈可击的感觉。

应特别注意的是，运动技术的创新性是健美操运动“技术美”的源泉。

（2）体育美学中的“技术美”对健美操运动技术设计与实现起着“导航”作用。健美操是现代体育项目的宠儿，在创编技术动作时应注意其每一个动作的构思，确保技术动作的创新性，以其技术动作的“难、新、美”来适应社会新的发展，进而满足人们对新的美的追求。健美操应根据体育美学的要求，创造自身特有的“技术美”，并在表演时展示出来。其具体要求如下：

①“动作美”的设计与实现是健美操“技术美”的核心。动作优美是健美操“技术美”的关键。健美操是一项以美取胜的竞技项目，美是健美操的最高旨趣，要想做到“动作美”，基本动作必须标准、规范。根据健美操竞赛规则，运动员在比赛中必须完成一些特定的、不同类型的难度动作（如动力性力量、静力性力量、跳跃、踢腿、平衡、柔韧等）和具有健美操特色的操化动作及基本步法。这些特定动作的选择与完成，不仅是运动

员技术动作能力的展示，而且也表现了体育运动美的最高级形式。整套动作编排美观大方是夺冠的关键因素之一。

健美操“动作美”是通过个体或群体以形体运动的形式表现出来的。运动员要巧妙地协调运用训练有素的内力及柔韧性控制完成各种不同的身体姿势，表现出能特别具体体现健美操运动风格的造型美、柔软美、力量美、难度美以及新颖美等。同时，在完成成套动作的过程中每个单个动作的完美无缺的展现，衔接动作的自然流畅的展现以及适宜的动作幅度是健美操运动所特有的美学要求。例如，动态形式中表现空中变化的大跳成俯撑、空中转体成俯撑、单臂移动俯卧撑，表现柔软的各种劈腿、劈叉和静态形式中大量的人体静态造型，如单臂分腿高直角支撑、“叠罗汉”等充分展示了运动员良好的身体素质。这些动作位置高低的变化、速度的变化、层次的变化、幅度的变化，共同构成了健美操所特有的一种风格和美学特征，使人们产生了惊险、意外、刺激的情绪美。

②重视塑造运动员的姿态美。姿态美是人体具有造型性因素的静态美和动态美的综合表现，是身体各部分配合而呈现出来的外部形态的美，它反映了一个人的风度和气质。优美的体态，即良好的身体姿态，尤其表现为身体活泼、流动的动态美。

要做到健美操的“姿态美”，每个动作都要达到特别的要求，以超难度技巧、独特新颖的编排、舒展大方的动作、各式各样的造型及协调一致的音乐配合等因素将其展示出来。编排健美操时，每个动作、造型的选择一般都要考虑到运动员身体形态，以及运动员做该动作所表现出来的身体姿态。例如，健美操对支撑类动作的要求是：每个支撑动作必须保持 2 秒钟；支撑转体时必须完整；所有的直角支撑动作，腿必须垂直；高锐角支撑动作，后背必须与地面平行；所有的水平支撑动作身体不能高于水平 45°。

无论是竞技健美操还是健身健美操，姿态动作都应自然大方，充满朝气和活力，并要贯彻体育美学中“立如松，坐如钟，卧如弓，行如风”的人体姿态美的要求。“立如松”是指健美操运动员或锻炼者不管是开始的站立姿态，还是亮相或结束动作要如松树般端正挺拔，头、颈、躯干和脚的纵轴应在一条垂直线上，抬头平视收下颌，立颈挺胸收腹，沉肩两臂自然下垂，臀部紧缩而双腿上拔，使男子充满力量感和男子汉的气概，女子则亭亭玉立，富有弹性感和宁静感，还有一种英姿飒爽、别具一格的现代女性的魅力。“坐如钟”是要求健美操运动员为坐姿时，要如铜铸大钟般端正稳重，挺胸收腹。“卧如弓”是要求运动员在有倒地动作时，要协调自然，轻松自在。“行如风”是要求运动员行走时，步态如清风般轻松快捷，不要拖沓滞重，以免破坏美的享受。

2. 舞蹈艺术美学给健美操表演的艺术特点和艺术表现力提供了有益借鉴

任何一种舞蹈艺术都是人类物质和精神生活的载体。舞蹈是以人的形体动作为基础表现手段来塑造形象、表情达意的表演艺术。具体地说，舞蹈是以表演者自身的形体动作、姿态、造型等为传达媒介，以人体动作在幅度、力度和角度上的变化、运动为艺术语汇，表现人的内心情感、审美追求以及时代精神的表演艺术。

（1）舞蹈艺术的美学特征：

①动作性、韵律美。舞蹈借助音乐旋律的变化来表达舞者不同的内心情感，并借助音乐的结构来组织舞蹈自身的结构和进程，这样才能跳得有弹性、有情趣、有韵味。

②程式化和虚拟性。舞蹈动作的程式化是舞蹈发展到较为成熟阶段的产物，它丰富和提高了舞蹈动作的表现手段，使舞蹈动作显得规范整齐、活泼自然，并较稳定地传达一定的情感意蕴，有助于舞蹈风格的形成。这在古典舞、芭蕾舞中更为明显。

③表演的综合性。舞蹈虽不属于综合艺术，但在表演时也有不少综合性特征。例如，舞蹈动作在短暂停顿时，具有明显的雕塑意义，以至西方的舞蹈家认为“舞蹈家的任何瞬间都该是雕塑家的模特儿”。舞蹈同音乐更是密不可分的孪生姐妹，音乐是“舞蹈的灵魂”“音乐中包含了并决定着舞蹈的结构、特征和气质”。舞蹈的节奏常常靠音乐伴奏和指挥。此外，在舞蹈中，造型艺术也必不可少。舞蹈演员的服饰、道具，使舞蹈的形象更具体、鲜明；舞台美术、灯光配备等，对舞蹈表演起烘托气氛的作用。

（2）舞蹈艺术美学为健美操的艺术设计和艺术表现力提供借鉴。从艺术角度上看，健美操与舞蹈艺术美实际上是统一的，是人的本质在实践中的感性显现。舞蹈艺术的概念是指各种舞蹈艺术的总和，通过表演动作创造艺术形象。而健美操的诞生源于人们对健美身体的追求，是体操、舞蹈、音乐逐步结合的产物。

总之，融艺术表现为一体的健美操运动，是一种时代气息的再现。它流露出的自然美，就是我们追求的健美操运动的最高艺术境界。

3. 音乐影响健美操动作完成的和谐美，并能同健美操动作一起反映整套健美操的思想内容主题

音乐最擅长揭示人的心灵世界，有人把它称之为“诗的心理学”。音乐可以像激光一样深入人类灵魂深处，寻幽索隐，把人类各种复杂难言的心绪全都映示出来。因此，德国音乐史学家玛克斯称“音乐可以再现心灵的一切”。

音乐是发挥健美操运动员艺术表现力的重要因素，影响健美操动作完成的和谐美，并能同健美操动作一起反映整套健美操的思想内容主题。

从健美操音乐的选择来看，主要有两种方式：一是根据动作选择音乐，二是根据音乐创编动作。但是，不管是采用哪种方式，健美操在表演时总要表现一定的主题，犹如一首诗、一幅画，能给人们带来特定环境的美感体验，这个主题是通过音乐和动作共同表现出来的。有时，一套完美的健美操动作本身就有其特定的主题思想，音乐根据动作来设计。例如，以天真活泼、顽皮可爱的动作及其组合而创编的幼儿健美操，表现日常生活琐事组合动作的中老年健美操，以及穿插于篮球比赛间隙中的啦啦队表演的健美操，等等。有时，健美操的音乐本身也反映了一定的主题。例如，在国内外大型的竞技健美操比赛中，许多参赛选手的成套动作所使用的音乐，包括以动物行为、体态为主题的音乐，根据童话故事创编的音乐以及展示民俗、民风，反映本民族典型特色的创编音乐等。

4. 人体形体美学决定健美操运动员的选材方向和人们参与锻炼的目标追求

人是“万物之灵长，宇宙之精华”。美学认为，人既是唯一的审美主体，自身也是最美的审美对象。对人体美的欣赏，在人类的文明史上经历了漫长的过程。它起源于母系社会，当时就有崇拜女性美的裸体艺术作品。不过，在世界各地区、各民族中，对于人体美的观念和标准是各不相同的，并且随着时代的变迁，人们对人体审美的标准也在变化。如在两千年前的古希腊，出于战争、竞技的需要，人们把健壮、强劲的体魄作为男子人体美的标准，甚至把它看作做人的骄傲资本；在我国唐朝女子以胖和丰满为美，而今天却把“瘦”“苗条”等作为女子美的标准。

（1）人体形体美学的标准。什么样的形体才算美呢？人体美学认为主要表现在两个方面。首先，要形体匀称，比例适宜。达·芬奇在讨论人体各部分的比例时，曾制定一系列标准。比如：人的头部应同胸背部最厚处一样，都是身高的八分之一，肩膀的最宽处应是身高的四分之一，双臂平伸的宽度应等于身长，胸部与肩胛骨应在同一水平线上，两眼间的距离应是一只眼的长度，耳朵与鼻子应当长度相等。符合这些比例的人体才是美的。还有人提出上下身的比例，以肚脐为界应符合“黄金分割”才较为标准。这些观点用来作为永恒不变的人体美的标准自然并不合适，因为从时代发展、民族区分等情况看，人体美的标准是形形色色、丰富多变的，不过其大致是符合实际的。再比如，五官端正，发育正常，身材适中，胖瘦合适等，关键在于适宜。培根曾说：“有些脸面，一部分一部分地观察，是找不到一点好处的，但将各部分合在一起，那些脸面就很好看了。”有的人则正好相反。

（2）人体形体美学对健美操运动员的选材和人们参加健美操锻炼的启示。人体形体美学中所确定的男女人体美的标准，为健美操运动的“外在美”的发展指引了方向，给运动员选材和对表演者的挑选提供了理论依据。同时，也给参加健美操锻炼的人们确立了人体美的追求目标。

事实上，在现代社会生活中，健美操自觉与不自觉地运用艺术和体育手段向人们宣传人体美，展示人体美。健美操是一项介于文艺和体育的边缘项目，也正是由于这个属性，它又具有美的欣赏价值，不论是参与者还是观赏者都能得到精神享受。健美操中所展示的人体美，是人的形体美和姿态美的展现，是以客体规律的形式表现出的主体活动，是运动美的凝聚成果。这就激发人们追求人体美，积极、主动地参加健美操训练。

同时，健美操所追求的人体美不仅是自然的存在物，也是社会的存在物，人体美必定是自然美与社会美的统一，即体型美、姿势美、动作美和气质美的高度结合。刘海粟曾经说过：“人体美，是美中之美，来自其生命和自然流动。”健美操的人体美以身体动作传情，形神兼备为特征。它之所以具有生动的艺术感染力，正是由于运动员或表演者“发于情而形于神”，与心灵共舞，把细腻的情感注入其全部的形体动作之中，塑造形神兼备的美的形象。“男子汉”就是人体美的综合表现。因此，健美操应是一种综合的整体美，其人体美所表现出的青春活力和动人魅力是内外美的统一。

5. 当今人们对社会美的追求

社会美指的是社会生活的美。它直接根源于社会实践。美和真、善有着密切的联系，离开了社会生活实践，社会美就无法存在。社会美的核心是人的美。社会是人组成的，社会只能是人的社会。人，也只有人，才是社会的主体。因此，社会美存在于人自身，存在于他的社会生活、社会关系及社会环境中。离开了人，也就无所谓社会美。形式多样、表现不一的社会美，归根结底，都是人的美。人是美的创造者和欣赏者，是审美的主体；人也是美化和欣赏的对象，是审美的客体，是现实世界最美的欣赏对象。人类社会对美的追求是永无止境的，当今社会出现的各种艺术都是人类创造美和欣赏美的结果。

不同国家、不同时期、不同民族，追求的社会美也是不一样的，它事实上反映了不同国家或民族追求的美的内容是有差异的，它也侧面反映了不同国家、不同时期的社会风气。这就提示我们，健美操作为艺术运动项目也必须遵循社会美的主流，要反映社会美的主题，并创造社会美，引导人们对社会美的追求。

健美操的社会美集中体现在人的思想性格、行为举止方面。当今社会公众人物是最容易被人们效仿的，健美操通过运动员的完美表现以及运动员无可挑剔的身材，激起了人们参与的欲望和热情。健美操的社会美我们可以从以下两个方面来说。

（1）从练习者的角度看。当健美操这一时空艺术进入人的审美视野后，就变成了特定的审美对象，从而形成了特殊的审美形态。健美操美感的产生，是源于个人的直觉，也就是参加者对动作技术的心理感受，它不但存在于对美的欣赏过程，也存在于对美的创造过程，特别是艺术的创造过程。只有充分认识到美，才能唤起人心中的美感，才能调动人的感觉、情感和生命。健美操是身体的律动与心灵相融合的运动，参加者只有把全部的情感贯穿到形体动作中去，并用心灵创造美的意蕴，才能做到“以体传情，形神兼备”，而这种无声的人体语言，充满生命的激情，让人的身心得到一种无与伦比的愉悦和快感。

（2）从欣赏者的角度看。当练习者伴随着美妙的音乐旋律，运用变幻莫测的难度动作和操化动作，将美的形体、美的姿态、美的线条、美的音乐、美的队形、美的服饰呈现给观众时，欣赏者就会从表演者的表演中获得美的享受。换言之，客体所传播出的美的信息，很容易在主体眼里衍化并逐渐升华成为一种理想化的典范和一种充满韵味的象征，引起主体的心理震荡，诱导主体在一种神圣的审美氛围中感受健美操美的意蕴，并对健美操的美产生崇敬和喜爱之情。

6. 人体装扮美学是健美操实现外在美的必然条件

人体装扮美学是研究如何运用美的规律去塑造和装扮人体，使人自身变得更美的一门实用美学门类。俗话说：“三分长相，七分打扮。”可见，装扮艺术在人们的日常生活中占据着重要的地位。

（1）人体装扮美学的基本内容及审美标准。

人体装扮包括服装和打扮等内容。服装指的是穿着的艺术，打扮指的是化妆、美容与装饰的艺术。

1）服饰美。

我国古语说：“食必常饱，然后求美；衣必常暖，然后求丽；居必常安，然后求乐。”衣、食、住、行中，穿衣是人生仅次于吃饭的第二大事。从服饰的发展趋势看，它逐渐由“暖体”发展到今天人们对服饰的美观、漂亮、有魅力的要求，使之给人带来审美的愉悦。

①服饰美的流派。目前，世界上对于服饰美的追求主要可分为两大流派，一是抽象派，二是实用派。事实上，它们都是以服饰的审美功能为追求目标的，只不过各自的侧重点不同。一般来说，抽象派比较注重服装的审美观赏性，以追求审美价值为主，要求服饰能超越现实生活，具有一种审美上的超前性。而实用派相对来说较强调服装的实用价值，要求能在社会上流行开来，为人们普遍接受和喜爱。这都充分说明，服饰已成为人们社会

生活中不可缺少的组成部分，它在美化人们的生活、提高人们的生活质量等方面发挥着越来越重要的作用。②服饰美的构成要素。穿衣戴帽尽管是人们不同的爱好和习惯，但是，如何穿衣戴帽有很大讲究。穿着得体，就能充分展现出服饰特有的审美内涵，与人的容貌、气质等协调一致，使人不仅具有迷人的外在美，同时也具有富有魅力的内在美。如果穿着不得体，不但不能显示特有的美感，而且还会让人感觉到别扭甚至是俗不可耐。要提高服装的审美功能，必须深入了解服装形式美的各个构成因素。

配色：配色指的就是服饰色彩的合理运用和搭配，这里也涉及色彩的审美特性问题。色彩的重要性在于它能最有效地唤起人的视觉上的美感，是一种具有很强的审美表现功能的自然物质，能够为人们所普遍接受。

色彩与人的情绪的关系主要表现为寒暖感。色彩的寒暖是根据色调决定的，一般将给人以暖感的色彩，称之为“暖色”，主要有红、黄色等；给人以寒冷感觉的色彩，称之为“寒色”，也叫“冷色”，主要有绿、蓝、紫色等。兴奋与恬静感，一般来说，暖色调有兴奋感，冷色调有恬静感。华美与质朴感。红色、红紫色有华美感，而黄色、橙色等有质朴感。联想与象征。红色在人们的生活经验中是太阳和火的颜色，让人联想到热情；绿色是自然中草木的颜色，让人联想到清新与美好。

色彩的这些不同的审美特性，对于服饰的配色来说非常重要。服饰的配色一定要根据人们不同的年龄、性别、性格、职业等进行。总的来说，服饰的搭配要让人感觉得体、大方，具有一定的和谐的美感。因此，服饰配色应按照美的和谐统一的原则进行。

款式：款式指的是服饰的式样和审美造型因素。服饰的款式是随着社会生活的发展变化而变化的，体现出人们对服饰美的不断追求，如人们经常说的“流行款式”等。

功能：这里的功能主要指的是服饰的审美功能。服饰之所以备受人们的喜爱和重视，除了它具有“蔽体”的实用价值外，还具有如下突出的审美价值和作用：

第一，它能起到扬美与掩丑的作用。扬美就是通过服饰的美来衬托人体的美，使两者的结合相得益彰；掩丑指的是利用服饰来掩盖人体自身的缺陷和不足，从而达到美的效果。

第二，服饰能起到美化环境的作用。

第三，服饰美能充分表现一个人的个性美。

第四，服饰美能起到引导社会的审美潮流的作用。

2）化妆与美容。

①化妆。化妆与美容也是人体装扮的重要构成部分。如果说服饰主要是用来美化人的形体的话，那么化妆和美容则主要是用来美化人的容貌。人的容貌是人体重要的外表器官组合，对于人的整体形象美起着举足轻重的作用。化妆主要指的是人的面部打扮，通过化妆品来美化人的自然容颜。今天，化妆已成为人们（尤其女性）日常生活中重要的内容，越来越受到人们的青睐。经过化妆后的容颜，能给人以强烈的视觉上的美感。化妆应主要关注脸部化妆、眼部化妆、唇部化妆和手部化妆几个重要方面。②美容。一般人都将美容与化妆看作一回事，其实二者既有联系，又有区别。从词源学的角度讲，都是指使容貌美丽的意思。但是，美容与化妆也存在着一定的区别：从内涵的范围看，化妆的范围相对狭

窄一些，而美容的应用范围要广阔得多；从功能上看，化妆主要起到美化装饰的作用，而美容则不仅仅是美化装饰自我，还具有较明确的医疗目的。

3）装饰物。

人体的美除了自然形貌以及必要的化妆与美容以外，还离不开装饰物的审美作用。有时，适宜的装饰物能起到画龙点睛的功效。

人体装饰物主要有：头饰（发卡、发网、帽子、头绳等），胸饰（胸针、胸花等），腰饰（腰带等），首饰（耳环、项链、手镯、戒指等），等等。

佩戴装饰物也一定要根据佩戴者的年龄、性别、着装的色彩风格，进行有针对性的选择，才能对人体美起到锦上添花的作用。

（2）人体装扮美学为健美操表演者对美的设计提供了理论基础。

依据人体装扮美学原理，在健美操比赛或表演中，选择配色协调、款式新颖，有个性的服装，并进行适宜的化妆和美容，再配以独特的装饰物，将会为男女运动员或表演者锦上添花，亦表现出其独特的艺术魅力。

根据服饰审美标准，任何一种色彩都会给人以美感，因个人的审美情趣不同，在色彩的喜好上也就各有偏爱，不同的色彩自然会引起人们不同的心理感受，诱发不同的联想。健美操运动员或表演者要根据年龄、性别的特点和表达的思想感情的具体需要选择服饰的色彩搭配，通过服装的色彩传递信息、表达情感、突出个性，给人们带来五彩缤纷的景象和无限美好的遐想。

服饰作为文化的一种表现形式，从某种程度上反映该运动员或表演者的个性和气质。从总体上看，男士服装设计多表现男子魁梧强健、英武有力的风格；女士服装设计则多表现女性青春靓丽、充满高雅纯美的风格。但有时，服装的风格也可活泼多变，不拘一格。比如粗犷的整体与精巧的局部更显得别致动人，令运动员或表演者比赛或表演时豪情奔放、挥洒自如。

同时，也要重视精心挑选一件很好的头饰，如丝巾、头绳、发卡等，以及彰显个性的腰带，这将会给运动员或表演者起到画龙点睛的效果。

（二）健美操运动的美学特征

如前所述，健美操是融体育与艺术于一身，以其独有的艺术魅力吸引广大群众，既有文化艺术内涵又具备体育竞技形式的一种体育活动，是继体育舞蹈、花样滑冰、花样游泳、艺术体操等项目之后的又一个体育与艺术有机结合的运动。它不仅能强身健体，陶冶情操，还有很高的观赏价值和美学价值。健美操运动所赋予人们的美感，并不是简单的人体形态的自然呈现，而是通过科学系统化专门训练的人的躯体，在音乐的伴奏下完成连贯流畅的、富有弹性的动作，以动态的和静态的外在形式所表现出来的美学特征。

（三）健美操运动的审美标准及美的创造与实现

爱美之心，人皆有之。爱美是人的天性，特别是进入 21 世纪以来，人们对美的追求更为强烈，尤其是中青年女性们都十分热切地希望有个健美的体型并且能常葆青春。那么，作为观赏者应该如何去欣赏和享受健美操的美？健美操的创编者、舞台设计人员以及运动员、表演者又如何创造和实现健美操的美？

1. 健美操的审美标准

（1）“健康就是美”是健美操审美的主旨。今天，人们对健康的追求可以说超过了历史上任何时期，同时，除了追求身体的健康，还追求心理和精神的健康。健美操就是适应人类对健身美体的追求而产生和发展起来的一项“美”的运动。所以，健美操的观赏者应把表演者展示出来的人的身心健康美作为审美的主旨。具体表现在以下两个方面：

一方面，动作风格舒展大方、刚劲有力、协调性高，且连接流畅、造型健美，能充分体现出人们健康的体魄、健美的外形和焕发的精神面貌。

另一方面，健美操和其他舞蹈一样，整套动作的编排都有一定的思想内容，这就要求它所表现的思想内容符合时代的发展。它应向人们传达一种积极、健康、向上的精神。这种精神要通过运动员的面部表情和身体活力来感染观众，使观赏者产生共鸣，表现出想参加此项运动的强烈愿望。这样的健美操能给人们带来青春的喜悦和激情，鼓舞和激励人们更加热爱生活，努力学习，朝气蓬勃，不断进取。

（2）动作和队形编排的创新性是健美操审美的核心。创新是健美操进一步发展的生命源泉，是健美操审美的核心。所以，健美操的编排设计应有创造性，整套动作应有亮点；音乐选择应适宜，有节奏变化，有特色和激情；同时整套动作的强度要适中，动作语汇丰富，过渡与连接流畅，场地与空间运用充分等。集体项目要有队形变化和动力性身体的配合。

（3）表演者丰富多彩、新颖、独特的动作展示是健美操审美的关键。动作美是健美操最显著的特点，它是在时间的展开方式上打破静态美的框架，使美的形态不断翻新，让人以探求、追寻、跟踪的方式不断亲近它、捕捉它。表演者的每个动作都应完美无缺、新颖，尽量避免重复。根据运动员的个人能力尽量加大动作难度，并使衔接动作自然顺畅。

（4）适宜的装扮是健美操审美必不可少的条件。健美操作为艺术表演性项目，运动员恰如其分的妆容、得体的服装、富有灵气的装饰物，会大大增加视觉美感。因此，表演者装扮是否适宜将直接影响健美操整体的审美。竞技健美操的服饰除应符合国际健美操的规则外，还应根据比赛场地、运动员的体形和皮肤颜色等选择合适美观的比赛服饰。

2. 创造与实现健美操美的基本要求

创造和实现健美操的美，是一项系统工程，除应遵循前面提到的各方面美学原理以及健美操的技术要求之外，健美操的创编者、表演者和舞台的设计人员还应具体遵循以下一些基本要求。

（1）创编者

②要善于把握时代主题，使创编风格与动作紧跟时代步伐。艺术来源于社会，又服务于社会，是以反映时代主题为目的。健美操的创编者，实际上是健美操艺术的创造者，应该善于分析当今时代主题，了解当今时代哪些是社会崇尚的思想和行为？社会弘扬的精神是什么？人们对美的追求体现在哪些方面？这实际上就是确定健美操所反映内容的思想性。只有把握了这些，并把它融入创作中，使创作的整套动作符合社会的主题，迎合人们

的审美需求，才能够得到社会的认可，最终实现健美操美的传播。

②在创编动作时，充分了解不同对象的审美需求。人们的审美需求依据年龄、性别、受教育程度、职业的性质不同而不同。创编者要重视这些审美需求的差别，以满足不同对象对美的需求，也只有考虑人们的差别，才能真正实现健美操不同类型的美。

③动作的设计风格、音乐选择、难度要考虑服务人群的年龄与性别特征。依据人们参加健美操运动的目的，健美操可以分为竞技健美操、表演健美操和健身健美操。竞技健美操参加对象主要是青年男女，运用体育的竞争机制，其目的是在比赛中取胜，其制胜因素是“难、新、美”；表演健美操的目的是通过艺术的表演满足人们特定的审美需求，它主要是以表演的“艺术性”展示人的身体和精神的美；而健身健美操则主要是通过练习达到强身健体，塑造人体美的形象，不追求难度，主要强调锻炼的效果，这类项目适合各个年龄段的人群。针对上面的分析，创编者设计动作的风格时，要根据健美操的不同类型、练习者的年龄、性别选择音乐，设计难度，安排负荷强度，以达到人们从事不同类型健美操的目的。所以，竞技健美操是以竞技为目的的，有特定的规则和评分办法，必须编排有一定难度、连续复杂的、高强度的动作；表演健美操设计要更注重艺术的美；健身健美操动作的设计编排必须遵循全面发展身体、符合对象特点、安全无损伤、健身娱乐等原则。

（2）表演者

①表演时，注重“形”美与“神”美的高度统一。健美操作为以艺术表演为主的运动项目，它同散文一样，高度重视“形”与“神”的统一。所谓健美操的“形”美是指表演者的人体外在美，是通过表演者强健而匀称的身体以及身体姿态、动作等展示美；所谓“神”美是指凝聚、糅合在健美操“形”美中的内在美、气质美和抽象美，是通过表演者在音乐的配合下，把健美操的思想内容和自己对健美操美的理解，以及表演者自身的人格魅力、思想境界等凝聚在一起所共同表现出来的美。所有这些美，都是通过表演者的表演效果表现出来的。因此，作为表演者一方面要通过不断地强化练习，达到技术熟练，形体优美，来实现健美操的“形”美；另一方面，表演者更应深入领会蕴涵在健美操套路中的思想内容，使自己所流露出的情感尽可能地贴近创编者的初衷，从而实现健美操的“神”美。最后，把健美操的“形”美和“神”美高度地统一起来，实现整个健美操的美感。

②重视与观众的情感交流与互动。“情感的交流、相互的理解”是传达美的最好途径。今天，但凡是艺术表演的项目，表演者都非常重视同观众的交流，而交流的手段则是同观众的互动。这既是烘托现场气氛的需要，更是表演者与观众交流思想、传播美的有效途径。“眼睛是心灵的窗口”，因此健美操要重视与观众眼神的沟通，善于通过身体语言来表达思想语言。使健美操的表演者能激发观众与他一道随着音乐节奏欢呼，呐喊，舞动。这也是竞技健美操运动员比赛中取得高分的关键，是健美操表演成功的显著特征。

③动作表演雅而不俗、激情而不放荡。同前所述，健美操的最大特点就是动感、激情、充满极大的活力，这正是健美操受人喜爱的重要原因。尤其是竞技健美操和表演健美操更能充分地显示当今青年男女张扬的个性。动作适当的夸张反映了当今社会是个充满生机和活力的社会。但事情总要有个“度”，过分的夸张与张扬，而忽视了对技术动作的完

美追求，反而会破坏观众的审美感受，从而对整个比赛获胜或表演的成功产生负面影响。更有甚者，为了哗众取宠，或为了迎合一些低级趣味的人的所谓的“审美需求”，不惜以一些低俗的动作、放荡的表情，甚至下流的动作进行表演。这完全违背了人们参加或欣赏健美操，追求身体健与美的美好愿望。作为健美操运动员或表演者一定要抵制这些不良风气，以高雅的气质、高度娴熟的技术、舒展健美的身姿赢得观众的掌声，从而把健美操的美在观众面前展现得淋漓尽致。

（3）舞台设计者

①舞台主题设计应反映比赛或表演的主题。通常，每次健美操比赛都有一定的主题，并且不同类型的健美操比赛突出的主题是不一样的。那么，作为健美操比赛或表演的物质载体——舞台的设计也同样要凸显比赛的主题。作为舞台设计者一定要根据比赛的主题确定舞台设计的主题，以实现舞台设计为比赛主题服务的目的。

②舞台设计应符合健美操比赛场地的规则要求。对于正式的竞技健美操比赛，比赛规则对比赛场地有明确的要求。规则规定：健美操比赛场地的面积为7m×7m（六人操场地的面积为10m×10m），赛台的高度为100～150cm，后面有背景遮挡，赛台的面积不得小于9m×9m，并清楚地标出7m×7m的比赛场地，标记带为5cm宽的红色带，标记带包括在7m宽的场地内，也就是说，标记带是场地的一部分。在设计正式的健美操比赛场地时，要严格按照比赛规则的要求进行设计。

③舞台的色彩搭配、装饰风格应综合考虑季节特点、比赛或表演的场所。这实际上是第一个问题的延伸。设计者除考虑比赛的主题外，还应根据一年中季节的不同、比赛或表演的场所等不同，设计出色彩搭配适宜、装饰风格独特的舞台效果，并要考虑白天和晚上灯光的设计。比如，阳春三月在杭州西湖举行的健美操比赛，舞台设计要突出春天的生机和绿意，凸显比赛地西湖的风光等。

第四节　“寓乐于体”教育思想

一、提出“寓乐于体”教育思想的背景分析

（一）“新课程标准”改革的必然要求

为了响应“新课程标准”改革的号召，体育教师要不断更新教学理念。除了要向学生传授基本的体育运动技能外，更要让学生饶有兴趣地参与体育运动，促进学生身心的健康发展。在教学实施的过程中，体育教师要以学生的需求为根本出发点，抓住一切教学契机，激发学生主动学习体育课程的热情。使学生由被动学习，变为主动思考，自主活动，自我管理，同时使学生在心理上获得愉快的体验。教师也应充分挖掘自身潜能，真正做到教学相长。

在新课改的影响下，体育教学应充分发挥教师的主导作用，设计形式多样的教学模式，创设教学情境，营造宽松的课堂氛围。在组织教学时，教师要充当导演和演员的角色，积极引导学生效仿，形成教师与学生、学生与学生之间的多向交流，使学生能够积极

主动地参与体育运动的全过程，帮助学生实现身体的全方位发展。

体育教师应充分尊重学生主动学习、探究学习的主体地位，只有这样学生才能获得全面的发展。与此同时，教师也要最大限度地激发自己的主观能动性，为学生树立优秀的学习榜样。

（二）“乐学”成为主旋律

“新课程标准”把“激发学生运动兴趣，培养学生终身体育的意识”作为体育教学的基本理念之一。那么如何才能调动学生参加体育锻炼的热情呢？实践研究表明，从教学目标的可及性、教学活动的主体性、教学评价的激励性和教学管理的艺术性四个方面着手，可以有效地调动学生学习的积极性，提高学生的学习效率，激发学生的潜能，优化教学效果。

1. 教学目标的可及性

何为教学目标的可及性？简而言之，就是针对各位学生的身体素质，结合体育项目的运动特点，设置一些学生通过努力就能够达成的目标。以“引体向上”教学为例，教师对身体素质好的学生可以将要求提高一个等级，而对身体素质不好的学生可以将要求降低一个等级，依据学生真实的身体素质状况进行随机教学，最终的目的是让所有的学生都能达成教学目标，并获得自信和提高体育兴趣。

苏联教育学家苏霍姆林斯基曾说过：“成功的快乐是一种巨大的情绪力量，它可以促进学生好好学习的愿望，同时成功感也是激发学生兴趣的催化剂。”事实表明，如果我们设置的体育目标能让学生通过努力便可达及，那将极大地激发学生学习体育的积极性，并为他们带来自信的体验，进而也将调动他们学习体育的热情和主动性。

2. 教学活动的主体性

尊重学生的主体地位是实现教师主导地位的前提，也是实现学生乐学的必要保障。在教学过程中，教师从学生的实际需求出发，并结合教学的实际内容，设计一些符合学生身心特点和认知规律的教学环节，充分尊重学生的主体地位，提高学生的学习兴趣，调动学生的参与意识，提高教学效率。

3. 教学评价的激励性

教学评价的最终目的是为学生正确认知自己提供一个科学的评判标准，让学生能够深知自身存在的优势和不足，进而不断地提升自己，最终促进教学目标的达成。“新课程标准”对体育教学的评价重心有所转移，它一改以往单纯关注学生成绩的做法，更加科学地关注学生体验、探究和努力的过程，因而，我们应该充分发挥体育教学评价的激励作用。

4. 教学管理的艺术性

高尔基说：“爱孩子，这是母鸡也会的事。”克鲁普斯卡娅说：“光爱还是不够的，必须善于爱。”由此可见，教师只顾单纯地用爱去管理教学，是远远不够的，还应该学会管理的艺术。体育课堂的机动灵活和随意性决定了体育教学课堂上的矛盾冲突的必然性。那么，怎样处理这些矛盾冲突才算得上是明智之举呢？这就需要我们体育教师艺术化地管理体育教学。一旦有矛盾冲突出现，体育教师就能迎刃而解，让体育教学课堂氛围恢复正常。良好的教学氛围可以引发学生愉悦的心情和浓厚的兴趣，激发学习热情，促进身心健康和谐发展。

（三）学生人本回归的有效途径

体育运动是一种以肢体的形式玩味着某种精神自由的“游戏”。所以，运动的主体不是运动者或观赏者，也不是体育比赛的结果，而是运动者和观赏者共同玩味的“某种东西”。这里的“某种东西”就是体育运动的“意义”。只有当运动者和观赏者认真、严肃地投入这种“意义”，与其融合为一体时，体育运动才得以展示自身的存在，运动者才进入本真的游戏状态，即“物我两忘”的审美状态，运动文化之美才得以实现。

赫伊津哈认为：“游戏竞赛的精神，作为一种社交活动，比文化本身还要古老……我们不能不得出这样的结论：处于最初阶段的文明乃是被游戏出来的。它不是像婴儿从子宫脱离出来那样从游戏中产生出来，而是在游戏中并作为游戏产生出来且永远也不脱离游戏的。”游戏所带来的愉悦、自由、公正、体验、和谐，让游戏充满了魅力。

1. 愉悦

愉悦是游戏的初衷。赫伊津哈认为：“游戏的基调是狂喜与热情，并且是与那种场景相协调的神圣或喜庆式的。一种兴奋和紧张的感觉伴随着行动，随之而来的是欢乐与轻松。”霍兹曼认为：“人们喜欢游戏主要的原因是它的精神色彩和浪漫主义。”弗洛伊德认为：“人的活动主要受‘快乐原则’的驱使，游戏能最大限度地满足人快乐本能的需求。”由此可见，游戏能够让人获得生理和心理上的快感，让人在最轻松、最自由的状态下最大范围地释放自己。

2. 自由

赫伊津哈认为：“只有当‘心灵’的巨流冲破了宇宙的绝对专制主义时，游戏才变得可能，变得可以考虑和理解。”沛西·能认为：“自由和游戏显然是一对双生姊妹。”由此可见，游戏与自由是密不可分的，二者缺一不可。没有自由，就没有游戏。康德在论证艺术和游戏的关系时认为，艺术的精髓在于自由，而自由也是游戏的灵魂，正是自由，使艺术与游戏连在了一起。他说：“艺术甚至也和手艺不同；前者叫作自由艺术，后者可以叫作雇用的艺术。我们把前者看作好像它只能作为游戏，即一种本身就使人快适的事情而得出合乎目的的结果（或成功）；而后者却是这样，它能够作为劳动，即一种本身并不快适（很辛苦）而只是通过它的结果（如报酬）吸引人的事情，因而强制性地强加于人。”所以，他认为游戏是“活动的自由和生命力的通畅”。席勒也将游戏理解为与“自由活动”同义而与“强迫”相对立的概念。

在中国，庄子在《逍遥游》里，用极富散文色彩的笔调，阐明了他自由的哲学思想。庄子认为，“游”是最好的生存方式，只有“逍遥”才能达到“游”。“逍遥”就是指“逍遥于天地之间而心意自得”。在庄子看来，人应该追求一种绝对的精神自由，自由自在才是人生存的理想境界，而一切依靠客观条件的自由（有待）都不是真正的自由，只有绝对地离开条件的限制（无待），才是真正的绝对自由。而常人达不到“逍遥游”，因为人有所依赖，有所追求，把功名利禄看得太重，所以，“若夫乘天地之正，而御六气之辩，以游无穷者，彼且恶乎待哉！故曰，至人无己，神人无功，圣人无名”。即要做到“无待”，必须做到“无己”“无功”“无名”。庄子“逍遥游”的思想，对中国的游戏观影响很大。

3. 规则

当然，尽管游戏是倡导自由的，但是世间万事万物的自由在一定范围内，没有随心所欲的自由存在。游戏也一样，它的自由是在规则限定范围内的自由。因为只有规则，才能确保游戏的顺利进行。规则是自由的护身符。赫伊津哈认为：“所有的游戏都有其规则。”“它创造秩序，它就是秩序。它把一种暂时而有限的完美带入不完善的世界和混乱的生活。游戏要求的秩序完全超然，哪怕有微小的偏离都会‘败兴’，剥去游戏的特点并使之无趣乏味。”他说：“触犯或无视规则的选手是‘破坏游戏的人’。”维特根斯坦同样认为，“游戏是由规则来规定的”，他对规则非常重视，他认为，语言里唯一和自然必然性关联的东西是一样任意的规则。这种任意的规则是我们能从这种自然必要性中抽出来注入一个句子的唯一的东西。利奥塔在通过语言来考察后现代的知识状况时也强调，科学知识是一种有自己规则的游戏，他认为维特根斯坦的语言游戏，是通过研究话语的作用而找到的各种陈述，这些陈述都应该能用一些规则来确定，所以利奥塔也非常注重游戏的规则，“没有规则便没有游戏”。

游戏的规则主要有内隐和外显两种。内隐的规则主要是指隐含在游戏外表之下的规则，它主要是指那些必须服从的游戏需要。维特根斯坦就此曾说过，游戏规则不一定有明确而详细的规定，人们可以在语言游戏中学习规则，甚至可以盲目地遵守规则，“让我们来想一下都在哪些情况下我们会说一个游戏是根据一个特定的规则进行的！规则可以是教人玩游戏的一种辅助。学习者被告知规则，练习应用这个规则。或者它是游戏本身的一种工具。或者规则既不用于教人，也不用于游戏自身，而且也不列在一张规则表上。我们可以通过看别人玩一种游戏学会它。但我们说，这个游戏是按照某些规则进行的，因为旁观者能够从实际进行着的游戏看出这些规则，就像游戏所服从的一项自然法则。”

外显的规则，顾名思义，就是表面上大家都看得到和必须遵守的那些规则，通常外显的规则都是在游戏开始前就明文规定的，其最大特点就是可以直接感知。当然，自由和规则在游戏中并不矛盾。因为游戏和规则是游戏者共同协商、共同理解的基础上制定的，游戏的规则是游戏者自愿接受、自觉遵循的一种内部自我限定，其目的是用于协调和评判游戏行为，保证游戏公正、顺利地进行。从某种意义上说，这种外显的规则是易变的，它可以随游戏活动的需要而修订和改正，使游戏规则处于不断地生成过程之中。维特根斯坦认为，语言游戏的规则是易变的。“我们称之为‘符号’‘词语’‘句子’的，所有这些都有无数种不同的用法。这种多样性绝不是什么固定的东西，一旦给定就一成不变；新的语言类型，新的语言游戏，我们可以说，会产生出来，而另一些则会变得陈旧，被人遗忘。”

4. 体验

有参与者参与的游戏才是真正的游戏，游戏的最终目的就是参与者通过游戏体验获得游戏快感。游戏者在游戏中获得的真实感受才是游戏最真实的存在。游戏时，游戏者尽情地遨游在游戏的世界之中。美国心理学家西克森特米赫利研究发现，人在游戏时有一种独特的体验，能够非常专注，往往能够爆发出超越以往的创造力，身心获得极大的满足。他的观点与美国人本主义心理学家马斯洛的“高峰体验”有着惊人的一致。马斯洛在对多名研究对象进行访谈和对大量的宗教、艺术等相关论述进行研究之后，发现几乎所有的自我实现者都会经历一种神秘的体验，“这种体验可能是瞬间产生的、压倒一切的敬畏情绪，也可能是专注在那一刻，自我、现实……一切的一切都远远地遁去了，全身充溢着转瞬即逝的极度强烈的幸福感，甚至是欣喜若狂、如痴如醉、欢乐至极的感觉。”

5. 和谐

游戏活动是人的生理、心理、社会性等要素投入其中的活动。赫伊津哈认为，游戏是“紧张、均衡、平稳、对峙、跌宕、冲突、解决，等等”“它是‘沉醉的’‘痴迷的’，它被赋予了我们在事物中所能觉察的最高贵品质：韵律与谐和”。

总之，游戏是生命的一种存在状态，是身心达到无拘无束的一种自由状态。游戏指向生命个体，每个人都可以依照自己的特点、喜好从事不同的游戏。具备了游戏心态的生命个体，任何时刻都可以将任何活动变成游戏。没有了外在的功利追求，为游戏而游戏，体验到的只是游戏之趣。游戏者是幸福的，因为他超越了外在的物质追求，超越了琐事的羁绊，游戏心境也是对自身的一种超越。

二、实施“寓乐于体”教育思想的意义分析

（一）体育游戏与身体健康

身体的健康包括人体各部位或器官的发育与功能的完善，它包含着身体的形态、功能以及智力等方面的健康。身体的形态健康指人的身体结构、肢体比例、身体姿态等方面具备良好的发展指标。简言之，即具有健康、优美的体形。身体的功能健康表现在基本活动能力的健康，以及从事体育运动所需的能力的完善，包括速度、力量、耐力、柔韧性、灵敏性、协调性、平衡性和反应能力等方面。智力是指人对客观世界的感知，对信息的获取、整理和加工，在感知的基础上进行记忆、思维和想象等。智力的健康主要表现在思维敏捷、头脑灵活，具有良好的学习、分析与判断能力等方面。

肌体健康是构建人的发展的物质条件，而智力健康则是构建人的发展的精神条件。在体育游戏过程中，人的身体形态、功能以及人的智力水平都会得到一定程度的提高。

体育游戏与其他体育活动一样，是以身体运动的形式进行的，活动的内容与形式是经过预先设计的，因而它同样具有其他体育活动所具有的健身作用。另外，由于体育游戏是一种综合性很强的体育手段，因此，它对身体有比较全面的锻炼效果。为了体验有趣的游戏过程，人们参加体育游戏一般都是一种自觉自愿的行为。主动、积极的行为能发挥人的最大能动性，因而在体育游戏中能达到良好的身体锻炼效果，这是其他体育手段所不能比拟的。

1. 体育游戏与身体形态和功能的发展

体育游戏的内容丰富多彩，形式多样，可以通过多种手段促进青少年的生长发育，培

养其正确的身体姿态，发展其基本活动能力，提高身体素质，促进身体的全面发展，增强体质。

（1）体育游戏与身体形态的健康。良好的身体形态不仅是身体发育完善的标志，而且还能给人以美感。而具有良好体形的人自身也通常能保持一种健康自信的心态，这对于人们生活的各个方面都有着积极的影响。例如，“能看到多高”“金鸡独立”“膝顶下巴”“背后握手”等站姿游戏；“跪姿头碰地”“‘V’字平衡”“左坐右坐”等坐姿游戏以及“小摇车”等卧姿游戏，都可以通过拉伸身体的肌肉、韧带，提高身体的柔韧性和平衡能力，增强局部肌肉力量，从而达到塑造良好身体形态的目的。

（2）体育游戏与身体功能的健康。人的基本活动能力包括走、跑、跳、投、攀登、搬运等。体育游戏在培养人的基本活动能力方面有重要的作用，尤其对于少年儿童而言。少儿时期是人的基本活动能力发展的黄金阶段，而在这一阶段，少儿表现出的特点是年龄小，自制力与理解力差，参加活动多凭兴趣。体育游戏趣味性强的特点恰恰满足了少儿的需求。孩子们在兴趣的指引下，主动积极参加各种有益的游戏，在愉悦的氛围中提高了身体的机能。这类游戏如发展奔走能力和节奏感的“大步走，小步走”“和着节拍走”；发展跑的能力和躲闪能力的“追拍跑”“钻洞跑”等；培养弹跳力、灵活性的“跳皮筋”“夹口袋跳”；发展手臂力量、灵巧性的“沙包投准”“小球打大球”；综合发展基本活动能力的器械游戏，如“荡秋千”“滑滑梯”“蹬圆木”“攀肋木”；等等。

学校中的体育游戏常与田径、体操、球类等项目密切配合，经常利用各种运动项目中学生比较熟悉并基本掌握的技术动作来编排游戏，如田径中的“迎面接力赛”“垒球投准”，体操中的“前滚翻接力”“双杠支撑前移接力”，以及篮球中的“运球接力赛”“投篮赛”等。一方面，这能大大扩充体育游戏的容量，使游戏的内容更加丰富多彩；另一方面，能在游戏过程中检验学生各种基本运动技术的掌握情况。这种形式可以让学生“在乐中学，在学中乐”，既巩固了已学的运动技术，也不断改善和提高各种体育活动能力。可见，体育游戏为运动技术的逐步完善、运动能力的健康发展提供了一条切实可行、科学有效的途径。

2. 体育游戏与启发智慧

体育游戏不仅能够完善人的身体形态机能，提高人的基本活动能力，同时也在人的智力发展方面发挥着巨大作用。

研究表明，人的脑细胞数量与出生时相同，一直不会增加，但大脑的重量则会增加，出生时为400g，到成人时可增加3～4倍。6岁儿童大脑的重量就已经达到成人的90%。人的脑部两岁时形成有关个性的部分；6岁时，铺成思考的基本路线；10岁时，可略见将来的精神成长。在此三个阶段，健全地调整神经突起组合，才容易发育成有高度思维能力且智力发达的孩子。可见，人的智力除遗传因素外，主要是由后天教育（特别是早期教育）决定的。因此，对儿童智力的开发须及早着手。体育游戏对人的早期智力的健康发展有着积极的促进作用。在幼儿阶段宜多采用各种发展幼儿爬、走、跑、模仿、协调等基本活动能力的简单游戏。例如，提高模仿力的“小兔跳”，提高协调力的“渡臀”“膝步走”，提高身体平衡能力的“围圈跑”，提高灵巧性的“向后绕足走”等。这些丰富多彩的幼儿游戏要求孩子脑体并用，边想边做，在促进身体活动能力提升的同时，帮助他们开动脑筋，用自己的眼睛去观察周围的事物、认识周围的世界。可以说，在儿童智力发展的关键期，体育游戏既锻炼了身体的敏捷性，又锻炼了头脑的灵活性。正如高尔基所说："游戏是儿童认识世界的途径。"

实际上，为数不少的体育游戏或多或少具有智力考验的因素。如"反口令行动""低头看天""抓手指""扶棒"等，都需要游戏参与者具有机智的反应，具有视觉、运动感觉的敏感性，以及对空间和时间的判断能力，才能快速而准确地完成游戏。此外，体育游戏通常是以对抗、竞赛的形式来进行的。如"冲过封锁线""攻城""齐心协力"等游戏，需要参与者积极地研究战略布局和战术配合。研究个人或团队如何在规则允许的范围内采用最佳实施方案，选择最有效的动作战胜对手，从而完成游戏。战略、战术的研究和运用，不仅是体力的竞争，也是智慧的较量，这些都必须开动脑筋，启发思维。体育游戏的条件和环境多变，内容复杂，它能够发展人敏捷、迅速的判断力并增强记忆力，这对人的智力水平的提高势必起到良好的促进作用。

（二）体育游戏与健康心理的形成

1. 体育游戏有助于消除或减缓不良的学习情绪

人的情绪状态是衡量其心理健康的重要指标。人生活在错综复杂的社会环境中，经常会产生忧愁、压抑、焦虑、紧张等负面情绪。

"趣味性"是体育游戏最基本的特征。游戏本身的新奇、惊险、激烈、紧张会给参与者带来愉快的情感体验，体育游戏往往自始至终都充满了欢笑。即使像"老鹰抓小鸡""打鸭子""两人三足"这样的传统游戏，也常常让人乐此不疲。人们在游戏过程中摆脱了现实生活中的忧愁和烦恼。除此之外，在游戏中获得的胜利，还会使人产生自豪感，增强自尊心与自信心，并在精神上获得一种自我价值得以实现的满足。因此，参加体育游戏可以转移个体不愉快的情绪和行为，使人从烦恼和痛苦中解脱出来，并产生成就感和愉快的体验。

2. 体育游戏有利于确立自我概念

自我概念是个体主观上对自己的身体、思想和情感等的整体评价，它是由许多自我认识所组成的，包括"我是什么人""我主张什么""我喜欢什么""我不喜欢什么"等。

随着年龄的增长，青少年开始注重自己的外形、姿态，对拥有健美体形的要求与日俱增。而对于身体形态不佳的青少年而言，对自己身体表象（身体表象是指头脑中形成的身体图像）的认识，常会伴随不满意、失望甚至自卑等心理体验，以致影响其自我概念的确立。从体育游戏对人的身体健康的影响可知，经常参加体育游戏有利于良好身体姿态的形成，有利于人们，特别是青少年改善及正确形成自身的身体表象。这可以使其克服心理障碍，获得从身体到个体的自尊与自信，并最终完全接纳自己。

每个人都乐于自己的能力得到表现，让别人了解自己的长处，从而得到别人的赞扬、尊重。体育游戏为希望展示自己的人们提供了一个新的"舞台"。摆脱了平时工作学习中的压力与烦恼，在体育游戏紧张而愉快的竞争情境中，人能很自然地表现自己的体力、技能与智慧（其中有些能力往往还是平时根本无从表现或发现的）。当表现的欲望、求胜的心理，以及被赞扬、被肯定的渴望同时在体育游戏中得到满足时，个人也就在体育游戏中获得了自信、自尊的自我概念。

3. 体育游戏能培养坚忍的意志品质

意志品质是指人的果断性、柔韧性、自制力以及勇敢顽强和自主独立等精神。意志品质既是在克服困难的过程中表现出来的，又是在克服困难的过程中培养起来的。

体育游戏环境条件丰富多变，组织形式繁多，特别是一些战胜障碍的游戏，诸如体操中的“跳杠追赶”“荡越河沟”，田径中的“障碍跑”，足球中的“抢传球”等，都要求参与者在活动中不断克服各种客观困难（如难度、障碍等）和主观困难（如胆怯、畏惧、害羞等），并在克服困难中培养良好的意志品质。由于体育游戏具有“趣味性”“竞争性”与“合作性”等特点，通过这种形式来对人的意志品质加以培养，往往能够收到很好的效果。在趣味十足的游戏内容的吸引下，在夺取胜利的愿望的驱使下，以及在同伴的支持与鼓励下，一个人更能克服无论是来自外界环境还是来自个人内心的困难与障碍，更容易塑造坚忍的意志品质。若将体育游戏中培养出来的意志品质迁移到日常的学习与生活当中，必然会为健康心理的形成与保持奠定坚实的基础。

4. 体育游戏有助于人际交往和沟通

在体育游戏中，一方面学生们通过互相接触、合作和竞争等，个体与个体之间，个体与集体之间，集体与集体之间交流更广泛、更频繁，形成了一个小型社会，学生之间可以做到相互包容、尊重信任、团结友爱、鼓励扶持，构建良性的人际关系。另一方面，在游戏要求和规则的束缚下，人与人之间的关系是相对平等的，因此为建立良好的人际关系提供了最佳的平台。

5. 体育游戏有助于学生探索精神与创造性的培养

体育游戏为学生的自由探索提供了平台，有利于学生探索精神的深层次挖掘，激发创造热情。例如，在具体的教学实践过程之中，体育教师可以为学生创设想象和思考空间，让他们想尽一切可以解决问题的办法，这就是创造性的一种表现。这也正是体育教学中特别珍贵的因素，有利于为未来社会的发展培养需要的栋梁之材。

现代社会对现代教育提出了更新的要求，它鼓励开发学生的创造性和探索精神。这就要求体育教师们不再单纯地只向受教育者传达一些基本的体育运动技能，而是教会他们学会学习，只有这样，他们才能成为适应社会发展的合格人才。学会学习、学会生存的核心内容之一是学会发现，学会创造。那么如何培养学生的创造性呢？这成为当今教育界亟待解决的难题之一。大量的实验研究表明，游戏有助于培养学生的创造性和探索精神。

（三）体育游戏对个体社会化的积极作用

1. 体育游戏可以规范道德行为方式，促进价值观内化，培养竞争合作意识

体育游戏是一种规则游戏。游戏规则绝不是游戏制定者随心所欲而定的，它一定是建立在公正和道德判断的基础之上的，它需要符合大多数民族公认的伦理标准和共性特征，因而在消除偏见、克服狭隘、实现对话、互动沟通和规范行为等诸多方面，均能达到较高

程度的一致性，尤其是对个体道德潜移默化的影响极为显著。游戏规则的制定有助于学生良好行为规范的形成。游戏者在熟悉游戏规则的基础之上，才能养成遵守规则的良好习惯，进而体会社会规范的意义与价值所在，管束自己的社会言行，提高社会道德品质。由此可见，学生对体育游戏规则的遵守与秉承，在一定程度上可以影响其现实生活中的行为规范，因此，我们要注重发挥体育游戏塑造和培养道德行为的价值。

2. 体育游戏可以满足合群需求，促进人际交往，完善个性特征

体育游戏主要以群体性活动为主。游戏群体是学生在家庭之外所接触的一个十分重要的初级群体，是他们进行人际交往、社会互动以及借以学习生活知识和技能并得到个性发展最重要的社会群体之一。学生参加体育游戏活动，增进沟通和了解，不仅可以扩大交友范围，增进学生之间的感情，还有助于拓宽自己的视野，从别的游戏者身上发现另外一个世界。此外，在游戏中产生的良好情绪及其体验，有助于克服他们独立于家庭之外，步入社会所伴随产生的孤独、焦虑、恐惧、内疚和自卑等不良心理。同时，他们比较自然地了解并逐渐形成了尊重、理解、谦让、协商、竞争、合作、共处、互助、信任、宽容、忍让、体谅、荣誉、责任、和谐、公平、公正、自尊、自重、自爱、自信、自强等优秀品质和健康的个性特征，而这一切对他们适应社会竞争、胜任社会角色都有深远的意义。

3. 体育游戏可以促进社会角色的体验，形成自我意识，培养社会化品质

在体育游戏活动过程之中，游戏参与者中的每一个人都扮演着一定的角色，这些角色虽然看似很虚幻，感觉只存在于游戏之中，其实，有的时候也是对现实生活中某些角色的模拟。在游戏中通过扮演不同的角色，有助于他们养成站在别人的角度上看待问题的良好习惯，有助于填补他们对社会不同角色的心理承受和想象空间，有助于培养他们的角色认同感，从而更好地接受社会、适应社会。在社会角色体验中，为使他人能理解自己的表演和行为的真实含义，个体就必须遵循角色的特定规范并按其要求的社会行为模式进行相应的行为表现，这既是角色扮演的前提，又是一种使角色顺利进入社会的保证。

社会角色是完成社会活动必要的社会形式和个人的行为方式，通过游戏群体活动中不同角色的扮演，青少年儿童懂得了社会角色是与人们的某种社会地位、身份相一致的一系列权利、义务、职责的规范与行为模式，这种体验十分有助于他们步入社会后成功地履行各种不同角色的职责，同时，他们的社会适应性和个性品质在此过程中也可以得到高度发展。

（四）体育游戏的艺术价值

艺术产生于游戏。“仪式产生于神圣的游戏，诗歌诞生于游戏并繁荣于游戏，音乐和舞蹈则是纯粹的游戏。”体育游戏是游戏的一种重要的表现内容，也具有一定的艺术性。

1. 体育游戏像艺术一样，把所欣赏的意象加以客观化，使它成为具体的情境

游戏意象原来是心境从外界折射出来的影子，使它变成一个具体的情境，在这个具体情境中寻找所需要的满足。例如，小孩骑马游戏的产生，就是小孩子心境在外界所折射出来的影子，以此来得到自己想骑真马的满足。

2. 体育游戏像艺术一样，带有移情作用，把死板的物质看成活跃的生灵

我们在长大成人、面临枯燥乏味的学习和工作之后，便经常会怀念童年时光，因为那时的我们是天真无邪的，每个小伙伴都很容易陶醉在游戏带给自己的美好的世界里。尽管当时的真实世界并不乐观，但是游戏时候的忘我精神，使得每个孩子仿佛都看见了天堂。游戏带给我们的不仅仅只是物质享受，还有实实在在的精神享受，这也就是游戏的移情作用的价值所在。

3. 体育游戏像艺术一样，是用现实世界之外的另一个理想世界来安慰情感

人从呱呱坠地开始就是好动的，凡是不能动的，都终将让人苦恼于此。疾病、老朽之所以被人厌恶，其最大的原因就是它限制了人们动的自由。越自由能动，越让人感到快乐。当然，现实世界是有限的，它不允许人无限制地自由活动。但是，人们不能接受这一痛苦的事实，非要在有限的活动里创造无限的可能，于是体育游戏诞生了。体育游戏的功能在于帮助人们摆脱现实世界的束缚，享受运动带来的快乐，所以体育游戏在人们闲散时需求最大，从这个意义上讲，它确实是一种“消遣”，是一种艺术化了的活动。

第三章　高校体育教学的发展动态

第一节　体育教学目标的统一与协调

体育课的场地、器材等，对体育课程目标、课程设置、课程设计思路以及课程任务都有很大的促进和帮助作用。马克思所说过：“人创造环境，同样环境也创造人。”《列女传·母仪》中记载的“孟母三迁”也说明了环境对塑造人的重要性。教学环境不仅影响着教学过程的组织与安排，而体育教学环境是体育教学系统的必要条件，并且影响着体育教学系统。本节采用文献资料法、分析和综合的方法论述了体育教学环境和体育教学系统的关系，并且阐述两者如何协调应用才能达到最好的教学效果。

一、体育教学环境的概念

（一）体育教学的物质环境

无论是学习还是生活都离不开环境。体育教学需要的环境主要是运动的场地和体育器材，否则全面深化教学改革，推进素质教育，加强学院普通体育课程建设，提高体育课的教学质量就成了一句空话。课前准备器材时，要根据课堂的内容，注意因地、因时而异。如田径场红色的跑道，绿色的足球场可提高中枢神经的兴奋性，使学生有一种跃跃欲试的冲动；一排排乒乓球台，一片片羽毛球场，它们的采光、空间、通风都会给练习者积极的影响；上理论课，如课桌椅的款式和新旧实验室以及实验仪器、图书资料、电化教学设备等。这些设备是开展体育教学活动的必备条件，对完成体育教学的任务起着重要的作用。为了方便教学体育器材保管室应设在离运动场地较近的地方，房间应通风，光线较好，器材按项目分离存放，随时检修器材，维护运动安全。

（二）体育教学的心理环境

如果体育课教师一副严肃的面孔来上体育课，会给学生很大的压力。他们因为怕教师，身体有病也不敢向教师反映，可能会造成严重的后果。所以教师上课前要整理好自己的情绪，具备心胸豁达、移情理解和客观性，真诚而不盛气凌人，当教师热情鼓励的时候，学生更有创造性。当学生把教师看作是一个热情又有同情心的对象时，课堂里同学之间更能分享喜爱和感情，教师的热情与学生对体育的兴趣与完成运动的密度和强度有着很深的关系。采用多媒体教学，如学习之前将技术动作放慢、定格。看完录像后，组织学生进行讨论，再进行示范，学生练习后再进行讨论，他们有一种小教师的感觉，学起来自己会想办法克服很多困难。学生最不愿意跑步，觉得枯燥。采用 4 人一组，以比赛竞争、团队参与的形式进行，如蛇形跑、变速跑、追逐跑等。投掷的练习可采用单手投、双手投、向前投、往后投、画方格投等。练习力量时，准备几个不同重量的沙袋，根据学生的实际情况使用，采用20m的往返跑等。利用上课的时间进行班级与班级比赛，加强学生的参与主动性与责任、团队合作、增强积极动机和减少对教师的依赖。为正常人格的成熟、获得独立性、自信、自我控制、坚持，并能忍受挫折这些成熟的人格品质所必需。

（三）体育教学活动中的语言环境

体育教师只有爱学生，与学生打成一片，才能了解到学生的喜怒忧乐、兴趣爱好、希望要求。注意心理修养，善于控制和表现自己的情绪。无论在课外遇到什么不顺心的事，在走进教室之前，一定要使自己恢复常态，不能把自己恶劣的情绪传染给学生，更不能向学生流露甚至发泄。语言的速度，对于教学效果的好坏有直接的影响，认真地探索和把握最科学、最合理的教学语言速度。语言是人与人之间传递信息最为主要的方式之一，体育教学中教师与学生之间、学生与学生之间语言的交流十分频繁，语言的交流中包含着丰富的信息，因此良好运用这一工具对于提高体育教学质量作用十分明显。实践表明良好的课堂语言环境对于体育知识、体育技能的传授十分必要。

二、体育教学系统的概念

体育教学系统，顾名思义，也就是体育教学体系的统一体，体育教学系统是各体育教学要素以一定的结构形式组织起来的，具有各单一体育教学要素所不具备的某种功能的教学统一体，它包括以下几个系统。

（一）体育教学内容系统

《教育部关于印发普通高等学校体育课程教学指导纲要》文件的精神，结合本校人才培养的目标，以教学改革为根据前提，以学生为主体，以健康为主题，以服务专业为方向的新理念，采用以人为本、强化人体练习、突出个性发展。普通高校按照树立“健康第一、终身体育”的学校体育教育思想，通过传授体育知识、运动技能，达到全面增强学生体质，增进身心健康，培养学生良好的意志品质和素养，养成终身体育的锻炼习惯。

（二）体育教学方法系统

从上位层次看，包括模式教学、模拟教学、程序教学。从中间层次看，上课时教师通常先讲解，再向学生提问，同学生一起讨论，是教学中运用语言指导学生学习，达到教学要求的方法，这些都是用语言传递信息的讲解法、问答法和讨论法。教师示范以及帮助学生纠正动作错误是体育教学中通过一定的直观方式，作用于人体感觉器官、引起感知的一种教学方法即动作示范法；教师为了防止和纠正学生在练习中出现的动作错误所采用的方法即纠正动作错误与帮助法。循环练习法是根据练习任务的需要选定若干练习手段，设置若干个相应的练习站（点），学生按规定顺序、路线和练习要求，逐站依次循环练习的方法即循环练习法。利用场地器材组织学生进行运动竞赛法等组织学生讨论探究教学方法即发现法。各种教学方法的运用具有教育性、发展性、科学性、多样性等特点，这样才能体现整体化思想，达到最佳教学效果。

（三）体育教学负荷系统

负荷系统包括生理负荷和运动负荷。生理负荷是指人做练习时所承受的生理负荷，而运动负荷则包括运动量和运动强度两个方面。在体育课上只有运动负荷保持适宜，才能收到较好的教学效果，运动负荷过小过大都不行。过小，则达不到锻炼的目的；过大，又超出了学生身心所能承受的限度，对学生身心健康和教学任务的完成都十分不利。因此，合理地安排和调节体育课运动负荷是对体育教师教学的一项基本要求，也是评价体育教学和体育活动锻炼效果的一项重要指标。课堂教学中最常用到的运动负荷测量方法除了脉搏测量外，还有询问法和观察法。据瑞典生理学家研究，当询问学生锻炼后的自我感受，学生回答“累极了、很累、有点累、还行、很轻松、非常轻松”时都有不同的心率，而这些心率和回答之间有着极明显的对应关系。这样教师就可以利用学生的回答来判断学生承受运动负荷的情况。采用观察法可以直接简便地知道学生的运动负荷情况，教师可以通过观察学生的脸色、表情、喘气、出汗量、反应速度等表现来判断所承受运动负荷的大小。比如，当学生承受较小负荷时，额头微汗、脸色稍红；承受中等负荷时，脸色绯红、脸部有汗下滴；承受过大的运动负荷时，脸色发白、满头大汗、动作失控等。所以，安排运动负荷时要以学生发展为中心，重视学生的生理和心理感受。在体育课上，可以通过调整练习的次数和组数、练习的强度和时间、器械的坡度和阻力，也可以改变课的组织教法等来对运动负荷进行合理的调节。

（四）体育教学评价系统

学生学习态度的评价，学生行为表现的评价，防止违纪行为的升级和负面作用的扩散，学生掌握知识与技能的评价。坚持主体取向的评价机制，开放的教育需要开放的评价，量性评价与质性评价，行为评价与心理评价的有机结合，由重视结果向重视过程转变。

三、体育教学环境和体育教学系统的关系

体育教学中，体育教学环境对学校体育教学系统的影响，既来自学校内部环境，又来自学校外部环境，既来自学校的物质环境，更来自学校学生和教师的心理环境。而体育教学系统反过来也可以影响体育教学环境，它们之间是相互制约，相互影响的。

四、体育教学环境和体育教学系统的协调统一

在体育教学中，要达到更好的教学效果，完成既定的教学计划，那么体育教学环境和体育教学系统两者之间是缺一不可的，只有两者协调统一才能为体育教学更好地服务。

（一）充分了解当前体育教学环境现状

教师在体育教学中一直是起着一个引导的作用，主要表现在：了解教学目标、制订课时计划、规划教学设计、优化教学方法等。当然这些都必须建立在了解当前教学环境的基础上，教师不仅要了解当前教学的物质环境，了解学生的当前学习需求，而不是仅仅停留在课本上，还应该对整个教学环境进行设计。

（二）保持体育教学环境和教学系统的动态平衡

在体育教学中，体育教师既要让体育教学系统适应体育教学环境的变化，也要尽力去改变当前制约体育教学系统发展的环境因素，使两者在动态上保持平衡，为更好地实现体育教学目标而服务。

第二节 体育教学内容的选择与开发

体育教学课程资源的开发和利用最重要的是教师的课程资源观和课程资源的开发意识，理解什么是课程资源，才有可能开发课程资源。

一、对体育教学课程资源的认识

合理开发与有效利用体育课程资源是体育课程目标达成的必要条件，也是体育课程改革的有力保障。由于地方经济和文化发展的不平衡，体育课程只有符合地方经济并地方化，才能提高体育课程的适应性，才能更有效地发挥体育课堂的本色。

在这里，首先要了解体育教学课程资源的这个概念。所谓“课程资源”，无疑是受教育技术和远程教育的启发而由教学资源和学习资源演变而来，但它在教育技术和远程教育界并不被经常使用，甚至有些陌生。由于课程是教学活动的基本单元，因而一切教学资源或学习资源往往都是以课程资源的形式来呈现的。一般来讲，“课程资源是指形成课程的要素来源以及实施课程的必要而直接的条件。”

二、如何进行体育教学课程资源的开发

首先，开发出来的课程资源要从具体学生群体和个体的身心发展特点等一些特殊情况出发，能为他们所接受和理解，符合他们的身体状况和认知规律，有利于学生的身心体验，有利于达到目标。其次，要做一个价值判断，是同学们迫切需要的、对他们显示发展最有价值的，这些体育资源应该得到及早优先的开发。最后，体育课程资源开发的几个途径不是截然分开的，而是在开发的时候需要有机地整合在一起。

（一）从体育师资条件出发

学校具备何种师资，我们的教师具备什么样的素质，他们的特长、专业是否能带动体育课程资源的开发。考虑到这些因素以后，教师们才能游刃有余地进行资源的开发。反之，由于一些学校限于师资的水平和特点，教师没有能力去开发一些学生需求比较强烈，感兴趣的程度也比较高的体育课程资源，它就成为前进路上的一个瓶颈，在很大程度上制约着对体育课程资源的合理利用。

（二）从学生的现状考虑

体育课程资源的服务对象是学生，所以关注学生的身体发展作为开发体育课程资源的主要途径，这主要着眼于以下两个方面：

（1）学生身体状况的调查。在开发课程资源时，必须对是否能使其接受新开发的体育

课程资源进行考虑。不同学生的身体状况水平都是不一样的，这不仅关系到开发的广泛性，还影响到开发课程资源的内容选择。

（2）要想使学生积极参与进来，不仅要找到学生有兴趣的课程资源，也要使课程资源永远是最适合学生的，如此，学生既愿意参与进来，又可以充分调动学生的积极性。这样的体育课程在某种意义上来说是最适合学生的。所以，在开发时，我们要从学生的角度来看待周围的一切，要寻找学生的兴趣所在，力求开发出来的体育课程资源是“学生化”的体育课程资源，这样才能使学生完全融入课程资源中去，不能使课程资源老是一味的“教师化”，否则就失去了教育的意义。

三、体育课程资源开发案例

1.【案例】人力资源的开发——体现团队精神的集体负重跑比赛

活动目的：通过集体负重跑比赛，使学生热爱体育活动，增强体能，培养团队竞争精神。

活动准备：包括场地的选择、学生负重物的准备、裁判人员的安排、工作人员的安排。

活动过程：参赛以班为单位，按规定时间跑完全程；安排好裁判工作；比赛开始，学生到达终点时，按名次顺序发放名次牌。第一名记 1 分，第二名记 2 分，依次类推。组（班）积分少者名次列前；统计各组（班）比赛名次和积分，排定团体名次；宣布团体名次，颁奖；活动讲评。

建议：体育教师应多开发这类小型的集体活动，使全校的教师（包括校医）都参与到活动中来，充分调动学校的人力资源为体育比赛服务。

2.【案例】民间体育课程的开发

（1）跳绳

跳绳可以分为三类：①技巧性跳绳，单脚跳、双脚并跳、换脚跳、反手跳等多种花样动作；②游戏性跳绳，娱乐为主，可以边跳边伴唱；③快速跳绳，跳绳方式大体分为个人与集体两种，鱼贯顺序跳、多人同跳等都是集体跳绳。

（2）踢毽子

踢毽子有花样技巧比赛，常以肩、背、胸、腹、头与双脚配合，做各种姿势，毽子经久不落地，缠身绕腿，翻转自如。踢毽的技巧很多，踢毽子的基本技巧，只有三种，即“盘”“拐”“蹦”。还有“苏秦刺背”“八仙过海”等各种名称。集体比赛时还附加远吊、近吊、高吊等踢法以表胜负。一般踢毽子都在冬季进行，天气寒冷，活动可以暖身。

（3）跳牛皮筋

跳牛皮筋是项准确、熟练，连贯协调，舒展自如，节奏感强的项目。基本动作有点、迈、顶、绕、转、掏等。一般分为三个高度：将牛皮筋举至与肩齐平；两臂自然下垂拉牛皮筋；一臂上举拉牛皮筋。并有单人和集体两种跳法。此游戏以女孩玩耍较多。以细牛皮筋结成绳子，长约三四尺，两人扯绳各一端，随着牛皮筋的上下弹动，以一人或数人跳。

在动作的基础上联合而成花样。

（4）抽陀螺

陀螺的种类有木质、竹质、陶质、石质，抽陀螺可进行竞赛，一人不停抽击，抽到陀螺停止为输，再由另一人继续抽击。这种游戏是用一条绳鞭抽打一个圆锥体玩具，使它在平滑地面上不停旋转。

3.【案例】体育器材的组合开发

（1）校园“保龄球”

校园“保龄球”是由实心球与手榴弹组合成的一项在课中常用的教学内容，其教学方法比较简单。在一块空地上一端放置手榴弹（或矿泉水），可以排成许多形状，另一端学生手拿实心球，在教师的指挥下进行练习。

（2）嗒嗒球

将乒乓球与羽毛球有机融合在一起的一项体育运动简称为嗒嗒球。这项运动不受场地限制，而且适合各种年龄的人群参与。它将乒乓球地推、抽、搓、扣、拉球打法与羽毛球的吊、挑、扣等各种技术结合起来，在网上往返对击，以把球击落在对方场区内为胜。比赛时采用乒乓球记分法，五局三胜制。

建议：应该说嗒嗒球是体育器材组合开发中最成功的案例，其充分地利用了两种体育器材的特性。它一半像乒乓球，一半像羽毛球，嗒嗒球以其携带方便、不受场地限制、运动趣味强、易普及推广的独特魅力，正吸引着越来越多的人加入其中。校园“保龄球”的开发虽没有嗒嗒球的影响那么广泛那么正规，但也有它的存在理由。

学校要根据教学实际情况及学生发展的具体需要，广泛利用校外体育资源以及丰富的自然、人力等资源，积极开发、利用信息化的体育课程资源。体育课程资源多种多样，重视校外体育课程资源的作用，从实际情况出发，发挥地域优势，强化学校特色，展示教师风格，因时、因地、因人制宜地开发与利用体育课程资源。

第三节　体育教学方法的运用与创新

通常而言，高校作为我国培养高等人才的关键基地，近些年来，我国政府对于高校教育问题也趋于关注，希望各大高校可以在一定程度上培养出综合实力更强的复合型人才。对于高校体育教学来而言，也需要在创新的教学方法基础下，改良教学方法，推动教学实践，这样的话，不但可以让学生的身体素质有一定程度的提升，更要让他们的思维和创新能力也有所促进，让学生养成健康的生活习惯。

一、创新教育理念下体育教育方式运用现存的弊端

（一）学生身体素质大多数较弱

根据国家相关单位针对学生的身体素质调研证明，大部分学生在 20 世纪 80 年代开始，身体各方面的耐力与速度以及器官功能逐步下降，身体肥胖与近视的状况逐步增加。

尽管近几年我国对于学生身体素质状况日渐重视，并且采取了对应的措施，学生身体素质取得了较好的改良，然而整体状况依旧使人担忧，从而也使得我国革新型体育教育的展开受到了较大程度的影响。

（二）体育教育重视程度不够

由于受到应试教育的影响，在学习中体育课程往往缺乏重视，时常会发生体育课程让步于其他课程的现象，从而使得创新教育观念下的体育教育方式很难取得实质的运用与贯彻，并且在教学模式上体育课程也有一些缺陷。创新教育观念需求体育课程发挥提高学生体质的用处，然而依据当前的状况而言，体育课程在这方面的用处并没有取得完全的展现。另外，目前体育课程课本并没有实现一致，课程内容未建立起合理的规范，并且教师传授知识的范围与学生了解的程度需求也未有规定，进而致使许多体育教师在授学的过程中只是单一地教授老旧且落后的体育知识，缺少创新的观念，而部分教师为了防止学生在体育课中发生意外，使得教学方式的革新上顾虑较多，从而一定程度上妨碍了创新教育观念下体育教育方式的实行。

（三）学生体育活动时间普遍缺少

经过长时间教育习惯的积累，致使大多数家长与教师均形成只注重成绩而轻视其他方面的思想理念，认为时间不该浪费在上体育课或者是课外活动上，应该专心致志地学习其他课程，从而致使学生体育活动时间普遍缺少，学生的身体素质与运动观念较难得到提高，使得大多数学生在体育教学中出现抵制以及缺乏兴趣的状况，这种现象导致创新教育观念下体育教育方式的运用受到了较大的妨碍。

二、创新观念的体育教育实施手段

（一）根据学生不同的兴趣与资质进行不同的教育

体育这门课程对学生将来的发展同样起着重要的影响，高职院校的学生尽管价值观以及人生观都逐渐养成，然而通过合理的指引也还可以出现一些良好的变化，如若可以运用高职院校体育课来针对学生的身心实施合理的指引，将会对学生将来的发展起到较大的良好作用。在高职院校体育教育中依据学生不同的兴趣与资质进行不同的教育，能够一定程度上增进学生身心的发展，使其在体育磨炼的过程中增强自身的自信感。而在体育教学实际操作的过程中，每位学生的心理状况以及身体素质都存在着差别，一些学生的体质比较好，并且综合方面都要比其他学生要好，如若让其与其他学生达成相同的课程任务，常常会使其感觉到运动的强度太低，没有较好的锻炼效果。然而一部分学生的体质比较弱，体育课上的运动强度使其感觉到适应不了，并且在看到其他同学可以成功达成训练目标时，自己却完成不了，其对于体育的热情则会逐渐降低，甚至使得其在体育教学中出现抵制或是缺乏兴趣的状况，从而一定程度上影响到创新教育观念下体育教育方式的运用。

（二）集思广益，相互激励

一般情况下，为使学生的身体素质以及思维能力协同在体育教学中取得一定程度的增强与磨炼，教师还可以运用集思广益与相互激励的方式，使学生经过互相协助的方式来互相鼓励，一同完成课程上教师布置的任务。同时，教师也可以制定出一些与体育相关的问题给学生，然后以小组的形式进行探讨与思考，自由地发挥自己的看法与想法，在互相协助的情况下解答教师布置的问题。但是，在过往的体育锻炼中，往往是由教师示范相关的动作要点，学生自主操练，较少会予以学生表明自身看法的机会，然而这实质上完全不利于学生创新性思维的提升，但是运用相互激励与集思广益的方式就能够一定程度上促进学生创新能力的发展。

（三）情景教学，提高效率

情景教学方式所指的是在体育教学的过程中，先运用恰当的方式把学生引入相关的情景当中，使其具有一种身临其境的感觉，从而使体育教学更具创新性。而一部分体育教师认为情景创建比较适合低年级学生，对大学生而言，没有具体的可行性，然而实际上，如若可以在高职院校的体育教育过程中应用情景教学方式，也可以起到鼓励学生的效用，使学生对知识可以取得较好的掌握与理解，从而对体育锻炼更具有兴趣与热情。

总而言之，本节主要对创新教育理念下体育教学方法基础理论以及实践进行了充分的研讨。在当前的创新教育理念下，强化对于高校体育教学方法理论实践，从当前的学校以及学生实际情况入手，创造出更多的全新的教学方法，只有这样，才可以更加满足人才培养的需求，培养出更多符合要求的综合型的人才，推动学生的身心实现综合全面的发展和进步。

第四节　体育教学手段的使用与创新

教学过程中，有效的教学方法不仅能调动学生学习兴趣和练习的积极性，更能实现体育课堂教学有效性的实现，从而来达到高中体育课要坚持素质教育和健康第一的指导理念，增强学生身体素质。为了实现这个目标，教师要积极结合学生在生活中比较感兴趣的事物，注重学生的个体差异，运用灵活多变的教学模式来创新体育课堂。下面我们就从创新教学手段的作用意义、策略、实施成效、注意事项等几个方面进行阐述。

一、创新体育教学手段的作用与意义

高中体育课堂教学手段的创新，并不仅仅是为了顺应新课标的要求，更是为了满足学生的需求，对于高中生的发展也有积极的作用与意义。创新教学手段可以在很大程度上促进学生的身体素质提升，提高他们的运动技能。在高中的学习过程中，由于学业比较紧张，课程安排比较紧密，大部分的学生在每天的学校生活中，几乎都不离开自己的课桌。这样对学生的身体素质培养来说就是一大隐患。那么在体育课堂上通过教学手段的创新，就可以吸引学生的注意力，让学生从繁重的学习压力中解放出来，放松身心，振奋精神，通过积极投入，增加锻炼，提升身体素质。

二、创新体育教学策略

（一）运用师生角色互换，突出学生主体地位

传统的体育课堂教学以教师讲授为主，学生获得运动技能为目标。但是单一固定的课堂教学模式容易使学生疲倦，不利于调动学生学习的积极性，更未能突出学生在学习中的主导地位。德国著名的民主教育家第斯多惠曾说：“教育的艺术不在于传授的本领，而在于激励、唤醒和鼓舞。”师生角色互换，教师成为课堂教学的引导者、服务者，学生成为课堂的真正主角，极大地调动起学生参与的积极性和主动性，唤醒学生自我实现的内在愿望，能有效提高课堂教学效率，促进学生综合素质的提升。

角色互换可以安排在课堂教学开展前，教师根据教学内容，结合班级的实际情况，对学生进行分组。学生在准备的过程中，结合自己的能力水平和兴趣爱好，充分发挥主观能动性，通过多途径多方式，如利用教材、向教师咨询请教、通过网络资源等方式，了解掌握教学内容的相关知识点，设计教学方案，然后在实践中展示这一堂课。这一过程可以极大地培养学生发现问题、解决问题的能力。

同样在教学过程中，我们也可以角色反转。教师以“学生”角度提问。例如，在田径教学中，我曾向学生提出“推铅球的方式有哪几种”的问题，然后让学生独立思考或小组讨论，最终学生给出了“侧向原地推铅球”“上步推球”“侧向滑步推球”等不同答案。这样的教学方式不仅能极大地调动学生参与课堂的积极性，而且培养了学生的创造性思维，体会到探索创新的喜悦。

（二）情境教学，使教学更具目的性

情境教学法是指在真实的情境中，使学生通过切身的运动实践，运动欣赏等体育行为，提高运动能力，加深运动感悟，促进体育价值观形成的教学过程。其主要特点表现在情境的真实性、开放性以及感受的深刻性、持久性。

情境教学法与传统的技能教学不同的是：教师不是从基本的动作教起，而是从项目整体特征入手，然后再进行具体技能学习，最后再回到整体的认识和训练中，突出主要的运动技术，而忽略一些枝节性的运动技术。其注重在实践中培养学生对项目的理解，把技术运用在“尝试性比赛”中，引导学生懂得如何学以致用。

比如在球类技战术教学中，让学生进行实战观摩，通过看比赛片段、动态图的演示、图解的讲解等方式，结合实战向学生演示一些技战术的配合和应对的方法，既培养学生全面观察情况，把握和判断时机以及临场的应变能力，又能使学生最终可以根据所学的技术和战术，判断出“做什么”和选择最佳的行动方案——“如何去做”。

比如篮球技战术的教学，挡拆配合。把 NBA 比赛中配合的技术截取，用慢速播放形式展示，然后学生分组进行比赛，强调比赛时尽量用挡拆配合，少用其他配合，在此过程中教师可以运用视频手段拍摄学生配合的过程。总结过程中视频回看并向学生提问，在运用这个技战术中注意的事项，引导学生了解挡拆配合的要求：快速移动，准确卡位，把握时间，正确拆分。教师再示范讲解动作，并在此过程中提出学习的重难点，侧掩护时脚要

站稳，不能移动挡拆，挡拆到位后手臂的摆放等，最后才分组进行挡拆练习。这样使得学生学练更有目的性，课堂效果更显著。

（三）使用运动 APP 软件，综合构建体育课堂

随着我国科技的进步，信息化技术的发展，大量的新事物进入我们的生活中，为我们的生活带来了便利。在高中的体育教学中，为了促进教学手段的有效性，教师就可以将新鲜事物与实际教学结合起来，利用和体育教学相关的 APP 软件，进行课堂教学。这既符合学生的心理需求，又能促使其把更多的注意力投入到课堂中来，提升参与度，从而实现教学的有效性。同时在兴趣推动力的基础上，能使学生多去练习，做到自我比较评价，将自己的运动技能水平进一步提升。

比如，在进行 24 式太极拳教学时，教师就可以利用《24 式太极拳》APP。将学生进行分组，每组配备一个手机或 iPad 设备，通过 APP 里面的太极拳概要简介，先了解太极拳的特点；再集体观看视频，建立拳术的整体印象和概念。在观看过程中，教师引导学生关注太极拳的特点在视频中的体现——心静体松、圆活连贯、虚实分明、呼吸自然。最后，让学生通过图文讲解，自学动作，小组协同合作初步掌握动作的框架。在此基础上，教师再介入讲解示范教学，学生掌握技能自然就事半功倍。

课后教师还可以布置练习，让学生再次通过 APP 去复习、巩固、提高，在下一次的课堂中以小组形式进行展示，这样使得课堂学习有了延伸，也使得学生技能的掌握和提升会变得更好。当然在教学过程中要引导电子设备的合理使用，不仅仅限于课堂内使用，鼓励放假后回家通过软件继续学习、复习提高，自学将要新授的课堂内容。

我们还可以合理利用抖音小视频，设计合理体育项目。

最近抖音小视频在年轻人中十分的流行，体育教师就可以积极利用它，设计新颖有趣的体育项目。这样不仅可以激发学生的兴趣，调动学生的积极性，更能促进他们对体育项目的喜爱，主动参与到体育项目的锻炼中来，从而达到增强他们的身体素质的目的。但在这个过程中，教师要注意度的把握，不能让学生形成依赖。

比如，教师可以选择一些符合学校现有教学条件和环境的体育项目，课堂上让学生根据自己的兴趣进行挑选，选择最多的那个项目，就是下一节体育课的主要教学内容，这样既尊重了学生的意愿，又充分满足了学生的心理需求，也有利于体育课堂有效性的实现。并且在教学过程中教师还可以将同学们活动的过程拍成抖音小视频传到网上。这样既是对学生的一种肯定，也有利于对抖音小视频的合理利用。

这样有效合理地使用 APP 软件，既促进了教学手段的创新，又构建了良好的教学氛围。

（四）利用积分制管理，科学评价学生表现

（1）设置“积分”：教师在设计教学目标和内容时，将一个技能模块设定为一个单元，根据技能难易程度，结合学生的运动能力水平，设定为掌握、基本掌握、未掌握三个等级，分别以 3、2、1 进行量分。

（2）得分原则：形成牢固动力定型做动作熟练、省力、自如，即为掌握；技术动作有改进，动作规范，基本上建立动作定型，即为基本掌握；动作吃力、不协调，动作间有干扰现象，并伴随着一些多余动作，肌肉紧张，即为未掌握。

（3）运作方式：模块教学结束，安排课堂内测评。可以根据运动项目和内容的不同，运用多种方式。如武术项目，五步拳，可以东南西北四个角背向而立，独自演练，教师和学生互评结合。田径项目，蹲踞式起跑技术，分组沿跑道线模拟起跑，从器械调整、重心控制、起跑的步伐等方面考评。

（4）积分统计：教师记录测评课同学的得分，按比例折算计入期末总分。

（5）激励办法：每个模块测评结束，教师和学生互评相结合的方式，评出“模块之星”，学期评选“课堂优秀之星”进行表彰，学生所有积分结果将作为评优评先的重要参考依据。

积分制管理的实施，使学生更加有学习的动力，积极性和主动性得以提高，有利于激发学生之间的竞争意识，完善了教学中的评价体系，为提高创新教学手段的有效性奠定了基础。

三、创新体育教学手段的注意事项

（一）与教学实际要紧密

创新的教学手段要符合学校实际，与学校的资源配置和学生实际的运动能力水平相符合。如教学手段与学校现有的教学资源相脱节，就会在教学的实施过程中，导致教学工作无法顺利开展创新；教学手段的教学难度与学生现有的运动水平能力不符，就会导致学生空有体育理论知识，但实际运动技能的掌握和提高并不理想。

（二）教学手段与学校规章制度要协调

为了激发学生学习体育的兴趣，有些教师倡导运用一些与体育项目有关的手机软件，这固然可以提高学生进行学习锻炼的兴趣，但也增加了学生对手机的需求。这一现状的出现就与许多学校的规章制度相违背，教学过程中要合理地处理好这两者之间的矛盾，保障学校教学秩序的正常进行。

（三）创新教学过程中要紧扣主题

不同地区的高中学校教学水平参差不齐，对体育学科认识也不充分，创新教学手段就有可能因为这些因素，导致教学偏离主题。比如：学校倡导教师要学会放手，让学生通过多媒体课件自主学习，有一部分教师就会完全让学生观看体育视频，自己在课堂上完全不参与，过分强调学生的自主性，忽视教师应该承担的指导责任，这就是偏离主题的表现，不利于学生的健康发展和课堂的有效性实现。

1. 注意师生安全

创新体育教学手段，丰富体育课堂内容，但对课堂的安全性也提出更高的要求。首先教师要考虑学生的个体差异，设计科学合理、难易程度得当的教学内容和教学过程，要加强安全教育，落实课堂常规，对学生练习中的错误动作要及时纠正，场地、器材安排布置落实要到位。

2. 注重教学质量

在教学过程中，教学质量永远是学校以及教师所关注的重点。那么在创新体育教学的过程中，为了保障教学质量，学校就可以采取调查问卷和对比观察的方法。通过调查问卷形式了解学生对教学手段创新的喜好程度、欢迎程度；通过对比观察的方法，对使用创新与传统不同教学手段的班级比较，从学生课堂的参与度、技能掌握度、身体素质提高等方面做出参照，再结合每年的体质健康数据测试的机会，进行综合对比，用数据来体现。

综上所述，创新体育教学手段是提高体育课堂的有效手段，并且保障创新体育教学手段的有效性也是学校需要努力的方向，只有保障了教学手段的有效性，才可以确保课堂的有效性。这样不仅有利于激发学生的学习兴趣，让学生自主投入到体育运动的学习、锻炼中来，更能培养学生终身体育锻炼意识和习惯，为促进我国的体育事业发展起到一定的推动作用。

第五节　体育教学模式的多元化发展

一直以来，高校体育是我国整个教育体系中非常重要的一个组成部分，它是连接学校教育与社会教育的重要枢纽部分。目前越来越多的人已经开始认识到终身体育思想的重要性，并对其致以高度的认同，随着终身体育思想的普及发展，如今，终身体育思想已经渐渐成为现代人们社会生活的理想追求。终身体育思想也在学校体育中得以充分的重视与运用，而高校体育作为学校体育教育的最后阶段，是培养学生终身体育思想与习惯的重要平台，同时也为学生将来走向社会，并在社会生活中培养终身体育习惯与行为打下坚实的基础。高校体育教学模式是高校体育教学的基本结构，其中凝聚了高校体育教学理论核心，是一个具有操作性与实践性的体育教学框架。在当前高校体育教学改革的过程中，通过对多元化体育教学模式的构建，不仅有利于培养大学生健康的身心素质和持久的体育思想，从而实现大学生身心素质的全面发展，同时也符合当今时代对于综合素质全面发展人才的需求。

一、高校体育教育中多元化教学模式的重要作用

在当前的高校体育教学过程中，通过对多元化、富有成效的新型体育教学模式的运用，充分体现学生在教学过程中的主体性，鼓励并引导大学生积极参与到体育教学过程中，增加学生参与体育活动的主动性，从而提高学生的参与度，使得学生在彼此之间的互动与交流中学习体育理论并提升体育技能，有利于培养学生的实践能力和团队协作能力，同时也有利于激发学生对于体育课程学习的兴趣与热情，从而增强学生的体育学习效果，最终实现体育教学目标。在高校体育教学过程中，在实施多元化体育教学模式时，要充分挖掘并利用已有的体育教学资源，对体育教学模式进行适当的改革与创新，增强体育教学模式的新颖性、多样性与有效性，并积极引入符合学生身心发育特征、受大多数学生欢迎的体育活动形式，在保证体育教学模式科学性与实用性的基础上，进一步丰富高校体育教学模式，从而促进高校体育教育事业的高水平发展。高校体育教师在体育教学过程中，开

展多元化教学模式的时候，还应该充分了解并掌握当地学生的具体实际情况，探索出科学合理且具有特色的体育教育形式，以更进一步地丰富整个体育教育体系，对体育教育相关资源进行充分挖掘与有效整合，并且还可以在整个教学过程中，适当融入一些具有趣味性的元素，以实现体育教学过程的趣味化与特色化，最终促进高校体育教学有效性的提升。

二、体育教学模式多元化的必要性与可行性

（一）体育教学模式多元化的必要性

多元化已经成为当今社会多个领域发展的普遍追求。在学术领域中，多元化发展为学术理论的生存与发展提供了比较广泛的空间。在如今的社会中，传统的绝对主义思想已经渐渐被多元化发展思想所取代，渐渐失去了其存在的意义。在当今信息时代背景下，多元化发展思想渐渐推动着现代教学模式的合理化与科学化发展。因此，在新时期，对于高校体育教育而言，非常有必要顺应时代发展的需要，自觉改变过去传统单一的体育教学模式，积极改革并创新体育教学模式，并结合本校发展实际，充分挖掘、利用、整合当地教育资源，探索出多种符合实际的新型体育教学模式，进一步丰富体育教育体系，以实现体育教学模式的多元化发展，从而促进高校体育教育整体水平的有效提升，这是当前高校体育教育过程中非常重大的举措。

（二）高校体育教学模式多元化的可行性

1. 课程行政主体的多元化

我国于 2001 年 7 月颁布了《体育与健康课程标准》，该标准中提出要对课程管理的权力进行下放，与此同时，还提出了三级课程管理体制，具体地说，就是建立国家、地方与学校共同管理的课程体制。对于学校而言，将有更多的自由与权力来管理体育教学内容与教学方式等。我国所制定的新课程标准与传统的课程标准具有比较明显的差异，主要表现为只是制定了教学目标，而对具体的教学内容没有进行详细且硬性的规定。该课程标准还将体育教学目标进行了适当的划分，分成了五个领域和六个水平。但是对详细的评价方法与可行性的评价方案没有进行具体明确的规定，而是交给高校和体育教师来自行设定。总之，该体育课程标准的实施，为高校体育教学模式的多元化发展提供了良好的政策环境。

2. 对传统体育课教学模式的反思

在传统体育教学中，主要教学目的在于提高学生的体能素质，并向学生传授运动技术，在传统的课堂教学中，主要运用的是一种教师讲解示范—分解练习—完整练习—熟练巩固的教学模式，在该模式下，主要是以学生的运动技能形成规律为基础的。尽管这种传统的体育教学模式有利于增强学生的身体素质，有利于提高学生的运动技能，但是缺乏一定的针对性，不利于学生综合素质的全面发展。该模式没有充分尊重学生的个体差异性，没有充分考虑不同学生的实际情况，这种单调传统、缺乏针对性的体育教学模式导致很多对体育运动感兴趣的学生不乐意上体育课的现象。由此可见，这种传统单一的体育教学模式不利于学生体育素质与综合能力的全面发展。基于这样的情况，作为高校体育教学工作者，应该积极创新，勇于探索，自觉培养自己的创新意识与探索精神，并根据时代发展需

要，结合现代体育教学理念，构建出多元化的新型体育教学模式，从而培养出符合时代发展需求的复合型人才。

三、新时期高校体育教学模式多元化发展的策略

（一）加深对体育教学模式多元化的认知

在当今这个信息时代背景下，各大高校应该积极转变自己的体育教学理念，积极学习并引入先进的教学理念，在传统的体育教学评价中，教师只是将学生的成绩作为评价学生体育能力的唯一标准，这种评价方式缺乏一定的科学性与全面性，难以对学生进行客观公正的评价，因此，在新时期，高校体育教师在注重学生体育能力的评价时，还应该注重学生身体素质、心理素质等多方面的评价。因此，在体育教学过程中，高校与体育教师应该重新审视信息化教学的重要价值，充分认识体育教学的重要性，适当提高体育教学的地位，实现其学科地位的提升，要想做到这一点，首先就需要高校体育教学工作的管理者充分认识到体育教学模式多元化发展的重要性，只有如此，才能使得高校体育教学工作者积极转变过去传统的教学理念，在体育教学实践过程中，能够自觉运用现代信息技术。

（二）创新高校体育教学模式

在信息时代背景下，高校应该以新型的、先进的体育教学理念为思想指导，积极探索出新的体育教学模式，高校体育教师是整个教学过程的重要主体，是整个教学活动的引导者与组织者，在整个教学过程中发挥着非常重要的作用，因此，体育教师在实际的教学过程中，应该充分尊重学生的主体性，通过在教学过程中适当融入一些趣味性元素，以激发、调动学生自觉学习体育课程的积极性与主动性，鼓励并引导学生主动探索体育学习中的奥秘，以培养学生的自主学习能力和实践能力。与此同时，体育教师还可以根据课程标准的要求，积极开展具有趣味性的体育教学活动，例如，体育教师可以通过分组教学法与比赛教学法相结合的方式，让学生通过自由组合与比赛活动的形式，主动参与到体育项目技术的学习中，从而激发学生的学习兴趣与热情，最终实现体育教学效果的提升。

（三）提高高校教师的技术水平

在互联网时代背景下，信息技术已然成为推动教学发展的重要手段，而在信息环境下，高校应该加大对体育教学专业技能的训练，比如说，对计算机相关知识的培训，要求教师必须掌握相应的 PhotoShop 和 Office 办公软件。同时，还要学会教学视频等制作，将教师的信息技术能力作为教学考核的重要标准，只有这样，体育教师才能够以提高自身的专业水平为根本，不断加强对信息技术的学习，定期与优秀的体育教师进行技术交流，实现共同进步。

（四）加强高校体育教学、科研经费投入

高校体育场地、器材不仅是教师选择教学内容的重要依据之一，同时也是限制大学生参加体育活动的重要因素。高校体育教师在进行教学研究的过程中，遇到最大的问题就是经费投入不够，这在一定程度上降低了他们从事科研工作的积极性。加强学校体育教学、科研经费的投入，不仅可以激发教师进行教学改革的动机，也是教改研究能够得以顺利进

行的财力、物力保障，还可以激发学生参加体育运动的兴趣与热情。

（五）重视学生在教学过程中的主体地位

素质教育要求把学生作为学习的主体，强调参与、合作、尊重差异和体验成功。教师在选择体育教学模式时，应注重与学生之间的积极互动，共同发展。研究学生的身心特点，因人而异，因材施教，满足不同学生的学习需要。创设能引导学生主动参与的教学环境，激发学生学习的积极性。努力发展学生的聪明才智和个性特点，养成自觉锻炼身体的习惯，使“主动”成为体育教学的核心，引导学生自己去掌握知识、技能，学会锻炼身体的方法，并且实现由“学会”到“会学”的转变，增强学生的学习能力，并使之可持续发展。

（六）运用模式，超越模式

在强调模式方法重要性的同时，还应充分认识到模式方法的局限性。其一，模式是在系统分析的基础上抽象和简化而成的，模式一旦构建完成，即具有相对的稳定性。在一定条件下，模式的稳定性会和不断发生改变的系统产生一定的抵触。此时模式就不具备先进的导向性了。其二，构建模式的目的在于在相同条件的区域进行推广，但是，一旦无限扩大模式推广的领域和范围，就会使其与客观实际相脱离，因此模式是不断发展的，模式的推广也是有条件的。适用一切目的和一切分析层次的模式无疑是不存在的，重要的是根据自己的目的去选择正确的模式，并对多种模式进行综合运用。

综上所述，对高校体育教学模式多元化的探析，旨在改变当前高校传统的教学理念，以信息技术为依托，实现体育教学模式的创新。同时，定期开展座谈会，提高教师自身的专业技术，创新教学的内容，从而更好地提高教学的质量。

第六节　体育教学的有效性与正当性

一、体育教学的有效性

我们国家长期的“应试教育”模式导致许多学生苦于文化课的学业压力。中学阶段在学生学习生涯中所占比重很高，尤其是高中阶段，学生所要面临的高考让学校把学科的重点教学放在了文化课上，体育课容易被学校忽视，这对于学校的教育工作是不利的。体育课本就在学校课程设置中的所占比重较低，在这样被忽视的情况下，如何提升体育教学的有效性，让学生在稀少的体育课中提高身体素质，帮助他们缓解课业压力，同时也能激发学生对于体育运动的热爱，这是作为一名体育教师所要探究的问题。

（一）教学定位准确，更新教学观念

在中学教育阶段，家长教师都把大部分注意力放在学生文化课程的训练上，我们承认文化课程对于学生最后成绩的核心影响，但是不能因此而忽略体育教学的重要性。首先，作为一名体育教师，对于如何把控好一节有效的课程教学是有度的，教师对体育课程的重要性定位应该是明确的，体育课程的设置应该是能够体现出学生的自主性、主动性和创造性。不管别人怎样看待体育课程的价值，作为体育教师，应该是明确体育的定位是和其他四育并存，对学生的成长必不可少，所以对于那些占用体育课程的现象，应该说不。其次，教师自身也需要去接纳新的教学理念，在观念的调整更新中改进课程教学。教师应该认识到体育教学对于学生提高身体素质的重要性，在体育教学过程中，教师面向的不是个别学生，而是整个班集体，群体性的教学难度更需要考虑得全面。根据不同的年级学生的课业压力，教师要调整课堂教学的体能训练要求。教师要转变旧观念，根据学生的身体素质实况安排教学内容。最后，体育课是开放性的活动课程，但不代表学生就纯自由活动，教师应该保证每节课都提供给学生一些有科学依据的体能训练，有效的体育教学需要教师有意识地去变换教学方式，寻求自己所代表的体能训练要求和学生所代表的运动需求之间的平衡点。在课程实施过程中的实践安排固然很重要，但在此之前，教师有意识地去规划课程安排，去接纳体育教学中的新鲜观念也很重要。

（二）注重课程训练的科学性

任何一门课程的任课教师都需要专业性的支撑作为提升教学有效性的依据，体育教师也不例外。体育课程和文化课程的不同就在于它的灵活性不确定性因素更高，体育课程很难像文化课程那样去做详细安排，这就给教学活动带来一定难度。学生离开教室可以有难得缓解压力的时机，但并不意味着体育教师就完全给学生自由安排，怎样把控好学生放松的度以及让学生完成一定量的体育训练，这就体现出教师的智慧了。

教师除了对于体育知识要有系统性的掌握，还要懂得把专业知识结合学生兴趣，科学合理地呈现在教学过程中。例如，教师在正式运动之前，做好准备活动，在选取教学内容时能够考虑到大部分学生的需求。传统的体育课程设置都是以教师诉求为主，现在我们不妨尝试做出一些改变，在进行实践运动之前向学生传授一些体育知识，通过讲解帮助学生对即将要学习的体育课程内容有了一定了解，然后可以征询学生兴趣意愿开展体育安排。当然，开展任何一项体育运动之前，教师要对整节课程的安排有科学规划，本节课程要让学生达到什么程度的体能素质，为了实现这一目标又应该从哪些准备活动做起，中间需要增加哪些额外的体能训练。体育课的开放性运动性就决定这门学科在教学中对思维训练和肢体训练都有要求，需要教师科学安排课程内容，打破机械式的体育训练，增加课程趣味性，真正让学生在活动参与中体验到体育运动的魅力所在，只有学生有参与体育运动的渴望，才能激发学生的积极性，努力配合教师的课程教学，从而提高体育教学的有效性。

（三）充分利用教具，有效利用丰富的教学资源

传统体育课程的教学方式就是让学生通过跑、跳等训练机能的发展。而随着时代的进步，在各种运动器材的辅助之下，体育课程给学生带来真正意义上的运动体验，也为学生提供更加富有真实感的课程教学体验。而且，信息化时代的到来，教师可以采用数据汇集的方式，利用丰富的教学资源，帮助学生进行体能素质记录。不定期为学生记录体质测量数据，提高学生对身体素质的关注度，这对于提升学生的课程积极性、专注度是有积极影响的，这也可以帮助教师实现体育教学的有效性。

学校体育工作要始终以学生为主，教师不仅重视学生的文化课成绩，也要看到体育运

动对学生的必要性。有目的、有计划地规划教学内容，体育教师应该充分利用教学时间，真正发挥体育课的效用，让学生在体育活动中既能得到放松，同时也会为文化课的学习塑造良好的身体状态。

二、体育教学的正当性

课堂教学不仅应当是有效的，而且应该是道德的或正义的，这是肯尼斯·斯特赖克所提出的有关有效教学的正当性问题。有时候在追求效率、效益、效能的基础上，会忽略对体育教学正当性重视，往往看重的是成绩、荣誉。人们不会反过来问问“有效的教学是否就一定是正当的教学?”在教学中，教师往往重视那些成绩比较好的学生，对那些成绩差的学生或身体有一定缺陷的学生是不关注的。从整体上看，这样的教学可能会提高效率，但它是正当的吗?在体育教学过程中，教师为了让学生达到预期的结果，以损害学生的身心健康方式，有效地获取了成绩，这样的教学是否就一定是正当的?

（一）正当教学的内涵

正当教学主要是指教学者的教学行为和教学实践应符合人类最基本道德的一种属性。从内容上来看，包括5个方面：①正当的教学应当是符合法律要求的，不合法何谈正当。教师在教学过程中应当尊重每位学生受教育的权利。②正当的教学应该是平等的。教师要做到一视同仁，平等待人。③正当的教学要以学生为中心，要尊重学生，在教学中体现学生的主体性。④正当的教学应该是符合道德的要求，如诚实守信，公平正义等。教师在教学过程中要促进学生的道德理念，培养学生成为有德之人。⑤正当的教学应该发挥教师的带头作用，做到宽严有度、松紧有法，才能保障教学的正当性。

（二）体育教学中正当教学的主要原因

1. 一味地提高有效的教学，而忽略了对正当性的重视

教学正当性是教学有效性的前提，教学有效性是教学正当性的核心，两者相辅相成，缺一不可。有些教师一味地按照学校过旧的制度去要求学生，强迫学生去做自己不愿意做的事，最后的结果会造成学生破罐子破摔，甚至会伤害学生的身心发展等现象。比如就《青少年健康体质标准》来说，有关教育部门重视学生的体质是否达到国家所要求的标准，各校必须准确地统计相关的数据，而多数学校为了应付，随意伪造，尤其是农村学校。此举忽略了教学的正当性。

2. 一味地只按预设的结果来教学

教师在安排课时，预期学生在这堂课中所要达到什么目标，早已心中有数。比如教师在课前备课和准备等这一系列的工作在教学中是不可替代的，但这只是一小部分，它展现出了一种“生成性”，而它的生成性在于预设只是一种构思和可能，在体育教学实践过程中是无法预设的，也有可能会出现，也有可能不会出现。因为课堂是活的，而不是定性成那样就是那样的。教学的有效性过于注重预设性，而忽略了在教学过程中发生的意想不到的情景，陷入了一味地机械式的教学观念。

3. 一味地体现出以教师为主要角色

教学活动是教师的教和学生的学的双边活动。常常提倡“以学生为中心；学生是主体”等话题，从目前的教学情形来看，当运用到实践中时，两者之间的关系还是很含糊不清，没有体现出学生的主体性。教师在讲解时，剥夺了学生发言的权利，使学生渐渐形成了没有发言的意识。像这样的教学能体现学生的主体性吗？在体育教学实践中，教师与学生之间，学生与学生之间有语言直接交流的同时，也要有肢体的直接交流，这样特殊的交流会导致教学过程中的随机应变和不可预测性，因此要注重教学的正当性。

三、体育正当教学应采取的措施

（一）保证每一位学生有参与体育活动的权利

体育课程在中小学是一门必修课程，每一位学生都具有上体育课的权利。体育教师的职责不是禁止学生上体育课，而是鼓励学生积极参与体育活动。在体育实践过程中，有些学生不遵守课堂规则在课堂上调皮捣蛋或者有些学生身体有残缺，教师为了提高教学的有效性，禁止他们参与体育活动。我们应做到：用自己的智慧和良好的教法去吸引学生，对于那些不愿意参与体育活动的学生，教师要积极地做思想工作，多去跟学生沟通；对于那些上体育课有困难的学生，教师要把他们领进操场，让他们观察体育带给人的快乐。

（二）体育教学的正当性要做到区别对待

“区别对待”教学原则在体育教学中尤为重要，因为在同一年级、同一层次的学生在智力方面可能差别不太大，而在身体素质和运动技术方面，他们存在着很大的差距，因此会造成学习运动技术快慢的问题。体育教学为了提高教学的有效性，教师对那些学习较快的学生相当重视，而忽略了学习较慢的学生或身体有缺陷的学生，这样的教学是不正当的。要根据学生的身体素质和运动技术的能力、兴趣爱好，合理地分组，教师在有效性教学中要确保教学的正当性。

（三）确保以学生为中心的主体地位

在体育教学实践过程中，学生也有自己的观点和主见，教师不要把学生当成是实现某种外在目的的手段。如一些体育教师片面地认为体育课以学生为中心，而自己觉得讲解、示范、传授越少越好，把大量的时间留着学生练习，教师却成了闲人，学生迷迷糊糊地就上完了一堂体育课。我们应该让学生不是消极、被动地接受教育，而是让他们主动、刻苦、有创造性地去学习。不是说以学生为中心，教师就没有意义了，而是要把两者结合起来，把握好课的尺度，才能使教学达到有效的发展。

第四章　高校体育教学的基本内容

第一节　体育教学设计

体育教学设计是面向教学系统、解决教学问题、实现教学目标的一种设计性的活动，是保证教学过程科学、有效进行的一种手段。在教学设计的过程中，要遵循体育教学的基本规律、学生的身心发展特点、教学内容的特点、教学环境等。本节将从体育教学设计的基本理念、评价和策略构想、现状和发展等方面论述，帮助人们认清体育教学设计在教学环节中的重要性，为体育教学设计提供科学的参考依据。

一、体育教学设计的基本理念

体育教学设计对广大的体育教师来说，并不陌生。在每一节体育教学之前，教师需要考虑学生的接受能力、教学内容的特点、教学步骤、教学目标；在教学的过程中，教师需要及时了解学生对所教授内容的掌握情况；在教学完成后，需要对教学的效果进行评价。以上这些都是教学设计中需要包括的内容。本节介绍了教学设计的概念和教学设计的基本理念，以期帮助人们更清楚地了解什么是体育教学设计，明确在进行体育教学设计时应该注意的内容。

（一）体育教学设计的工作

教学设计是教学工作开展的前提和保障，是教学技术领域的重要组成部分。因为教学设计涉及的因素众多，所以，教学设计需要综合各种学术理论自成体系，是运用科学、系统的方法，分析和解决体育教学中存在的问题，在一系列优化的方法中形成完整的、具有实践意义的过程和操作程序。我国对教学设计的研究始于 20 世纪 80 年代中期，由于教学设计在教学中起到非常重要的作用，因此，教学设计的原理和方法越来越受到人们的重视，并受到很多教育学家的重视，纷纷参与到教学设计的研究之中。但是，目前在我国体育教学研究领域还未对体育教学设计进行过多的研究，对体育教学设计的研究还局限于教师的教学计划和教案之中。

体育教学设计是一个牵涉因素很多的研究工作和计划，它从实际体育教学的目的和各层次教学目标的需要出发，对体育教学的各个要素进行全面的分析和深入的调查，研究各要素在体育教学中的特点和作用，理清各要素之间的联系，这样才能科学、全面、系统地制定体育教学策略。其中包括很多知识内容，现对其分析如下。

1. 制定合理的教学目标

教学目标是教学过程中的指导者，为体育教学指明了方向，在教学的过程中，规范教师的行为，保证教学任务的顺利完成。同时教学目标是体育教学中的重要组成部分，是衡量学生教学效果的指标之一，也是判断教师教学质量的有力依据。

2. 选用适当的教材

教材是教学的依据，是保证教学目标顺利达成的基本条件，为教师提供教学的参考。教材的内容一般是根据特定阶段学生的生理特点、心理特点编写的一种具有实际针对性的教学内容。在选用教材的时候，应该根据教材中的教学内容，根据所教授的学生的特点进行分析，选择具有教学针对性的教材。因此，教材的选择也是教学设计中的环节之一。

3. 设计合适的传递媒体

任何一种知识和技能，只有在合适的传递媒体中才能发挥其根本作用，因此在教学设计中对教学媒体的选择也是一项重要的内容。体育教学传递媒体的设计，一般是根据所传授的知识或技能的特点、教学条件和学生的个体特点等多方面确定的，以便提高体育教学的质量，保证教学活动能够顺利开展。

4. 编排合乎学理的教程

教学过程是保证体育教学的基础，是体育教学得以科学、有效进行的保证，体育教学较为复杂。因此需要在教学的过程中进行合理地安排，一是保证了教学顺利地开展；二是提高了教学的效率；三是提高了教学过程的科学性，促进教学质量的提高。

5. 开发有特点的教学模式

所谓有特点的教学模式，实际上就是指教学模式符合教学实际的需要，根据教学内容制定的具有教学针对性的教学模式，这样的教学模式能够保证教学过程的科学性，同时有利于教学任务的实施。

6. 运用合理的教学技术与手段

教学技术与手段也是衡量教学质量好坏和教学过程科学性与否的因素之一，合适的教学技术与手段能够促进学生对教学内容的掌握，因为任何一种教学内容都有其相对应的教学技术和手段。教学技术和手段是知识和技能传播的载体，是教学设计中最终的组成部分之一。

7. 设置优良的教学环境

教学环境是整个教学过程进行的载体，好的教学环境是保证教学正常开展的必要前提，能够对教学起到很好的促进作用。任何一种教学任务的完成都离不开教学环境的支持，没有教学环境，任何一种教学活动都不可能得到发展。

8. 组织团结互助的集体

体育教学与其他学科教学不同之处在于体育教学注重教学的实践性。因此在教学的过程中为了充分发挥体育教学的效果，进行分组教学，以提高学生的学习热情，培养学生的集体意识、团结精神和社会交际能力。因此，在体育教学设计中，组织团结互助和谐的学习集体至关重要。

9. 制定适当的评价方法

评价是对教学过程的反馈，能够使学生和教师清楚地认识到教学过程中存在的不足，以便及时地进行调整和改进，保证教学的质量。适当的评价方法能够对教学过程中的相关因素进行科学的评价，有效地反映教学中的不利因素。因此，制定适当的评价方法在教学过程中发挥着重要的作用。

由此可见，体育教学设计的问题几乎涉及了体育教学论中的所有内容，因此，在进行体育教学时，要根据实际的内容，确定体育教学设计中的相关问题和工作，将体育教学设计中的相关工作落到实处，保证教学活动的开展。

（二）体育教学设计的概念

体育教学设计，实际上就是针对整个体育教学系统的设计，是面向整个体育教学系统，以解决体育教学中存在的问题，为达到主要目标而形成的一种特殊的设计活动。它属于设计学的范畴，又要保证在设计的过程中遵循体育教学规律。

体育教学是在体育教师的指导、维持下，促进学生体育学习的所有行为方式的总和。体育教师的主要行为包括教学过程中的示范作用、教学过程中的鼓励、激发、引导的教学行为以及对课堂的管理和组织。体育教师在教学的过程中，通过这些行为活动，有计划地组织学生获得所需掌握的体育相关知识和技能，促进学生道德品质和世界观的发展和形成。因此，体育教学是一个系统且全面的教学过程，因此，在实施体育教学前，为了保证教学目标顺利的实现，教师首先要对教学过程进行全面的思考和安排：如何促进学生更好地掌握所教授的知识？怎样对教学内容进行整合和梳理？要达到什么样的教学程度？

通过上述对体育教学的特点的分析，可以看出，体育教学设计是指以人体运动的理论、体育心理学理论、体育教学论、学习理论、传播理论等与体育和教学相关的理论体系和技术为基础，运用系统的方法辩证性地分析体育教学过程中产生的问题，了解体育教学的内容和学生的特点，从而确定相应的体育教学目标、设计解决体育教学过程中出现问题的基本方案、评析体育教学的结果等过程。因此，体育教学强调的是，用现存的体育教学规律，创造性地解决体育教学过程中存在的问题。

（三）体育教学设计的特点

体育教学设计与体育教学理论，如体育教学论、体育教学法、体育教师的教案，三者之间既有区别又有联系。体育教学论强调的是教学过程中与教学目标、任务、作用、原则相关的一些理论知识，为教学设计提供了理论指导；体育教学法侧重的是对体育教学方法展开的细致和深入的研究，为体育教学设计提供了科学的教学方法的参考依据；教学方案是以课时为单位的教学实施方案，是教师教学的参考，是体育教学的重要依据，体育教案是教学设计中的一部分。

从以上关于体育教学论、体育教学方法、课堂教案三者与体育教学设计之间的区别和联系中可以看出，体育教学设计具有以下几个方面的特点。

1. 体育教学设计的系统性

体育教学设计要求在分析论证所存在的教学问题的基础上，设定体育教学的目标，然后根据体育教学目标，设计体育教学的环节，从而保证教学目标、教学策略和教学评价三者的一致性。体育教学的系统性，还表现在体育教学设计是从体育教学的整体功能出发，在教学的过程中，每一个教学环节之间都是相辅相成、相互促进的，它有利于提高体育教学的整体效应，并能够保证体育教学整体上的系统性，促进体育教学效果的最优化。

2. 体育教学设计的灵活性

虽然体育教学设计的过程有一定的模式，需要在教学的过程中按照教学规律和既定的流程进行，但是，在进行体育教学的实际设计时，由于某种不确定因素的出现，使得教学难以按照实际的流程进行，有时候不可能完成设计规定的所有步骤。例如，在进行教学设计的时候，需要对教学过程进行学习分析，但是在我国中小学开展的体育教育中，体育教学属于基础教育，是由国家教育决策部门按照国家要求开展的体育教学的目标，统一制定的体育教学的课程标准。因此，中小学在进行教学设计的时候，就不需要到社会上进行需求分析。

在进行教学设计的时候，应该根据不同的情况和要求，根据对体育教学情况和特点的分析，灵活地在进行体育教学的过程中决定。从何处定点着手教学工作，这样不仅可以保证体育教学设计的科学性和实用性，还能省去一些不必要开展的工作，提高体育教学的效率。

3. 体育教学设计的科学性

体育教学设计是保证体育教学顺利开展的前提条件，再加上目前人们尤为重视体育的终身化，又是通过人体的肌肉群的运动，促进心理不断地成长和变化，最终实现教学目标。因此，体育教学设计是一门科学，其真谛在于教学设计中，其相关步骤和内容应该具有真实性和科学性。体育教学设计的科学性具体表现为：第一，体育教学设计是建立在人体生理学、运动学、保健学以及心理学等学科的基础上的，因此体育教学具有科学性；第二，体育教学设计遵循学生的兴趣特点和教学过程的基本规律；第三，体育设计以实际教学为依据，科学地选择体育教学的目标、内容，制定具有针对性的教学步骤；第四，科学地运用系统的方法，对体育教学要素之间进行分析和策划。

4. 体育教学设计的艺术性

教师在进行体育教学设计的过程中，需要根据体育教学内容的特点、学生身心发展特点以及教学目标，并且依托不同的教学环境，将自己的教学经验和对体育教学的独特见解融入其中，使得教学方案具有新颖性、创造性、层次性，并且能够促进教学目标的完成。这样的教学设计才能给人以美的享受，在教学过程中才能够激发学生的学习兴趣，充分调动学生的学习积极性，培养学生的审美价值、心理素质和身体素质，这是体育教学设计艺术性的根本表现。

综上所述，体育教学设计具有系统性、灵活性、科学性和艺术性等特点，保证在进行教学设计的同时，以科学的理论为指导，以系统性为教学设计的基础，不断提高体育教学设计的水平，充分发挥体育教学设计的灵活性和艺术性，不断地创造，最终成为一个完善的体育教学设计。

（四）体育教学设计的基本理念

受传统体育教学方法的影响，很多体育教师已经习惯了“讲解—示范—模仿—练习”这一体育教学方法。但是这种教学方法主要是以教师为主体，忽视了学生的主体作用，因此知识的传授过程较为呆板，学生在学习的过程中容易产生枯燥乏味之感。在这样机械式的教学过程中，不仅会造成学生身体上的疲劳，还会使学生产生焦虑、烦躁、痛苦的情绪。随着教学改革的不断深入，体育教学也处在一个改革的时期，新的《课程标准》确立了新的体育教学理念，强调要尊重教师和学生对教学内容的选择性，关注教学方式的选择，注重教学评价的多样性，促进学生体育锻炼习惯的养成。

现代教学理论表明，任何一种教育的主要的表现形式都是教学活动，体育教学活动较其他教学活动而言，具有很大的特殊性，不经过亲身参与和练习，仅仅依靠书本和别人的演示，不可能达到很好的教学效果。我国《体育课程标准》中指出，体育教学的基本理念是：“动手实践、自主探索与合作交流是学生学习体育教学的重要方式”。在体育教学活动中，教师应该对教学相关因素进行严密的分析，鼓励学生积极参与、思考和练习，从而培养全面发展的综合素质人才，促进学生整体素质的提高。随着对体育教学目标和要求的不断改善，教师在进行体育教学设计的时候，也应该以教学目标为前提，更新教学设计理念，保证教学设计符合现代教学目标的需要。笔者通过对我国体育教学的分析和研究，将体育教学的设计理念整合如下。

1. 创设游戏情境，激发学生的学习兴趣

任何阶段的学生都具备好奇、求趣的心理，在体育教学的过程中，教师如果根据教学的目标、学生特点、教学内容创设合适的体育情境，并且以游戏或比赛的形式呈现教学内容，这样可以培养学生的学习兴趣，活跃学生的主观创造性，丰富学生的精神生活，从而促进学生主动学习。例如，教师在向学生传授篮球知识和技能的时候，可以将学生按照篮球运动的规则分成两组，以比赛的形式让学生练习，这样不仅能够吸引学生的注意力，还能激发学生的兴趣，通过激烈的比赛，使学生处于兴奋的状态。在这样愉快的氛围中，学生便轻松地获取了知识，提高了学生的学习热情，有利于教学效果的实现。这样的教学方式，为教学过程注入了很多新鲜元素，激发学生的兴趣，使学生能够主动参与到教学活动中去。因此，在教学设计的过程中，教师要注重创设游戏情境，激发学生的学习兴趣。

2. 创设操作情境，培养学生的自主能力

学习是学生取得知识和技能的过程，在教学的过程中，要让学生学会学习，就要按照学生的思维和认知的发展规律组织教学，现代的教育理论强调：要让学生参与到教学中，而不是做一个学习的“目击者”。因此，在对学生进行体育教学时，必须提高学生的积极性，提高学生的参与性，这样才能将学生推到主体的地位上，在教学中充分调动学生的积极性，培养学生的主观能动性，更有利于学生对相关教学知识和技能的掌握。例如，在向学生介绍某一运动的规则时，如果用传统的教学方式，教师讲授学生记忆的方法，学生很难掌握所有的规则。但是如果在比赛的过程中让每一位参赛的队员记住比赛规则，场外的队员做裁判，或是通过一些视频，向学生讲解此运动的规则，那么就会取得事半功倍的效

果。因为在这种教学的过程中，学生会不由自主地置身其中，将每一种规则与运动的步骤紧密联系起来，增加知识之间的紧密性，便于对相关教学内容的掌握。因此，在教学的过程中，教师要注重创造和设计创设操作情境，培养学生的自主学习能力。

3. 创设问题情境，培养学生的探索能力

教学的过程实际上就是师生之间合作展开的探索活动、共同发现教学中的问题、创设问题的解决方案，最终得出解决问题的途径。因此，我们在教学的过程中，要善于把教学中涉及的新知识转化成问题，并通过一系列问题情境的创设，将学习过程中新旧知识之间的矛盾展现在学生面前，让学生意识到问题的存在，从而激发学生解决问题的动力，促使他们积极主动地参与到问题的讨论和探索的行列中，从而促进学生在探索的过程中不断地发现问题、解决问题，提高他们对体育学习的认识，增强他们学习的积极性。

如在教授学生立定跳远的知识时，教师先向学生抛设一些问题，青蛙是怎样起跳的？青蛙落地时的姿势又是怎样的？让学生首先模仿青蛙的姿势立定跳远，然后选择部分学生发表自己尝试后的感想。最后通过以问题的形式层层切入，有利于激发学生探索的兴趣和欲望，增强学生的学习动机，促进学生对学习方法的探索。因此，创设问题情境能够培养学生的探索能力。

4. 创设交流情境，培养学生的合作精神

小组合作学习是活动教学中的一种有效的形式，它既能激发学生的参与热情，全面地照顾到每一个学生；又有利于加强学生之间的交流，使得学生能够学习别人的长处和优点，同时通过小组活动的开展，培养学生的合作精神和集体精神，因此在教学的过程中，为了保证教学的有效性，要按照教学的内容和特点，有计划地组织学生进行讨论，为他们提供交流的环境，培养他们独立思考的习惯，营造有利于表现自己、发展个性的环境。比如，在教授学生跳远腾空的动作时，对学生进行分组，让学生自由讨论，由学生在合作的过程中互相启发，形成最佳的思路和方法。用这样的教学方法，不仅能促进个人的思维在集体智慧上得到发展，而且在活动的过程中，由于学生之间的交流和讨论，形成了集体的凝聚力，提高了学生的人际交往能力；另外，在活动的过程中，能够激发学生的集体荣誉感，使学生在合作的过程中积极地动手、动脑，促进学生的综合素质和教学效果的提高。因此，在进行体育教学设计的时候，要合理地创设交流情境，培养学生的合作精神。

5. 创设生活情境，培养学生的实践能力

在前面关于体育教学的概述中，我们已经介绍体育起源于人们日常生活，是人们生活中的一部分，因此可以说体育情境源于生活，也可以说，生活中处处都是体育活动。因而教师在进行体育教学设计的过程中，也要秉承着促进两者之间相互融合的原则，让体育贴近生活，这样能使体育教学生活化，易于学生理解和接受，同时也有利于学生发现体育教学的价值，增强学生对体育知识和技能的认识，提高学生的实践能力。因此，在对体育进行教学设计的时候，要尽量创设生活的情境，让学生体验生活原型，再现生活的真实，激发学生的学习热情。如在向学生讲授投掷实心铅球的时候，教师首先让学生分别模仿在日常生活中如何将一个很重的物体扔出去，然后由教师纠正学生投掷时的标准和规范，再让学生按照纠正后的知识进行空手演练。最后通过这一生活情境的讲述，消除了孩子们对新知识的紧张感，使学生们兴致勃勃地参加到投掷实心球的练习中来，并且通过练习形成正确的用力方法，养成正确的投掷姿势。让学生深刻认识到学习到的东西能在我们的生活中发挥作用，培养学生对体育价值的认识，增强学生在生活中用体育知识解决实际问题的意识。因此，教师在进行教学设计的时候，要注重创设生活的情境，培养学生的生活实践能力。

二、体育教学设计的评价与策略的构想

随着素质教育的全面推进和我国体育教学改革的不断深入，广大的体育教学工作者对体育教学设计越来越重视，并投身到体育教学研究工作的行列，利用自身的实践经验和知识的积累，结合当代教育的发展方向，使得各种新型的教学模式不断涌现。本节着重介绍了体育教学设计的评价与策略构想，希望为广大的体育教学工作者提供更多教学设计和策略构想方面的方法和思路，促进教学质量的提高。

（一）体育教学设计评价

笔者经过多年对体育教学的研究认为，无论体育教学如何改革，模式如何创新，评价体育教学过程的好坏，仍然不外乎教学设计、教学组织和教学效果这三个层面。从三者对于体育教学的作用而言，教学设计又是体育教学中最基本的部分，它是体育教学的基础，是教师实现对教学活动进行的预测和设想。体育教学设计得越充分，教学成功的可能性就会越大。笔者认为，体育教学设计的评价，应该从以下几个方面进行。

1. 教学活动的目的性

无论任何一种教学活动，只有在明确的教学目标的指导下，才能保证教学活动有条不紊地进行，因为体育教学目标是体育教学的方向。体育教学目标的设计是体育教学设计的一部分，在进行体育教学目标的评价的时候，首先要看在教学内容和时间的安排上，体育教学活动的目标是否能够突出重点；根据教学内容的特点以及学生的特点，剖析在教学的方法和手段的选择上，教学活动的目标是否能够突破教学的难点；从教学内容的综合性和多功能上看，教学目标是否有利于德育的渗透。

除此之外，还要根据教学目标的制定过程中，是否充分考虑到学生的特点，包括学生的现有体育基础、身体状况、发展需要以及接受能力。随着学生的成长，心理、身体特点等各方面都发生了改变，这就使得教学内容、目标、方法也要做出相应的调整。因此在设计体育教学目标的时候，要充分考虑教学目标的实用性，根据学生的特点和教学内容的特点，对教学目标按层次进行划分。

因为，目标是衡量和提升学生质量的关键因素，目标过高或过低，教学任务的难度过大或是过小，或是不根据学生的具体情况进行教学目标的划分，这些都是不符合实际需要的，也不利于学校的教学发展，这样的教学设计更是不利于教学质量的提高。

2. 教学过程的完整性

任何一种学科的教学都是一个完整的过程，这是教学活动的基础。由于体育教学是一

个对实践性要求较为严格的学科，因此在教学的过程中对其教学过程的完整性有着非常严格的要求，这也是衡量体育教学设计优劣的一个标准。

体育教学的过程一般包括准备部分、基本练习和结束部分三个主要的阶段，这三个阶段贯穿于体育教学的始终，评价体育教学过程的完整性主要也是看这三个基本阶段之间的逻辑是否科学，下面对这三个阶段做简要的概括，帮助人们认识完整的体育教学过程。

（1）体育教学的准备部分。体育教学的准备部分是体育教学实施的基础，科学有效的体育教学正是建立在这种充分准备的基础上的。准备部分实际上就是在教学之前，将学生的积极性、体育相关的知识和技能、身体系统的机能以及学习的经验充分调动起来，使学生在教学开始之前处于学习的准备状态，便于学生在教学过程中知识和技能的接受，以及教学兴趣的提高。因此，从对学生准备部分的安排上，判断学生是否了解教学的目标，是否对体育相关知识和技能产生足够的兴趣、是否能够促进所掌握的相关知识和技能之间的联系；从准备部分的效果上，可以判断学生的学习愿望是否强烈，学习的热情以及学习的积极性是否被充分调动出来。

（2）体育教学的基本练习部分。体育教学过程中的基本练习部分，实际上是围绕着体育教学的内容展开的。它是完成体育教学任务，实现体育教学目标的实践阶段，也是最基本的阶段。在这个阶段主要需要判断的是：第一，教师理解和处理教材的能力，以及教师在教学的过程中指导学生学习的思路和方法，是否符合学生的身心发展规律，是否能够激发学生的思维能力和创造能力；第二，教师制定的教学目标和教学模式是否符合学生的生理和心理的发展需要，是否能够满足当今社会对体育教学的总要求，是否能够满足学生的全面发展的需要。

（3）体育教学的结束部分。体育教学过程的结束部分，实际上就是指教学任务完成之后的收尾工作，包括对教学效果的检测、新教学任务的布置和教学作业的安排。因此，教学的结束部分的衡量标准主要是：是否能够让学生从教学过程中获得身心方面的成长、通过教学活动获得运动的乐趣、是否能够结合教学的实际及教学的需求作出合理评价、是否有利于学生良好的学习习惯的养成。因为教学的结束部分能够直观地反映效果，能够及时地反馈教学的情况。因此一个好的教学设计，在教学结束部分能够大大巩固体育知识和启发后续学习，有利于学生良好学习习惯的养成，能够实现教学的基本目标。

3. 场地布置的合理性

场地、器材是保证体育课程能够正常开展的前提和基础，是上好一节体育课的物质保证，场地和器材的分布和应用的合理性，是教学设计者对教学场地、器材、学生、教学内容掌握情况的根本反映，在这一环节中，只有体育教学工作者充分掌握以上的内容，清楚场地、器材、学生特点和教学内容之间的关系，才能充分利用体育教学场地，合理布置体育教学任务，保证教学工作正常进行。因此，场地布置是否合理也是体育教学设计评价的一部分，是衡量体育教学科学性与否的依据之一。

随着目前体育教学改革的不断深入，教学目标层次的不断扩大和提高，体育教学内容的评价也有所侧重，并且对教学质量的提高起到促进的作用。在这一环节中，尤其是对教学效果的评价，将会在体育教学过程中为一线教师指明体育教学的方向。

（二）体育教学设计的策略构想

随着人们生活习惯和社会发展现状的改变，体育教学逐渐受到人们的重视。体育教学设计是体育教学中最为重要的环节，随着我国对体育教学研究的不断深入，许多教育工作者加入体育教学设计研究的行列。笔者通过多年对体育教学的研究，将在本节中提出体育教学设计的策略构想，为广大体育教学工作者提供教学设计的参考。

1. 体育教学设计策略的概念

教学策略是为实现特定的体育教学目标而制定的教学模式、方法、形式和教学媒体等教学过程中涉及的各个因素的总体考虑。在对体育课堂进行教学设计的时候，首先应该根据《体育课程标准》中的五个领域的目标，根据体育教学涉及的各方面的具体情况和内容，灵活地选择和设计体育教学模式，以达到促进教学任务圆满完成、促进学生身心健康发展的目的。

2. 体育教学设计的策略研究

任何一种教学设计都存在着一定的规律性，通过多年对体育教学的研究，笔者认识到，体育教学设计也存在着一定的规律，这种规律需要体育教学研究者不断地研究，最终才能设计出科学合理的教学设计。为了帮助更多体育教学研究者正确认识体育教学设计的意义和概念，便于在教学设计中工作的开展，特在本节中对体育教学设计的意义进行总结。

（1）理论认识有助于提高教师的意识。体育教学实际上就是实践教学，需要通过学生的身体肌肉群的运动和变化，才能保证体育教学活动的进行。因此，体育教学在设计的过程中也要坚持“以人为本”的原则，保证教学过程中的运动负荷要符合人体机能的活动规律，符合动作技能的形成规律。在教学的设计过程中，要根据不同学生的身体差异，安排合理的教学内容，选择科学的教学方法，制定合适的教学目标。除此之外，还要依据学生的年龄层次，选取不同的教学内容和方法。但是从目前的体育教学设计的情况看，许多教师在进行教学设计的时候，只是靠积累的教学经验进行；也有些教师由于教学经验的不足，借鉴他人的教学设计，忽视了对学生特点的考查。出现这种情况的主要原因，主要是教师片面地认为自己的教学设计，只要符合教学理念，教学方法新颖，教学内容符合大纲的要求，如此就是一个好的教学设计。

但是，这样的教学设计并未在实践教学过程中取得理想的教学效果，笔者经过对这一现状的分析和研究得出，我国体育教学质量与目标之间存在着差距的主要原因，在于教师在进行教学设计的过程中忽视了对人类动作发展的研究，忽视了运动负荷与身体机能之间关系的研究。笔者认为，体育教学面对的是学生，因此在教学设计的形成过程中，一定要对学生的特点和动作发展的规律进行研究，结合研究的结果进行针对性的设计。同时在教学的设计过程中，教学活动还必须符合学生正常的认知规律，正确地处理各种教学元素之间的关系，充分地发挥教师的主导作用和学生的主体作用，并能够促进两者之间有效的结合。

（2）设计因素的系统化将提高教师的设计能力。目前，随着世界对体育教学越来越重视，我国对体育教学的研究者也越来越多，但是，一直以来，体育教学研究一直围绕教学目标、教学方法、教学内容、教学评价和学生特点等几个方面。笔者经过多年的研究，将这几个方面在教学设计中的作用进行简要的概括。

①教学目标设计是教学设计中的关键。传统的体育教学中，教学目标的制定相对而言较为简单，目标制定的思路也比较清晰，只需要根据体育课程标准的要求、教学的物质条件和学生的特点，就可以进行制定。但是，目前由于新课标教学理念的产生，对体育教学的要求也越来越高，也给体育教学目标的制定带来了不小的难度。因为现在的体育教学目标的制定，是建立在新课标的理念下，新课标由于推行时间尚短，所涉及的内容众多，本身就不易于理解。教师在制定教学目标的过程中，如果对新课标理念理解得不够深入和透彻，那么就会使得制定的教学目标与实际教学之间存在着差距，不利于体育教学工作的开展。

笔者认为，教学目标的设计需要立足于以学生的发展为本，以与体育和健康课程的目标为依据，为了便于目标的完成，可将教学目标按照教学的层次分为课时教学目标、单元教学目标和学期教学目标等几个部分。在教学目标的设定中，还要保证层次目标之间的区别和联系，如课时教学目标只是为了解决本节课所要解决的问题，多节课时教学目标组成单元教学目标。但是，目前我国对课时教学目标的确定上还存在着一些缺陷，比如学生在课堂上需要做什么，学生能够完成的依据是什么？如果教学内容不符合教学目标的实际，那么就会使得教学过程出现混乱的局面。因此在教学目标的制定过程中，其关键因素就是认真研究学生的发展规律、研究学生的身体素质和健康标准，在教学的过程中不断总结，不断积累教学经验，最终制定出合理的教学目标。

②学生起始能力的分析是教学设计的前提。所谓的学生的起始能力，实际上就是指学生现有的体育相关知识水平、运动技能水平、身体状况、心理发展水平和学习心理准备水平，等。如果在教学的过程中，高估或是低估学生的学习能力和知识水平，就会导致教学的失败。在教学设计的过程中，一些缺少教学经验的教师，往往从自己的角度分析学生的情况，确定教学内容和教学目标，一旦教学目标的开展受到阻碍，就会责备学生，但是从学生身体的发展规律上研究，学生是没有完成这一教学任务的能力的。虽然一些有经验的教师能够得心应手地处理教学设计中的相关问题。主要是因为这些教师除了具备丰富的教学经验外，还清楚地知道，在教学过程中对学生进行分析的重要性，知道对什么样的学生采取什么样的教学方法，这样的教学设计才能具有针对性。

笔者认为，在进行教学设计时，首先应该对学生的情况进行科学的分析，如在教学设计之前，对学生进行摸底，根据摸底的情况对学生进行分层，根据学生的学习能力和原有的体育水平，安排合理的教学内容，这样的教学设计，就能不断提高学生的体育相关知识和能力，提升学生对体育学习的兴趣，提高教学质量。

③教学内容选择是教学设计的基础。教学内容是教学的前提和依据，是组成教学过程的关键因素。在《体育与健康》中，课程内容结构设计涵盖了多种教学活动类型。如活动类、动作教育类、增强体质类、运动教育类等，这些教学活动类型，为教师制定教学内容提供了选择的方向。但是在《体育与健康》中，由于课程活动类型和教学内容选择较多，

为教学带来了很多的问题。例如，这些教学活动的类型，并没有明确地规定适合某一个年龄层次或是年级的学生，也没有规定学生应该学习什么样的具体内容并且达到怎样的标准，这样一线教师就无法科学地、系统地选择体育教学的相关内容，导致教学设计的失败。

那么，在教学设计中应该怎样选择教学内容呢？笔者通过对体育教学的分析指出：在制定教学内容的时候，应该以提高学生的学习兴趣为前提，尊重学生的运动规律和认知的发展规律。但是需要指出的是，在教学设计中，切忌唯兴趣论的出现，因为体育教学的乐趣和教学的目标，不是仅仅通过对学生学习兴趣的提高就能够达到的。因此在教学设计中，要能够充分发挥教师的主观能动性，积极地思考。在教学内容的选择上，利用学生的“最近发展区”进行运动的迁徙。对于没有内容的标准，应该注重将几个内容进行结合，让学生主动探索，这样就能够在使学生得到锻炼的同时，又能提高学生的思维能力，促进教学目标的实现。

④媒体和教学方法的应用是教学设计的必要。媒体实际上就是在教学过程中，学生用以传递知识和技能的手段或者工具，是连接学生和知识、技能之间的桥梁，如果媒体选择不正确，那么就无法达到理想的传输效果，影响体育教学的质量。在选择媒体的过程中，首先要考虑是否能有效地传递教学信息，教学媒体必须呈现出与各种感知方式最匹配的教学刺激，这是教学媒体选择的关键。从以上关于媒体的选择中可以看出，媒体的选择要符合“有效”“匹配”“刺激”三个关键词，由此也可以看出，教学媒体中的刺激作用是作为教学工具的属性。在教学的过程中，教师通过教学媒体的选择，通过听力、视力和感官的刺激提高学生的学习兴趣。但是，需要强调的是，并不是所有内容的体育教学都需要借助媒体工具，要结合学生的特点、学校的教学条件、教学内容和教师的水平，选择性地进行教学。

上文中我们已经介绍了媒体在体育教学中的重要作用，接下来，我们需要弄清体育教学方法在体育教学中的作用。所谓的教学方法，实际上就是教学活动过程中，为了达到课前预设的教学目标，所进行的教学活动的方式、手段和教学方法的总和。不同的教学内容、不同阶段的学生，均有最匹配的教学方法与之相对应。但是，由于主动因素的限制，目前对体育教学方法的设计中出现了跟风的现象。甚至有一些教师对教学方法的含义以及使用的范围还未完全掌握的情况下就进行模仿。笔者通过对近几年我国体育教学设计的分析和研究认为。在教学方法的设计上除了教学方法和学生的内容不同外，还要根据教师的水平和对教学实际的掌握进行，保证教学方法符合教师的实际操作需要，避免了教学方法选择的盲目性。

⑤教学评价反馈是教学设计的保证。新课标强调注重教学评价，因为教学评价是检测教学效果的途径之一，也是提高教师教学水平、保证教学质量的根本途径之一。由此可以看出，教学评价是教学活动中十分重要的一个方面，对教学目标、教学过程以及教学方法的选择正确与否，都能起到很好的反馈作用，教师可以在教学的过程中，利用教学评价检测教学效果，检测确定的教学目标是否正确，教学方法的选择是否合理，教学内容的制定是否符合教学实际需要，教学过程中有无需要改善的方面等。由此可见，教学评价具有双

向性，明确学生的学习方向，时刻为教师提供教学过程的动态，便于教师及时调整自己的教学实践。

一些体育教学研究专家和学者认为，教学设计实际上就是教学过程中的预设，存在着一些不确定性的因素。设计教学评价的作用就是及时地发现这些不确定因素带来的不利影响，使得教师能够根据环境的变化，调整自己的教学方向，最终保证体育教学的效果。在进行体育教学设计中，及时地进行教学评价是教学设计中运用最多的手段，因为体育教学过程是一个相对较为复杂的过程，难免存在着很多不确定的因素，这也是进行教学评价的时候应该考虑到的因素，及时评价能够帮助教师预防和解决教学过程中的突发问题，便于教师在课后及时地进行反思，及时调整教学过程，促进教学目标的实现。

通过以上的文字，我们可以了解到，体育教学设计评价与策略构想，在体育教学设计中发挥着重要的作用，对体育教学设计起到主导的作用。因此，对于体育教师而言，在教学过程中，要建立对体育教学设计评价和体育教学策略的认识，清楚体育教学策略构想，这样才能够对教学设计起到推波助澜的作用。

第二节　体育教学过程

任何活动都是以过程的形式存在和发展的，任何一种事物的发展和变化，都是过程的集合体。体育教学活动的展开，实质上也是一个体育教学过程。因此，体育教学过程是实现体育教学目标的必经之路，是体育教学的重要组成部分。我们为了展开有效的体育教学，首先应该清楚体育教学过程的本质、含义、性质、规律和特点，这样才能了解什么是体育教学过程。

一、体育教学过程的含义与性质

体育教学过程是体育教学中的重要组成部分，是体育教学的中心枢纽，是一切教学活动的表现，为了帮助人们更加清楚地明确体育教学过程的含义，特在本节中重点介绍了体育教学过程的概念、性质以及与教学过程有关的概念，以便读者更好地形成对体育教学的认识。

（一）体育教学过程的含义

通过对其他有关体育教学方面书籍的阅读，笔者认为目前学术界关于体育教学过程含义的认识主要表现在以下几个方面。

第一，认为体育教学过程是实现体育教学目标的途径和过程。因为体育教学目标是通过教学活动的实施才得以实现的，因此，教学过程是实现教学目标的途径。

第二，体育教学过程是有组织的程序和有计划的安排。教学过程是依据体育教学计划进行的，具有教学组织性和计划性，因此，将体育教学过程称为教学的组织和计划安排。

第三，体育教学过程是学生掌握各种体育教学知识、运动技能，以及各种体育活动的过程。体育教学过程是由教师的教和学生的学组成的，是知识和技能的传递过程。

笔者在根据以上三种有关体育教学过程的定义，对体育教学过程的含义定义如下。

体育教学是为了实现体育教学目标而进行有计划的组织和实施，在此过程中完成知识和技能的传授，帮助学生获得体育相关知识和技能。

在整个教学中，根据教学的进程，可以将体育教学过程分为以下几个层次。

第一，超学段体育教学过程。

这是对整个学校教育中体育教学的总结，包括从小学到大学毕业所规定的各种学习阶段的教学，因此，也可以将超学段体育教学过程称为体育教学的总过程。

第二，学段体育教学过程。

学段体育教学过程是学校教育各个阶段的体育教学过程，如小学阶段、高中阶段、大学阶段的体育教学过程。

第三，学年或是学期体育教学过程。

学年体育教学过程的单位是年级，包括上下两个学期，指的是整个年级的教学，如五年级体育教学、六年级体育教学；学期体育教学较学年体育教学而言，时间较短，是以学期为主要的划分单位，如三年级上学期的教学过程即为学期教学过程。

第四，单元体育教学过程。

顾名思义，单元体育教学过程就是以教学单元为单位的教学过程，如篮球单元的教学过程、足球单元的教学过程。

第五，课堂体育教学过程。

课堂体育教学过程是指上课到下课为时 45 分钟的教学过程。

（二）体育教学过程的性质

体育教学过程是体育教学的重要组成部分，是体育教学活动的体现，也是体育教学效果的必经之路，这一环节同时还包含学生的学和教师的教的过程，因此涉及的相关的因素较多，应该引起每一位教学工作者的重视。笔者通过多年对体育教学实践的研究，得出体育教学过程具有以下几种性质。

1. 体育教学过程是学生掌握运动技能的过程

每一种知识和技能的教授都需要一个严谨有序的教学过程，并且每一种教学过程都有其相对应的意义。知识类学科的教学过程主要是学生识记概念以及运用判断、推理等思维方式帮助学生掌握学科所需的知识、发展学生的智力，而体育教学是通过不断地引导学生进行身体练习，帮助学生掌握运动技能的同时促进学生身心健康的发展。例如，在体育教学的过程中，教师通过对学生不断地指导和练习，使学生掌握篮球的比赛规则和投篮技巧，并通过这种运动的进行，培养学生的应变能力，强身健体。由此可见，体育教学过程实际上就是学生技能掌握的过程。

2. 体育教学过程是提高教育运动素质的过程

运动技能的获得和运动素质的提高是相辅相成、相互促进的关系，因为运动是通过肌肉群的做功完成的，所以反复的练习能够有效地提高肌肉群的运动素质，因此体育教学本身就是一个不断提高肌体运动素质的过程，也是一个不断增强学生体能的过程。比如在对学生进行立定跳远的练习时，刚开始接触这项运动的时候，学生会感觉大腿内侧肌肉有明显的紧张感和酸胀感，但是通过一段时间的练习后，学生不仅能够掌握此项运动的技巧，身体也会对此项运动产生一定的适应性。因此，在进行体育教学的过程中，不仅要注重学生对体育技能的掌握，还要关注学生的运动素质的提高，这就需要教师在进行教学设计、安排进度和选编内容的时候不仅注重运动技能的提高，还要注重运动素质的培养。

3. 体育教学的过程是学习知识和形成运动认知的过程

体育教学是一门涉及内容最高的学科，是人文学科和自然学科的综合体。体育教学在以要求学生掌握运动技能的基础上，也会涉及许多其他相关知识的学习和运动认知的获得。从认知理论而言，这也是学生掌握运动技能和提高运动素质的基础。有很多体育运动会在运动的过程中，提升学生的反应能力，通过动作的反复练习，增强学生的体能，增强学生的智力，因此学习过体育运动的人和没有学习过体育运动的人在认知的发展上存在着明显的差异。由此可见，在某种程度上而言，体育教学的过程也是学习知识和形成运动认知的过程，教师应当给予重视。

4. 体育教学过程是集体学习和集体思考的过程

体育教学的主要教学形式就是集体教学，这主要取决于体育运动的特点，大多数的体育运动都是由集体或是小组共同完成的，包括体育学科知识、技能，甚至是体育运动素养都需要建立在集体的平台上。随着体育教学的不断改革，当今社会对体育教学的要求也逐渐趋于集体性，以便充分发掘集体教学过程中的潜在作用。集体教学活动本身能够促进学生之间，学生和教师之间的互动和交流，培养学生的集体主义精神，提高学生的社交能力。例如，在对学生进行体能训练的过程中，学生之间能够互相帮助，与此同时也能促进经验和技能的交流，从而促进教学质量的提高和教学目标的完成。

5. 体育教学过程是体验运动乐趣的过程

体育运动与学生的身体息息相关，从生物学角度而言，运动的过程实际上也是身体经过生物学改造的过程，同时，也是身体和心理方面体验运动乐趣的过程，这种运动乐趣既是运动本身所带有的一种性质，也是学习体育课程的基础和条件，更是培养学生终身体育意识的基础。因为在文化课的教学过程中，学生肢体语言上的空间感和交流自由感等都是受限的，但是在体育课堂上，这些限制就被冲破，学生能充分地体验自由交流的乐趣，体验放大的空间带来满足感，甚至还能体验到运动为自己带来的成就感。如学生刚开始接触一项运动的时候，因为不熟悉，往往会产生焦虑的心理，一旦经过长期的锻炼获得这种技能，就会有强烈的成就感。因此，体育教学的过程具有体验运动乐趣的性质。

（三）体育教学过程中相关概念的介绍

体育教学过程是体育教学的重要组成部分，也是体育教学的核心和根本。由于体育教学过程涉及的知识和内容众多，因此，要想了解体育教学的概念，首先应该清楚体育教学过程与其相关的概念之间的关系。笔者为了更加全面地向人们阐述体育教学过程，在此就体育教学过程与教学原则、教学模式、教学设计和教学计划等相关概念之间的关系做基本的阐述。

1. 体育教学过程与体育教学原则

体育教学原则和教学过程之间存在着不可分割的关系，具体体现在以下几个方面：

第一，体育教学原则是体育教学过程的基本要求，如因材施教的原则，这一原则要求教师在进行教学的过程中，要根据学生的特点选择合适的教学方法。

第二，体育教学原则是优化体育教学过程的基本内容，如体育教学原则能够使得教学过程不断规范，保证教学过程的优化。

第三，体育教学原则贯穿于体育教学活动各个层次的教学活动之中，体育教学原则并不是指教学过程的某个阶段，而是每一个阶段，如整体性的教学原则，不管是初中、高中还是大学，在进行体育教学的时候，都要坚持这一原则。

虽然体育教学原则和教学过程之间有着紧密的联系，但两者也存在着很大的区别，具体如下：

第一，体育教学过程较侧重的单位是时间，时间是教学过程的组成单位，但是教学原则是一些理论的要求。

第二，体育教学过程是由不同的教学层次组成的，虽然每一个教学层次的内容都不同，但是体育教学原则是贯穿于整个教学过程的。

2. 体育教学过程与体育教学模式

通过前面文字的论述，我们已经清楚地了解到体育教学模式的概念，也明确体育教学模式实质上就是单元和课时。体育教学过程结构是根据某种体育教学思想设计的教学过程。由此可见，体育教学过程是能够体现出来的，但是体育教学模式则是抽象的，只能依附于某个教学概念体现。因此可以说，体育教学模式和体育教学过程之间的最大的区别就是具体和抽象。在教学过程中，那些具体的、有一定教学特色，包括教学方法中的方法体系等的教学设计，就是体育教学模式。

3. 体育教学过程与体育教学设计

体育教学设计是教学过程的前提和条件，教学设计实际上就是体育教师对某一教学过程的构想和安排。任何一个体育教学过程都是根据教学设计进行的，教学设计也是教学过程的一部分，是教学过程的计划。我们不能认为所有的教学过程都需要教学设计来实现，但是一个完整的、有目的的教学过程需要教学设计的参与，因此教学过程和教学设计之间是相互依存的关系。

4. 教学过程与体育课堂教学

体育课堂教学只是教学过程中的一个场景，是组成教学的一个基本单元。课堂教学是体育教学的实践，是组成体育教学的元素，因此教学过程和课堂教学是密切联系的整体，相互兼容，相互渗透，不可分割。

与教学过程相关的概念还有教学方法、教学内容、教学步骤、教学元素等，这些都是组成教学过程必不可少的前提条件。总而言之，体育教学过程涉及的相关因素众多，它们不仅仅是体育教学过程的参与者和组成者，同时也是各体育教学研究者们观察体育教学过程的基础和依据。本节主要是为了让各位读者认识到体育教学过程在教学中的地位和作用，进而举例阐述几个教学过程中有关的概念与体育教学过程之间的关系，关于体育教学过程较为深刻的理解，还需要教学工作者和体育专业的学生结合教学实践和教学实际进行理解和总结，以便充实、丰富自己对体育教学过程的认识，从而更好地理解和进行体育教学。

二、体育教学过程中的规律

任何事物都有其客观规律，只有遵循这一规律才能达到理想的效果。如果不清楚事情的规律，就不知道如何去做，就不能将事情做好，对于体育教学工作也是如此。因此，要搞好体育教学，必须清楚体育教学的规律。笔者通过对体育教学过程的研究，得出体育教学存在着规律性，为了帮助更多的教学研究者做好体育教学工作，特在本节中对体育教学过程中的规律进行探讨和揭示。

（一）关于教学规律的探讨

教学规律同其他事物的规律一样，是一切教学活动的内部反映，是客观存在的。但是教学的规律又不同于自然界中其他事物的规律，自然界的规律是物质运动的规律，只要这种自然现象或是事物存在，这种规律就会表现出来。而教学规律是一种社会活动，其所有的规律只存在于教学实践之中，并根据教学过程的变化而变化。

为了提高教学的质量，许多国家的教学研究者纷纷进行教学规律的研究，自从 20 世纪 70 年代起，国内外教学界的专家就对教学规律做了深入的研究和探讨。达尼洛夫在《中学教学论》中提出了教学存在的五条规律：第一，教学的内容必须符合人类在各个知识领域中所要达到的发展水平；第二，在教学的过程中，要注重教学与教育的统一性，这是教学的基本规律；第三，要注重学生在教学活动中的主体性，努力提高学生的学习积极性；第四，在教学方法的选择上，要遵循学生的认知发展规律，符合该学段学生的成长需求；第五，学生的发展取决于其所获得知识和技能的性质以及由它引起的教学活动的性质。

列尔涅尔在《教学过程及其规律性》中提出教学具有如下规律：第一，教学具有教育性的规律，教学的根本目的是通过一些知识的传授和技能的传递，丰富学生的知识，扩展学生的视野，因此，教学的教育性是其所具备的规律之一；第二，教学活动需要教育者、被教育者和教育内容的共同参与和相互作用才能完成；第三，教学活动只有在学生的学习动机和教师的教学目的相统一的情况下才能进行，而教师在教学过程中的行为也要符合教学内容的要求；第四，教学活动具有引导性，需要教师给予正确的引导才能完成；第五，教学目的、教学方法、教学内容三者之间永远都是相互依存的关系，教学方法和内容制约着教学目的的实现，教学目的又决定着教学方法。

我国的教学界对教学规律也有所研究，唐文中在《关于教学过程的客观规律问题》中，提出教学的规律是存在一定的层次性和指向性的。许多教学研究者通过探讨教学过程的各种关系，得出体育教学的客观规律。其主要有以下几点：第一，教学受到社会的发展和人类文化水平以及受教育者身心发展制约的规律；第二，教学过程中，教师的主导作用、学生学习的主动性、积极性相结合的规律；第三，教学过程中，学生的知识的发展与运用能力相互促进的规律；第四，教学过程中各种对应关系之间和工作环节之间的连贯性和协调统一的规律。

李秉德认为，体育教学过程中的基本规律不仅具有必然性和稳定性，而且对教学的结果和教学目标的完成具有决定性的作用。李秉德在《教学论》中集中讨论了教学过程中存在的基本规律。第一，教学的内容、目的、教学过程中的任务受制于社会的发展水平和状态的规律；第二，教学的内容与学生认知能力的发展相互制约和促进的规律；第三，教师的教授和学生的学习相互影响、相互作用的规律；第四，教学效果受到教学内部因素和外部因素的影响相互协调统一的规律。

除了李秉德之外，我国教育专家张庭楚也对教学规律进行了系统的研究，得出的教学规律可以分为以下三类：第一，教学的特征性规律，所谓的特征性规律是指一些教学要素的自身特性，就是在教学的过程中，要遵循内容的时代性、知识传授的简明性、学生发展的多样性等基本规律；第二，教学的过程还要遵循因果性的规律，实质是指教学的效果要和教师的教学行为和学生学习的积极性相互统一，注重师生影响的双向性、教学与学生发展的协同性以及教学要素之间的关联性等教学规律；第三，教学过程的结构性规律，就是在教学的过程中，要遵循教学要素关联的多样性、教学要求的实践性、教学内容的简明性和教学方法的有效性等教学规律。

（二）体育教学规律的含义

任何一种事物的规律都是客观存在的，是事物发展过程中的本质属性和必然的联系，是事物的本身所固有的。体育教学过程作为一种以运动为媒介、以促进学生的身体素质的提高和综合素质的养成为根本目的的活动，也必然存在着一定的规律性，因此我们首先应该了解体育教学的基本规律，在教学的过程中遵循这些客观规律，这样就能更好地实现体育教学的目标。

笔者根据多年对体育教学的实践，以及对体育教学的研究和相关文献资料的查阅，将体育教学的含义归纳如下：体育教学规律是体育教学过程中客观存在的和必然显现的，与体育教学的特殊性有着密切的联系和共同的规则。

（三）体育教学过程的规律

体育教学规律决定了体育教学的目的是否能够实现，那么，体育教学过程中究竟存在着哪些规律呢？很多学者都给出了不同的答案。笔者根据对体育教学的研究和分析，结合其他教学研究者对教学规律的归纳和总结，提出体育教学过程有以下几种规律。

1. 社会制约性规律

虽然体育教学同其他学科教学有着明显的区别，但其归根到底还是一种教学活动，是一个培养人的过程。因此，体育教学理所应当会受到一定的社会物质、文化水平、社会发展需要的影响，尤其受到一定的社会教育目标和教学内容的影响。由此可见，各国的国情不同，人们的素质和文化水平不同，体育教学的目标和内容也就有所区别。就目前我国体育教学的现状而言，其作为学校教育的重要组成部分，与其他学科体育教学是学校教育的重要组成部分，共同承担着实现学校教育的目标。除此之外，体育教学的过程也将会受到社会的经济水平、政治水平、文化发展水平和科学技术水平的影响。如当国家经济和技术水平较高的时候，在运动器械的购置和构成上也较为先进，这对教学的内容、手段和教学的目标都会有所影响。因此，在体育教学的过程中，必须使体育需要与社会发展的条件和需求相适应，并随着社会的改变而改变，发展的变化而变化。

2. 学生身心发展的规律

体育教学的对象是学生，学生是一个不断成长的个体，其身心发展具有一定的规律性。因此在进行体育教学的过程中，不管是教学目标的制定，还是教学内容的安排，以及不管采用相应的教学方法、措施等教学组织形式，还是选择相应的教学方法和措施，都必须从学生的年龄、性别、认知水平、接受能力等身心发展的特点出发，要保证所选择的教学过程中的各种因素符合他们的接受能力和体质状况，以便教师选择最佳的教学方法，因材施教，促进教学目标的实现和教学效果的完善。传授体育教学知识、技能，促进学生身体和心理素质健康全面的发展。这不仅仅是学生成长过程中的需要，也是当今社会对学校教育的根本要求。在教学的过程中，教学的内容影响着学生的身心发展，而学生的身心发展又反过来影响着体育教学的内容和方法等。如在对一年级的学生进行教学的时候，就不能使用领会教学法；对六年级的学生进行教学的时候，不宜使用故事法，这与该阶段学生的心理状况不符。因此在进行体育教学的过程中，要适应学生身心发展的规律。

3. 认识事物的规律

教学的过程实际上也是一个培养学生认知能力和不断认识事物的过程，体育教学作为一门学科教学而言，学生在学习和掌握体育知识、技术和技能的过程中，也必须遵循认知活动的规律。因为体育教学是一门相对而言较为复杂的学科，它要求学生在学习的过程中将感知、思维和实践三个环节紧密地结合起来。感知是学生认识事物的开始，也是学生学习的基础，只有将事物的表象在学生的头脑中建立起来，才能进行知识和技能的传授；思维是形成理性的认识、掌握运动技能的关键；实践是对体育知识和技能的巩固，是知识的应用和技能的提高的必经之路。体育教学是一门实践性极强的学科，侧重于技能的传递，因此在教学的过程中，也必须遵循认识事物的规律。如在进行跳远这项运动技能的学习时，首先需要学生认识什么是跳远，这是感知的阶段；然后学生在清楚跳远的基础上，思考如何才能跳得远；最后进行反复的练习，掌握跳远的方法。这反映了教学过程中学生认识事物的客观规律。

4. 教育、教养和发展相统一规律

教学的过程是学生受教育的过程，随着教学的不断改革和发展，教学的目标也在不断完善，注重学生全面发展已经成为现代教学的总要求。因此体育教师在教学的过程中也应该结合对学生知识、技术和技能的传播，注重对学生的思想品德的教育，促进学生的个性化的发展，力争在向学生传递体育运动相关知识和技能的过程中，使学生的思想感情、精神面貌、意志和品格等都受到陶冶，并有明显的提高，这是当今体育教学的教育目标。与此同时，体育教学要教授学生一定的专业知识以及技能，要以一定的专业知识和技术武装学生，这是体育教学的目标；教学能够通过提高学生对体育学科的认识，增强学生对体育运动的兴趣，促进学生对正确的学习方法的掌握，并培养学生在学习过程中的自信、自评的能力，为终身体育打下坚实的基础，这是体育教学的发展目标。如对学生进行足球运动的教学时，首先通过这种集体性的活动，培养学生的集体意识和团结合作的能力，培养学生足球运动的素养，激发学生对足球运动的兴趣，从而将这项运动作为终身性的运动。由此可见，体育教学过程遵循教育、教养和发展相统一的规律。

5. 教师的教和学生的学辩证统一的规律

教学的过程包括两个不同的领域，既是教师教的过程，也是学生学的过程，两者之间是相互作用、相互影响的。为了全面提高体育教学的质量，体育教学工作者必须能够正确认识教与学的关系，在教学的过程中既要发挥自身的引导作用，又要发挥好学生的主体作用。又要重视学生的主体作用，教师需采用科学有效的教学方法，引导学生掌握体育教学的相关知识，并通过实践过程的引导，逐渐将这种知识转变成技能。而在这一教学环境中，学生是学习的主体，是教学成功的内部根源，教师的教学是外因，外因只有通过内因才能起作用。如果教学的过程中没有学生的感觉的作用、思维的运转、运动的时间，只依靠对学生的灌输，是无法达到教学目标的；反之，如果教学的过程没有教师的指导，仅仅依靠学生自身的摸索式学习，也无法掌握正确的学习方法，无法实现教学目标。如进行一堂关于排球运动的教学时，如果学生不主动学习，即使教师再怎么讲解，所讲授的技能也不能被学生所掌握；反之，如果教师不讲解排球运动的相关知识和技能，那么这些知识和技能就无法传输给学生，排球运动对于学生而言，也就没有任何的意义。由此可见，教学的过程存在教师的教与学生的学辩证统一的规律。

6. 动作技能形成规律

开展体育教学的根本目的就是为了使得学生认识体育、掌握体育和乐于运用体育，让学生学会和掌握一定的运动技能，任何一种运动技能的习得都要经历从不会到会、从不熟练到熟练的过程，动作技能的形成一般要经历三个阶段，即粗略掌握运动动作的阶段、慢慢熟练、改进和提高的阶段、动作的巩固提高和运用自如的阶段。因为体育课程时间较短，在进行体育教学的过程中，每节课只有 45 分钟，每周所安排的体育课时也较为短暂，所以在日常的教学过程中，不可能对每节课都按照“三段式”的教学理论进行，但是对于一个完整的体育运动而言，任何一种体育运动的教学，都要遵循这三个阶段。如在进行体操教学的过程中，在前面的教学中，学生能够在教师的指导下粗略地模仿；随着教学的不断推进，学生能够对自己的错误动作加以改正，使运动更加规范化；然后经过不断实践和练习，自己能够完整连贯地进行体操动作，这就是体育教学过程所遵循的动作技能形成的规律。

7. 人体技能适应性规律

在学生刚开始接触某种体育运动项目的时候，体内会产生一系列的变化，机体对这个变化会有一定的适应过程。当人体进行某种运动的时候，身体由于肢体和肌肉群的做功，就会承受一定的生理负荷，体内的异化作用就会加强，产生一定的能耗，机体所储备的能量也就会有所下降，这一时期也被称为机体的工作阶段；在运动结束之后，经过一定时间的休息和调整，体内原本被消耗的能量也将逐渐恢复到之前的水平，通过休息和调整，原消耗的能量会恢复平衡，这一阶段称为恢复阶段；然后经过合理的休息，经过机能平衡之后的能源补充，体能将超过运动前的水平，这一阶段称为超能量恢复阶段。根据人体的这一规律，教师在教学的过程中，必须合理地安排体育课的间隔时间。

8. 人体生理技能活动能力变化的规律

在学生进行体育运动的过程中，机体功能活动能力的变化与人体有关器官系统的功能是密切相关的。当学生反复练习某种体育运动项目的时候，学生的身体技能活动的能力就会产生一定的变化，并且这一变化过程呈现出一定的规律性：当机体开始运动的时候，受到人体惰性的影响，人体各器官系统的活动能力从相对平稳的状态逐渐上升，在运动的很长一段时间内，人体的活动能力都在最高的水平，但是这种状态持续一段时间之后，机体就会感觉到疲劳，活动能力也会逐渐下降。经过合理的休息之后，身体机能才又会恢复到相对安静的水平。由于每个个体的体质和生理特点存在着差异性，学生机体活动能力恢复所需要的时间、最佳状态的保持时间都会有所不同。如青少年儿童的活动能力较青壮年而言，活动能力上升的时间短而快，最佳水平持续的阶段较短，承受极具变化的负荷能力较低。因此在进行体育教学的时候，要根据人的身体活动能力变化的规律指导教学活动。

三、体育运动过程中的层次及特点

为了帮助体育教学工作者了解“何为体育教学？体育教学的概念是什么？”这一问题，帮助其进一步掌握教学特点，促进体育教学不断完善、体育教学效果不断提高。笔者认为，我国很多体育教学工作者应该对体育教学过程进一步分解，这样才能够更加清楚体育教学各个层次以及这些层次所具有的特点。笔者根据体育教学的实际情况，根据资料分析认为体育教学过程可分为：超学段、学段、学年、学期、单元和课时等体育教学过程。笔者根据多年对体育教学实践的理解和认识，以及多年教学经验的积累，对体育教学的层次及其特点介绍如下。

（一）超学段体育教学过程及其特点

超学段的体育教学过程，包括小学、初中、高中、大学四个学段的教学。在这四个学段的过程中，学生所接受的体育学科知识和技能都是国家规定的教学内容，具有普遍性和强制性。笔者经过多方面参考文献和多年工作经验分析认为，超学段体育教学具有如下几个方面的特点。

1. 国家规定性

通过前面的文字叙述，我们已经知道超学段体育教学是贯穿于学生整个学校生涯的教学，是国家对学校教育的基本要求，因此，在这一教学过程中，无论是教学的内容还是教学的方法和设备等，都是受国家教育方针的总要求、教育意志、社会、经济、政治等各种社会性因素的发展状况决定和影响的。目前，根据世界各国对体育教学的要求来看，由国家安排的超学段体育教学过程可长可短，如九年义务教育、十二年义务教育和十六年义务教育。因此，国家规定性是超学段体育教学过程的根本特点之一。

2. 多模式性

超学段体育教学过程所包含的时间较长，由多个学段过程共同组成，而不同学段的教学过程又受各学段教育性质影响，长短不一；加之各地区气候、地理和文化的差异，造成了超学段的教学过程各不相同，其目标的表述、教学的方式以及教学的内容呈现多种模块。

3. 非全体性

超学段体育教学过程包含基础、中等和高等三个阶段的教育，由于受到地域特点和环境的影响，并不是所有的学生都能享受到上述三个阶段的体育教学过程。因此超学段体育教学过程同时具有非全体性的特点。

（二）学段体育教学过程及其特点

学段体育教学过程是组成超学段教学过程的元素，依照我国教学模式，可以划分为大学、高中、初中和小学这几个阶段，每个阶段是一个学段教学过程。按目前《体育与健康课程的标准》《课程方案》《学段教学计划》可知，学段体育教学过程具有如下特点。

1. 发展的阶段性

学生身心发展的规律是学段体育教学划分的主要依据。例如，初中生处于青春发育时期，身体和心理发育较迅速，前后变化大，内部机能处于健全阶段，性发育逐步成熟。在这一时期，学生的心理变化趋势和幅度比较大，波动性较强，感知和观察能力、记忆力和应变力、各项思维能力都有明显提高。所以初中阶段的教学内容较注重学生的体质的增强和对学生社会性能力的培养，这就是根据初中生这一阶段身体和心理的发展特点进行制定的教学，这就是发展的阶段性。

2. 相互衔接性

学段体育教学过程是超学段过程的进一步细化，也是对教学内容进行进一步的细分，从性质上而言，学段体育教学过程是把超学段的相对多样的、宏观性的体育教学目标按照学生的身体发展的特点，进行合理的分解，按照学生身心发展的阶段性和特点，分配于几个相互连续和相互衔接的学段之中，并按照知识和教学目标之间的串联性，将其进行排列起来。由此可见，学段体育教学过程具有相互衔接性。

（三）学年体育教学过程及其特点

学年体育教学是结合学段体育教学的要求和目的，根据具体的教学情况以及学生的身心发展特点，依照体育教学标准和要求，把该学段的教学任务、内容等分配到各个学年，使其能够相互连接，并且付诸实施。学年体育教学过程一般由体育部门来把控，是学段体育的重要组成成分，是以学年教学计划为标准进行划分的。笔者现将学年体育教学过程特点总结如下。

1. 系统性

学年体育教学目标和任务是根据学段体育教学目标和任务进行合理的分配，学年体育教学目标虽然是学段体育教学目标的主要组成元素，但是学段教学目标的分解、教学内容的安排，教学过程中课时的分配、在学段之中各学年教学任务和教学目标的分配衔接都是学年教学过程中需要解决的重要问题。再加上学段体育教学的知识和内容具有连贯性和系统性，因此，学年体育教学过程不仅要注重学段中各学年体育教学过程的关系，还要注重各个学期之间的教学知识和内容的过渡，更要注重本学年体育教学知识和技能之间的先后顺序性。由此可见，系统性是学年体育教学过程的特点之一。

2. 周期性

根据知识的遗忘规律可知，每一种知识的习得和消退都具有一定的规律性，为了保证学生进行体育学习的效果，对学年体育教学过程的计划和安排要充分地考虑到体育教学内容的周期性。除此之外，还需要考虑的是，在本学年的每一个学期或星期内，安排什么样的教学内容，每个教学周期安排哪些方面的教学、每个教学内容出现几次、相同的知识点的出现时间间隔以及教学内容之间的关系等，这些都是学年体育教学过程需要考虑的问题。

3. 承启性

学年体育教学内容之间有很强的关联性，通常表现为承上启下的关系，学年体育教学过程作为学期、学段和超学段三种体育教学过程的衔接点，既是学段过程的体现，又是学期过程的参考以及指导，还是学期过程向学段过程的过渡。从学年体育教学的过程以及所教的内容在学校体育教育中的作用，可将学年过程看作学段和超学段过程的具体化表现，学年体育教学过程教学实施的好坏和教学效果，直接影响着体育教学的质量。

（四）学期体育教学过程及其特点

学期体育教学过程是学校参考教师、地区环境、文化特色以及学生等因素，将学年体育教学过程分成上下两个学段。这一教学过程是学校教师以及当地体育教学科研工作室进行研究和掌控的，是学校体育教研组和当地教育研究室，根据教学目的和国家要求，安排的“学期教学计划”。其主要特点表现为以下几个方面。

1. 季节性

学期体育教学过程设计，主要是根据季节的变化和独特的气候特点，把教学计划中本学年的教学目标按照教学内容的特点和国家的教学方针，将其合理地分配到各学期教学计划之中，使得体育教学符合当地气候和季节的特点。如在夏季的时候，一些气候较为炎热的地区常常开展一些类似于游泳、短跑、跳远、投掷铅球等运动，在冬季的时候常常开展一些类似于滑冰、长跑以及一些室内的活动。这样不仅能够保证各项体育运动项目的科学性和对人体发育的有效性，还能有利于学生的身心的健康发展。由此可见，学期体育教学具有季节性的特点。

2. 集散性

学期体育教学是学年体育教学的下位，当学年的体育教学内容和教学目标确定之后，就要根据学生的素质与教材之间的关系、教学任务实施的难易程度、气候的变化等各种教学过程的相关问题，合理地安排到学期教学过程中去。但是在教学内容安排过程中，每个教学内容的特点不尽相同，这就需要体育教师和相关研究者根据教学内容特点进行集中以及分散的排列。如有的教学内容需要集中起来进行安排，有的教学内容需要在两个学期中进行间接性的安排等。因此，学期体育教学内容具有集散性特点。

（五）单元体育教学过程及其特点

单元体育教学过程是指教师按照学期过程中的教学方案、目标、内容以及任务，按照教学的学理性，将学期任务分成一些单元任务加以安排，并根据单元之间的时间顺序性和教学内容的上下连贯性，进行教学课时的分配和实施。单元作为体育教学过程的基本成分，由各个课时共同组成，其在整个教学过程中具有重要作用，它是体育教师实施教学过程的计划。笔者根据对单元体育教学过程的分析，得出单元体育教学过程有以下几个方面的特点。

1. 规模的变化性

单元体育教学过程的根本划分单位是教学内容，根据教学内容的难易程度不同可知，教学单元的长短有所区别，而其长短大小又决定了教学的质量以及容量，同时又受到教学目标、难易程度、学生具有的知识水平、学校的教学条件和教师的教学水平等条件的影响。如类似于跳远、跳高等一些对技术性要求不太严格的教学内容，所需要的单元小一些；类似于篮球、足球、排球等一些对技术性要求较为严格的运动所需要的单元大一些。由此可见，单元体育教学过程具有规模的变化性这一特点。

2. 学理性

单元体育教学过程除具有规模的变化性这一特点外，还具有很强的学理性。因为在进行单元教学课程的安排和设计时，要根据学生学习原理，突出教学目标和教学任务的要求。甚至同一教学目标可设计出不同的教学单元结构。如篮球教学，该类教学项目可以在教学的过程中先分解，然后过渡到整体教学，后者是对前者的综合，并且较注重技术实践性，这就避免了学生“无法学以致用”现象的出现，能让学生更清楚地掌握篮球运动的技能，促进教学效果的提高。

（六）学时体育教学过程及其特点

学时体育教学过程的掌控者是教师，在这一教学过程中，根据单元体育教学过程对每一课时的教学进行教学内容安排并组织实施。从体育教学本身的意义来看，学时体育教学是体育教学的基础，也是体育教学过程的最小组成单位。但是由于学时体育教学过程的实践性较强，是较为关键的一种教学过程。根据对学时体育教学过程的分析和研究，笔者提出学时体育教学过程有如下几个方面的特点。

1. 结构性

在教学过程中，不论是体育教学，还是其他文化课的教学，其教学过程都有一定的结构性，因为学时体育教学过程是教学的主要实践环节，这个教学环节遵循着课堂的教学规律，由于实践性较强，同时还遵循着体育教学内容的规律和学生的身体机能活动的规律、遵循学生对事物认知的规律。所以，在进行学时体育教学的过程中，教师的教学有一定的结构、层次和逻辑性。例如，在进行任何一种知识和技能教学的时候，都遵循体育教学所应遵守的“三段式”教学结构，即按照开始、基本和结束三个步骤展开和实施。

2. 行为性

学时体育教学与其他体育教学最基本的差别是学时体育教学最具有实践性和行为性，无论是单元、学期、学年、学段还是超学段的体育教学过程都是一种宏观的概念，需要在课时教学的基础上完成。由此可见，学时体育教学过程是一种教学实践的过程，无论是从学生还是教师的角度看，它都是一种真切存在的行为过程，而不是行为表现。因此，行为性是学时体育教学过程的特点之一。

3. 方法性

前面我们已经提到学时体育教学过程具有行为性的特点，因此在这一教学活动中十分注重教学过程中方法的选择和应用。这是保证教学实践顺利进行、教学目标顺利完成的基础。这里所指的教学过程的方法性，主要是指教法、学法、课堂组织和管理的方法，这是指导体育教学实践的基础，是体育教学过程顺利完成的保障，也是体育教学过程的核心。

第三节　体育教学系统

体育教学是一项系统性的工程，在这项贯穿学校教育的工程中，体育教学的组织和发展遵循系统论的观点和规律，无论教学如何改革，社会经济政治形势如何变化，体育教学目标和要求如何改变和完善，体育教学都是按照一定的系统和程序进行。研究体育教学的系统能够帮助更多的体育教学工作者认识体育教学的过程，从而更好地优化和完善体育教学，不断地提高教学的质量。

通过前面几章关于体育教学的文字的叙述，我们已经详细地了解到体育教学在学校教育中的重要作用，也清楚地了解到体育教学的特点，无论体育教学涉及的各个因素如何变换，体育教学始终保持着其特定的系统性，这就是体育教学的本质属性。

一、体育教学系统的含义

所谓的系统，实际上就是指有着一定的相互联系，并与环境发生关系的各组成成分的总体。因为体育教学本身就是一个教学工作的整体，各个要素共同构成体育教学的环境，所以体育教学系统也是一个复杂的体系。根据系统的定义和对体育教学的了解，笔者认为，体育教学系统是指与体育教学相关因素相互作用的，并且具有特殊职业性的体育教师、学生、体育课程实施条件等若干要素的有机复合体。

二、体育教学系统的要素分析

通过前面对体育教学系统的定义，我们已经清楚地了解到所谓的体育教学系统，实际上就是组成体育教学各个要素之间的相互作用。为了帮助更多的体育教学工作者认清体育教学系统的概念，笔者在本节中将对体育教学系统的各个要素进行剖析，以帮助更多的教育工作者认识体育教学，从而更好地为体育教学服务。

（一）体育教学环境要素

人类的一切社会活动都是在特定的时间和特定的空间内完成的，并且在此过程中会伴随着某种相关物质和信息的交换，体育教学作为人类教育活动和学校教育的重要组成部分，不能背离教学所在的背景——体育教学环境而孤立存在。体育教学环境具有多层次性，这个层次范围较广，有社会经济层次、有学校教育层次、有个人层次等。这种层次性的包含范围较为广泛，上到在一定社会经济和政治条件下人们所产生的关于体育教学的意识、教育行为方式以及在进行体育教学过程中所提供的精神和物质方面的条件，下到体育教学教具、教学设备设施和体育教学氛围等。体育教学环境要素对体育教学系统内其他要素的影响无处不在。由此可见，体育教学环境要素充分体现了体育教学过程中“在何处进行教学”的问题。

（二）体育教学系统静态结构要素分析

体育教学活动最主要的特征就是，学生是在教师的引导下，通过一定的体育教学方法进行体育教学知识和技能的学习。由于体育教学具有这一特殊性，因此，学生、教师和教学内容通常被认为是体育教学系统中的静态结构的主要组成因素。在这一教学系统中，学生是教学的主体，如何促进学生相关知识和技能的提高、促进学生身心健康的发展是体育教学的根本目的。教师是教学过程的主导者、设计者和监督者，负责引导学生科学地进行体育教学知识和技能的学习。教学内容是由体育这一学科中相关的知识和技能组成的，同时也包含着体育教学活动的任务和要求，是教学实施的基础和保障，是实现教学目标的依据。由此可见，体育教学系统静态结构要素解释了体育教学活动中“谁来进行”的问题。

（三）体育教学系统运动要素分析

整体性是教学系统的一大特征，整体性要求系统的整体功能不是单个静态结构要素功能的简单综合，而是通过体育教学各静态要素之间的相互连接和相互作用，表现出不同于孤立性的要素所具有的新功能。在体育教学系统中，把决定静态结构要素和互相连接于相互作用方式的要素称为运行要素。因为从体育教学活动的本质上而言，体育教学活动是学校教育的有机组成部分，身处学校教学目标的大环境之中，必须承担的教学任务。如在教学目标中，促进学生身心健康发展的教学目标，就需要进行体育教学来完成，这也是体育教学活动存在的意义，也是体育教学目标产生的根本所在，使得体育教学活动有了明确的目标性和指向性。但是作为体育教学系统而言，体育教学中的运动技能之间会相互促进，如学习了立定跳远之后，就会对助跑跳远产生一定的积极性作用，学习了篮球，就会对手球产生一定的促进作用，学习了羽毛球的扣杀技巧，就能以同种运动的原理进行标枪的投掷，学习跳高之后，再进行撑杆跳就比较容易。以上所举例的前一种体育运动技能的学习会对后一种运动的技能的学习起到一定的推动作用。由此可见，在体育教学系统中，各种运动要素之间起到一定的促进作用。

（四）教学系统中迁徙规律与项群理论的有机结合

教学系统中运动技能的迁徙规律与项群理论在某些方面能够有机结合，这样就能够为体育教学提供一个可供参考的平台。在对体育教学系统的研究中，探讨若干个项目之间的规律，并形成一个相对稳定的项群，在这一项群中挖掘教学系统中迁徙规律的最大效果，能够有效提高体育教学的质量。在今后的体育知识和技能的学习过程中，如果掌握了某种技能性动作的动作要领，就能够举一反三地将其应用到“项群”的教学内容之中，学生就能依靠它快速地掌握新的技能，或者把该项群中的相关动作要领和技巧应用到其他相关运动的技能学习之中。少数的几个动作概念和原理就能促进很多新技能的获得，充分体现教学系统中理论在教学活动之中的应用价值，如在学习乒乓球、网球、羽毛球的发球技术的时候，三种运动之间的发球技术存在着一定的相通性，当学习到三者其一的发球技能的时候，就会触类旁通地掌握其他两种球类运动的发球技术，形成技术的迁徙，从而提高教学质量。

三、体育教学系统结构分析

要想更清楚地认识到体育教学系统的概念，除了掌握体育教学系统的含义和相关因素之间的联系之外，还要清楚体育教学系统结构，只有这样才能清楚地掌握体育教学系统，才能更好地进行体育教学。

（一）体育教学系统各相关要素连接方式分析

根据上述对体育教学系统中各要素的分析可知，体育教学环境将体育教学活动限定在特定的实践和空间的领域之内。体育教学活动主要工作是在教师的引导下，根据学生的认知发展的规律和教学内容的特点，选择科学有效的体育教学方法进行教学。在这一教学活动中，教师从学生的特点出发，科学地选取教学方法，引导学生进行学习。而具体的体育教学活动受到体育教学目标的指导和指引，在教学的实施过程中，体育教学的效果和教学目标之间的比较则是通过体育教学评价来完成。

（二）体育教学系统中各要素的作用方式的分析

根据体育教学系统中各相关要素之间的连接方式，对体育教学系统各要素中间的相互作用的方式作如下分析。

（1）体育教学环境是体育教学的背景，是体育教学各项活动正常开展的基础。在体育教学系统中，各教学要素与体育教学环境要素的匹配程度从根本上决定了体育教学的效果与效率，同时也是体育教学“校本化”研究的意义所在。好的教学环境能够保证教学活动的顺利开展，促进学生个人的发展，促进教学目标的实现。一个好的体育教学环境能够成为一种潜在的体育教学资源，促进体育教学效果的实现，同时体育教学活动所创造的部分成果也可能转化为体育教学环境，从而作用于体育教学。

（2）体育教学目标、体育教学内容、体育教学评价三要素之间的连接性。教学目标是教学活动的起点和终点，也是一切体育教学活动的指导者，不仅是体育教学内容的选择依据，而且也是体育教学评价的参考标准。体育教学目标自身的确立和发展在受教育总目标影响的同时，还要根据教学评价的反馈做出积极的调整，以便能够更好地受整体教育目标的限制，体育教育目标的确定和发展需要围绕整体教育目标，同时根据教学评价的反馈情况进行适当的调整，这样才能更好地促进体育教学目标的实现。

（3）体育教学内容是教师和学生之间联系的纽带，体育教师在进行教学活动时为完成体育教学目标所选择的体育知识和相关技能体系。因此，体育教学目标、学生的学习能力、学生的接受能力、教师的教学水平等相关要素共同决定了体育教学内容的选择方向和应该选择的范围。

（4）体育教学方法是将体育教学系统中静态结构的三要素连接的根本途径，体育教学方法是实现体育教学目标、完成相关知识和技能传递的根本载体，是帮助学生提高自身素养的有效方式，获得体育教学中相关的知识和技能，是规范体育教师教学行为的合理的首要选择。

因此，在这一教学过程中，体育教学方法的选择必须根据学生的学习特点、教师两者的教学特点以及教学活动中所包含的知识、技能的特点选择合适的体育教学方法，以此确保体育教学目标得以顺利实现。

（5）体育教师应当以教学内容为载体，在教学的过程中，通过双向连接的方式，将体育教学的内容和学生要素，进行双向连接，充分地发挥体育教师的主导作用。因此，在体育教学过程中，体育教师主导作用的充分发挥可以理解为以下三个方面。

①“懂内容”，教师在进行教学的过程中，必须能够熟练地掌握体育教学内容中包含的体育知识和技能，精通知识和技能之间的内在联系，这是教师进行体育教学的前提条件；②“懂学生”，所谓的懂学生是指教师在进行教学的时候，要对所教学的对象进行了解，清楚他们身体发展的特点、认知水平、身体状况、对知识和技能的掌握水平等，这样便于教师采取合理的教学方法，便于教学过程的实施；③“懂方法”，是指能够根据学生和体育相关知识技能，选择正确的、科学的、有效的教学方法，促进教学目标的完成。

（6）学生在教师科学的引导下，充分发挥其主体作用，掌握教师所教授的体育教学内容中所包含的体育教学知识和技能。因此在体育教学这一系统中对学生进行教学的时候应该注意以下几个方面的问题。

①根据学生的体质和体能，选择适合他们的体育教学项目进行学习。这样能够保证体育教学内容符合自身的学习特点，有利于学生对教学知识和技能的掌握。

②根据学生的学习特点，选择适合其身心发展特点的教学方法进行学习。因为每一位学生的体能特点和对知识和技能的接受能力有着明显的区别，因此在教学的过程中要坚持因材施教的原则，根据学生的特点选择合适的教学方法。

③在引导学生进行体育知识和技能学习的过程中，不能采取传统教学习惯中灌输式教学，而是根据学生的发展特点，选择能够激发学生学习主动性和学习兴趣的教学方法，使学生能够主动地参与到体育学习过程中。

（7）体育教学评价要素与体育教学目标以及教学活动相连接，体育教学评价反映的是体育教学目标在教学过程中的实现程度，是体育教学实际所达成的教学效果与教学目标之间的比较。合理的体育教学目标是有效进行体育教学评价的前提。与此同时，为了充分发挥体育教学评价在教学过程中的重要作用，应该制定合理的教学评价系统，保证体育教学评价具有科学性和反馈性。因此可以看出，体育教学评价是检测体育教学效果、保证体育教学效果不断向教学目标靠拢的重要途径。

笔者希望通过本节对体育教学系统及其相关要素结构的分析和研究，能够使更多的体育教育工作者清楚体育教学系统性以及其相关要素的构成，清楚体育教学各知识之间的连接方式以及作用。同时也使他们认识到要提高体育教学的效率，既要从优化和完善教学各要素之间的关系入手，还要从优化课堂结构入手，如此才能使得体育教学取得事半功倍的效果。

第四节　体育教学管理

一、体育教学管理概述

随着体育教学改革的不断深入，体育教学在学校教育中的地位不断加强，但是受到传统教学观念的影响，无论是体育教学的理论、思想、教学手段等，都与现今体育教学要求存在着明显的差异。如：从事体育教学的教师专业性不强，在教学过程中的内容过于重复，教学期间的各种教学信息反馈不及时等问题。这些都是当今体育教学管理中容易出现的问题。新的体育教学理论和教学目标要求对体育教学工作的实施和管理要体现现代化和科学化。体育教学管理者必须加强对管理工作的认识，认真领会和掌握教学过程中的管理手段和办法，不断地发掘体育教学管理的新途径。在本节中，笔者首先介绍体育教学管理的概念，其次介绍当今时代的体育教学管理存在的缺陷，最后突出体育教学管理的重要性。

（一）体育教学管理的概念

所谓的体育教学管理实际上就是对体育教学过程中所发生的各种因素和行为的管理，这是保证课堂能否正常进行的关键。如果教师忽略对体育课堂的管理，不仅会使得各种体育教学行为无法按照规定的方向进行，更无法促进教学效果的完成。因为体育教学与其他学科教学最大的区别是，体育教学发生在一个相对自由的空间，学生活动和交流的自由度较大。如：在组织学生对于跳远的训练和相关技巧的讨论时，教师不纠正学生的跳远动作，就无法促进学生技能的提高，不对学生的讨论范围进行限制，就会导致讨论话题的混乱，不利于实际问题的解决；如果在进行教学过程中，不注重培养学生的主体意识，就无法发挥学生的主观能动性，无法促进教学效果的实现。这就是教学管理的概念和含义。

（二）目前体育教学管理的状况

体育教学是学校教学过程中不可缺少的有机组成部分，良好的体育教学能够有效地增强学生的身心健康，促进学生综合素质的提高。由此可见，在教学的过程中，对教学的管理十分重要。但是笔者对当前我国体育教学管理的现状进行分析，了解到我国当前的体育教学管理情况不容乐观，主要表现在以下几个方面。

1. 管理人员队伍缺乏

管理人员是体育教学管理中不可缺少的元素，也是保证体育教学管理能够正常进行的重要因素，对体育教学管理的效果具有重要意义。但是相关调查显示，只有56%的学校有专业的体育教学管理人员，从抽查的10所具有体育教学管理人员的学校可知，有50%的管理人员是体育教师，30%的管理人员是学校体育教研组的领导，有20%的是学校的领导。因为体育教学过程中涉及的不确定因素较多，本身就存在一定的风险性，因此在进行教学的时候，必须有非常完善的体育教学管理队伍，对学校的体育教学进行监督和管理。但是调查显示，部分学校不具有体育教学管理人员，不利于体育教学活动的开展，即使有些学校有体育教学管理人员，但是在管理人员对体育教学的管理过程中缺乏学生的参与和对体育教学信息的反馈，不利于教学行为的改善和教学质量的提高。

2. 教学管理制度不明确

规章制度是体育教学管理人员进行教学管理的准则和参考，是体育教学管理工作展开的保障，同时对体育教学中的各种管理行为起到约束作用。因此，为了规范对学校体育教学的管理，各学校要根据本学校的情况、学生的特点和教学的条件等建立教学管理规章制度。但是在调查中发现，尽管很多学校开展了体育教学管理工作，但是在体育教学管理的规章制度上存在着不足，很多学校甚至没有建立体育教学管控力的规章制度，造成体育教学管理工作存在责任不明、管理不到位的尴尬局面，严重影响了体育教学管理作用的发挥。虽然有些学校建立了体育教学管理的规章制度，但是规章制度的完善程度和健全程度不够，没有对规章制度进行深化和细化，同样不利于体育教学管理工作的正常进行。

3. 教学管理的内容详略不得当

体育教学管理作为教学过程中的一项重点工作，其内容应是非常丰富的，但是它与体育教材的内容有着明显的区别。笔者在对实施体育教学管理的学校进行其管理内容的调查时发现，有许多学校将体育教学内容列入体育教学管理之中，但是只有少数学校将安全监督的内容列入体育教学管理中去。通过前面的文字叙述可知，体育教学是一个风险性极高的教学板块，在这一教学过程中，很可能出现安全隐患，但是极少数的学校将安全监督和管理列为教学管理的内容，而是更加侧重对学生成绩的管理。这样的管理内容和管理方式是非常片面的，也是非常不利于教学实施的，必须加以改正。

4. 教学管理未受到领导重视

领导是体育教学管理中的重要决策力量，凭借其本身所具有的权威性，更能够促进教学管理工作的开展。通过对各学校体育教学管理工作的调查可知，仅有16.67%的学校领导重视并投身到体育教学管理工作中去。由于领导对体育教学管理工作的轻视，导致学校体育教学管理工作松懈，使其徒有形式。虽然有些学校的领导认为体育教学管理在学校体育教育中具有重要的地位，但是对体育教学管理的重视程度不够，不能保证体育相关管理人员、物资和设备的投入，这样不利于体育教学管理实务的开展，更无法促进体育教学管理工作更好地落实。

5. 教学管理的环境不理想

教学本身就是一个不断运动的过程，因此在进行教学管理的时候，要保证管理行为的及时性，主要包括两个方面：第一，及时发现体育教学工作中的问题；第二，及时对教学中发现的问题进行纠正。目前，很多学校的体育教学管理效果令人不太满意，不能为体育教学活动的开展提供足够的保证，笔者通过对这一现象进行深入的了解发现，除了上述几种情况之外，学校的体育教学管理环境和风气也存在着很大的不足。甚至有些学校对体育教学管理的开展只存在于形式，由于没有某种相关管理制度的限制，体育教学管理人员参与体育教学管理工作的兴趣较低，积极性不高，管理人员之间的配合不具有默契，造成体育教学管理效果不理想。

（三）体育教学管理的重要性

随着体育教育的改革不断深化，体育教育中的思想、理论、教学方法、教学内容等诸多因素暴露出体育教学的不足。因此，学校要严格地对体育教学进行管理和监督，增强对体育教学管理工作的认识，认真领会和掌握科学的体育教学管理办法和手段。首先体育教学工作者和教学管理者要认清体育教学管理工作的重要性，不断提高教师和管理者的管理意识以及水平，促进教学质量的提高。

1. 是教学工作的指导思想

在体育教学过程中，只有明确体育教学管理的方向和目标，在实际教学工作中，才能按照这一方向进行教学的实施，才能帮助学生树立科学的人生观、价值观和世界观。因此为了体育教学效果的早日实现，我国迫切需要一套完善的体育教学管理制度，为体育教学指明前进的方向，实现教学的现代性和科学性。

2. 保证了教学过程的规范性

体育教学管理工作既要符合学校教学管理工作的总要求，又要具有实际的可操作性。因此在这一要求下，体育教学过程既要体现出“以人为本”的教学思路，又要按照体育教学管理者的要求，正确选择教学目标、方法和内容，保证教学内容的先进性和教学方法的科学性，不断规范教师和学生在教学过程中的各种行为，促进教学活动的进行和教学效果的实现。

（四）对学校体育教学管理的对策的分析

如何提高学校体育教学的效率？如何更好地实现体育教学的效果？如何通过体育教学增强学生的体质和综合素质？这些是体育教学开展的目标和意义，是学校教育的总目标。为了帮助更多的学校认识和纠正体育教学管理中存在的不足，笔者特意对体育教学管理对策进行了分析，具体如下。

1. 加强重视程度，提高投入力度

通过研究发现，在体育教学管理过程中领导对体育教学管理工作重视程度不够是目前体育教学管理中普遍存在的问题，这对于体育教学活动的开展是非常不利的。笔者认为，提高学校领导对体育教学管理的重视，是体育教学管理工作开展的必要途径。因为领导的重视，能够提高相关事务的权威性，只有领导对体育教学管理足够重视，才能引起教师和管理者对管理工作的高度重视，才能保证教学管理工作的落实。如：对体育教学中教师行

为的管理，要求所有的体育教师在进行教学的时候，必须采取校内和校外教学相结合的教学方式。但是如果领导对这一规定置之不理，甚至对违反该规定的教师不闻不问，那么无论是体育教学管理者还是教师，都会认为体育教学管理的相关条例徒有其名，不利于管理工作的开展。

因此在教学的过程中，要积极提高领导对体育教学管理工作的重视，通过各种措施引起领导对体育教学工作复杂性、重要性的认识，使领导认识到教学管理在教学工作中的价值，从而加大学校教学管理工作的投入力度，保证教学管理工作的高效落实。

2. 完善队伍建设，健全规章制度

教学管理工作并不是某一个人的工作，而是一个集体性的工作，并且体育教学涉及的方面较多，较为复杂，在进行教学管理的时候还应该健全各种管理相关的规章制度，不断地保证管理的规范化，提高管理人员的能动性，充分发挥管理过程中相关因素的职能。如：在对教学过程中的安全性进行管理时，由于教学过程中有多种不确定因素，因此在进行安全风险的排查和相关规章制度的制定时，需要教学管理团队进行调查、实践、分析、研究，最终制定出符合体育教学实际的具有可操作性的规章制度。由此可见，教学管理工作的开展和落实需要一个管理团队的努力，需要科学的规章制度的约束。

在教学的过程中，要不断提高体育教学管理工作中人员的配置，使其符合教学管理工作的需要，同时还要不断地对管理工作人员的业务能力和相关管理技巧进行培养，提高管理人员的综合素质，为体育教学管理工作的开展提供人力保障。除此之外，还要加强规章制度的建设和完善，对教学管理工作的责任、义务和相关管理的内容进行明确界定，对教师和学生的教学活动中的诸多事宜进行限制，以便相关管理工作科学有效开展。

3. 调整管理内容，评价管理效果

体育教学涉及的内容较多，较为复杂，不确定因素较多，风险性较大，因此，在开展教学管理工作之前，应该根据教学的实际情况和教学方针，制定清晰的教学管理内容。对于体育教学管理工作而言，教学内容是教学管理工作的主要依据，也是教学管理科学性和有效性的保障。再加上体育教学内容和教学设备是随着社会的需求和人们文化水平的发展而不断变化的。如我国科技水平的不断提高，体育教学器材也在不断地完善和改进，如一些体育学校为了丰富体育教学项目、提高学生的体育知识，保证学生技能的全面发展，引进了吊环、蹦床等体育器材，对学生的臂力等各平衡能力进行培养，或者一些学校为了丰富学生的教学体系，开展了游泳课程的教学，这些教学器材和教学场地的开发，虽然在一定程度上丰富了教学内容，同时也为学校的教学管理工作增加了管理的项目，教学管理小组应该根据教学活动中存在的安全隐患和应注意事项，合理增加体育教学管理的内容。

评价教学管理效果能够促进教学管理工作的不断完善，是一种较为科学的教学管理工作。由于体育教学较为复杂，因此体育教学的管理工作较其他学科的管理工作而言，较为复杂，为了保证其教学管理效果的最优化，需要不断地进行教学管理效果的评价和反馈，使教学管理工作人员能够根据这一反馈不断地调整教学管理内容、制度和方向，使其更加具有规范性和科学性，不断提高教学管理效果。

体育教学管理工作是学校日常管理工作的一部分，是保证体育教学效果的前提和依据，应该给予足够的重视，并且制定各种规章制度保证其良好的开展。这是在当今时代的发展下，对体育教学的总要求，也是时代对学校教育的总要求，更应该引起学校领导、体育教学工作者和研究者的重视，保证体育教学工作更加有效地开展，促进教学效果的提高。

二、体育教学管理的基本方面

众所周知，实现我国体育教学目的和任务的途径是体育教学、体育锻炼、运动训练和运动竞赛，其中的体育教学是学校体育工作的中心，在这一过程中，体育课堂教学的质量如何，学生的身体素质和体育相关技能水平的高低，是检验一个学校体育教学水平的主要依据。体育教学管理又是调节体育课堂教学质量的关键，由此可见，在体育教学中管理工作也就显得尤为重要，笔者着重从体育教学管理方面进行探讨，帮助体育教学管理者和工作者认清体育教学管理的方向。

从学校体育教学的角度而言，体育教学管理是学校体育教学管理系统的中心环节，是学校体育教育和体育教师进行教学的依据和方针，能够使教学工作者端正教学的态度，认清教学的规律，从而使教学工作者能够充分地行使其教育权，管理者能够充分地行使其管理职能，能够在教学管理的过程中，运用科学的管理手段，对体育教学诸多方面进行合理的掌控，保证体育教学正常的进行。根据体育教学的特点和教学的内容，可以将体育教学的管理分为计划管理、过程管理、质量管理、方法管理和评价管理等诸多方面。

（一）体育教学工作的计划管理

学校的体育教学工作计划管理分为对教学计划制订的管理和实施的管理两个环节，体育教学计划的制订是根据体育教学计划的具体标准和课程标准的要求进行的，这样不仅能够保证教学计划的科学性，还能保证教学计划的系统性。在对其进行管理的时候，除了要分析教学计划的科学性和可行性外，还要注意管理教学计划的实施情况以及效果，使计划的实施情况能够及时反馈给制订者，方便其及时发现问题，进行重新修订。

体育教学计划按照时间以及层次进行分类，可以分为单元、学时、学期、学年等层次的体育教学计划。以上各层次教学计划需要根据层次的递进关系进行制订，学年计划需要根据学期，学期计划需要根据学时，学时计划需要根据各单元。体育教学计划的管理也要根据体育教学计划的层次进行，教学工作计划的管理是现代教育的要求，是整个体育教学工作中的重要组成部分，在教学的管理过程中，必须保证每一层次的教学管理计划都要与体育教学的总体目标相吻合。笔者通过对体育课程标准的研究和教学环境的掌握，将体育教学管理的要求总结如下。

1. 学期和学年开始前

为便于体育教学工作计划的管理，体育教学管理团队在学期与学年开始前，各体育教师需要将本学期或本学年的教学计划上交教研组，各教师一起进行讨论，主要测评的方面包括体育教学的计划是否符合课程标准的要求，是否能够与学生的身心发展和认知规律、学校的教学环境和设备等诸多因素相吻合，对不合理的方面进行调整。如：某位教师的学年计划有一项是培养学生的游泳能力，但是学校不具备游泳场地和设备，也没有专业的游泳教练，这个教学计划是不符合学校教学条件的，应该加以修改。

2. 讨论教学中的因素的干扰

任何一种教学计划都有其特定的对象，对于学校教育而言，不同阶段的学生所需要的体育教学有所不同。比如，在拟订初三学生的教学计划时，要按照毕业考试的内容进行。又如，在对学生进行 800 米跑步成绩的测评时，男女学生所规定的跑步时间有所不同。学校体育教学管理小组就应该根据这些影响性因素对教学计划进行修订和调整，以保证教学计划的可行性，降低各种因素对教学计划的影响。

3. 对计划的执行进行管理

为了保证体育教学管理工作科学有序地开展，要求体育教学工作者在进行教学的过程中，严格按照计划进行执行，并且要求任何人都没有改动计划的权限，如果教学的内容和课时数的分配需要改动的时候，必须和教学管理小组进行申请和讨论，经过教学管理小组的研究和同意之后，方可进行教学相关事宜的更改。例如，某位教师在学期开始之前已经将教学计划上交，并得到教学管理小组的认可。如果在教学的过程中，学校修建了游泳池，并购置了单杠、双杠等体育教学设备，这个时候，教师就需要重新修改教学目标。在这种环境中就需要再次和体育教学管理小组讨论研究，最终决定是否更改。这是保证教学计划执行性的有利条件。

（二）体育教学过程的管理

体育教学中学生的学习过程和教师的教学过程，是一个双变性的关系，这一过程使体育教师根据教学的计划和教学的大纲指导学生进行身体的练习，从而提高学生对“三基”的掌握，提高学生的学习能力，增强学生的体质，同时培养学生的道德情操和意识。

体育教学过程由四个基本要素构成，它们分别是教学的主导——教师，教学的主体——学生，教学内容和教学方法等，要想保证教学的质量，达到预期效果，则必须确保这四个因素能够相互配合。但由于体育这几个因素能够配合起来，这样才能达到预期的效果。

由于体育教学随着社会经济水平、文化水平、生产力发展水平和科学技术水平的变化而变化，因此在进行教学管理的过程中，相关教学管理工作人员应该根据课程标准的规定、社会的需求等因素，对教学过程进行分析和研究，以便及时调整教学管理工作内容，与时俱进地对体育教学进行监督和管理，保证教学效果。

体育教师是体育教学过程中的主导者和组织者，也是教学过程的管理者，体育教师对课堂教学的管理水平同时也决定了体育教学的质量。课时教学是体育教学中具体的实践教学环节，是其他各层次教学的最小组成单位，是体育教学过程中最为重要的环节。再加上体育教学的对象是全体学生，教学的载体是教学内容，教学实施的依据是教学方法，同时学生又具有差异性，因此在教学的过程中，要结合学生的区别进行差异性的管理，并加强学生的动作技能和学习兴趣的管理，激发学生学习的积极性。如教师在进行乒乓球教学的时候，如果在教学的过程中不注重对学生的学习兴趣的管理，只是单纯地为了完成学校分配的教学任务而学习，对学生进行灌输式的教育，不对学生的情感进行管理，就不能让学生充分地体验到乒乓球运动，从而导致学生失去对这一运动的兴趣。如果有一些教师注重对学生的兴趣的开发，但是在教学的过程中没有对教学的方法进行科学的选择，也没有对课时的教学目标进行制订，更没有对学生进行小组训练的安排，就会导致课堂教学的混乱，学生学习不到实际的知识和技能，也不利于教学质量的提高。

由此可见，教学过程的监督和管理是学校体育教学中的重要环节，也是体育教学管理的重要组成部分。无论是教学内容还是教学方法、教学目标、学生、教学模式的选择都需要教师给予高度的重视，再加上教学本身就存在着一定的风险性。因此在教学的过程中，还要注重对非确定性因素的管理，这样才能保证对体育教学过程管理的完整性，促进教学质量的提高。

（三）体育教学的质量管理

教学的质量是教学管理者在严格遵守各项教学要求和教学规律的前提下，对各种教学职能实施教学管理，以保证教学任务的完成和教学目标的实现的过程。在对教学质量进行管理的过程中，笔者根据课程标准对教学质量的要求认为，首先应该对师生教学质量的意识和观念进行管理，其次是教学质量的确定，最后是对教学工作中教学质量的检查。只有坚持对这三个方面进行管理，才能提高教学的质量。笔者根据自己对教学质量管理的经验，并且通过现存有关教学质量管理资料的研究，对以上三个方面的质量管理内容进行详细的说明。

1. 对教学质量观念和意识的管理

师生关于教学质量的观念和意识是进行教学质量管理的前提条件，也是更好地促进教学质量管理的依据。因为只有在教师和学生形成对教学质量重要性的认识，才能够促进他们自觉地遵守教学质量，在教学的过程中，有意识地养成一些能够提高教学质量的习惯。笔者认为这种教学质量管理的观念和意识应该包含以下几个方面：第一，学生作为教师教学的主体，要能够面向全体学生进行教学质量的管理，因为体育教学的对象是全体的学生；第二，既要重视对教学成绩的管理，又要注重对教学过程中各个环节的教学质量的管理；第三，就是要加强对体育教师的教学质量观关的教育，帮助教师树立高质量的教育观念，并促进其对高质量教育知识和技能的掌握，全面保证体育教学质量管理工作的落实。如：某位体育教师在进行体育教学的时候，受到传统教学观念的影响，总是认为体育教学在学校教育中的地位微乎其微，在教学的过程中常常点到为止，课堂上学生的自由度也较大，甚至极少开展课外教学，把体育课堂当成是学生完成其他学科作业的自习课，导致其带领的班级的体育学科的教学质量较差，无法达到体育教学的目标要求。由此可见，对教学过程中教师和学生的质量观念和意识的管理尤为重要。

2. 对教学质量管理标准的确定

教学质量管理标准是在进行教学管理工作中的评定标准和依据，在确定教学质量管理标准的时候，应该根据党的教育方针和对体育教学的要求以及学校教育组对某个阶段的教学计划、教学的任务、大纲的要求等进行确定。同时教学的质量管理的标准应该从学生的角度出发，以检测学生对体育知识、技能、技术的掌握情况。同时在标准的确定中注重教学质量测评的全面性，如在测定某一个班级学生的体质增强状况的时候，有的学生的体质增强达到了学校规定的标准，但是有的学生的体质却没有达到标准。在进行教学质量效果的检测时，既不能以体质较好的学生作为评判的标准，也不能以体质较弱的学生作为评判的标准，而是对全班的学生进行测评，计算学生体质的达标率和合格率。这样才能更科学地反映在教学的过程中对学生体质增强效果的好坏。教学质量标准是体育教师在进行教学工作的目标，也是检查教学质量的依据，同时是质量管理的基础。因此，对于体育教学而言，建立和研究一套科学的质量管理标准对学校体育教学而言，非常必要。

3. 对教学质量的检查

建立教学质量标准的根本目的就是对教学质量进行检查，通过对教学质量的检查，不仅能够准确地掌握教师的教学能力、教师的专业水平，同时还能够对教学活动起到一定的推动作用。在当今对体育教学质量进行检查的手段是对学生教学效果的考核，但是这样的教学检查方式并不能全面地反映教学的效果。再加上组成体育教学的因素不仅复杂多样，体育教学过程中还存在着很多的不确定性因素，这些都对体育教学效果的考核造成影响。如：某一学生在平时的体育学习过程中成绩非常优秀，但是此学生的心理承受能力较差，在陌生人面前容易出现紧张感，并且面对传统的考核时，容易产生畏惧的心理，影响其所学知识和能力的发挥，导致其考核的成绩不能成为反映其本身具有的知识和技能水平。随着人们对体育教学认识的不断深入，越来越多的对体育教学质量检查的方式呈现在人们的面前。教学比赛、课堂测验、负荷测定和观摩课等，都能成为学校对教学质量检查的方法和手段。由此可见，对教学质量进行检查，是体育教学过程中必不可少的一个环节，它使得体育教学管理具有新的标准。

（四）体育教学管理的方法和评价

体育教学管理方法作为完成体育教学的有效手段以及必要途径，正确地选择体育教学管理的方法，对于顺利地完成体育教学管理任务有着非常重要的推动作用。比如，某一学校虽然开展了体育教学，并且成立了专门的体育教学管理小组，但是该小组内的成员都是一些没有体育实践经验的校内领导，在对体育教学进行管理的时候，也没有科学或者规定的教学管理方法，最终导致体育教学管理较为混乱，教师和管理小组成员之间的矛盾也在不断地被激化，不仅阻碍了体育教学管理工作的落实，而且影响了学校体育教师对体育教学的积极性，既不利于教学质量的提高，也不利于教学目标的顺利实现。

体育教学管理的评价，是根据体育教学的目标、教学原则、教学标准和要求，利用可行的评价技术和手段，对教学管理的行为和管理的效果进行评价，并且对所判断的结果进行反馈和管理，这样就有利于信息的流通和反馈，不断地调节体育教学的管理活动，这样无论是对教师的教学，还是对学生的学习都能起到一定的强化作用。例如，在进行教学管理评价的过程中，学生能够对教师的行为进行评价，这样教师能够从学生反映的情况中，提炼出学生对某一种知识和技能的渴求，并且帮助教师认识到其在教学过程中存在的不足，以便于教师对其行为进行调整。以上归纳的关于体育教学管理的内容是由体育教学的具体任务以及性质所决定的，同时它也体现了国家对体育教学管理工作的实践以及总结。对体育教学质量进行的管理，体现了体育教学在学科教学中的重要意义，并且能够促进体育教学管理和教学技术及手段的不断改革，提高教师的教学水平和教学管理小组的管理水平，更重要的是能够更好地培养与造就一代新人，所以决定了体育教学管理工作和管理队伍标准的高标准和严要求，使得体育教师和教学管理工作者不断地加强自身对体育教学的认识，努力提高自身各方面的素养，保证国家体育教学方针的落实，做好体育教学工作，更好地发展学校教育与体育教学事业。

第五章 高校体育教学方法的改革与创新

第一节 高校体育教学中多媒体技术的应用

一、多媒体教学技术的特征

（一）多媒体教学技术的多维性特征

多媒体技术的多维性特征，主要指的是多媒体教学技术所拥有的对信息范围进行处理的扩展与扩大空间的能力，而此种多维性职能能够变换、加工、创作输入的信息，使其输出信息的表现能力得到增加，其显示效果得到丰富。例如，在高校体育教学开展的过程中，利用多媒体系统进行辅助，不仅能够保证学生对文本知识的学习，使其对静止图片进行观察，并且在多媒体技术的支持下，学生能够清楚地观察、了解体育教师的动作演示，使高校体育教学的效果得到加强。

（二）多媒体教学技术的集成性特征

多媒体技术的集成性特征，主要指的是多媒体技术能够将不同类别的多种媒体信息有机地进行同步组合，例如，声音、文字、图像等，进而促进多媒体完整信息的相册。此外，集成性还存在另外一层含义，指的是对这些多媒体信息进行处理的工具或者设备的集成，包含视频设备、储存系统、音响设备、计算机系统等的继承，总而言之，指的是在提供的各种设备上将各种媒体紧密地进行关联，使文字、声音、图片与音像的处理实现一体化。

（三）多媒体教学技术的交互性特征

多媒体教学技术的交互性特征，主要指的是人和人之间、人和机器之间、机器和机器之间的交互活动，也就是人和机器进行对话的能力，也就是使用者同机器之间进行沟通的能力。这也是多媒体计算机系统不同于传统音响、电视机等家电设备的地方。根据实际的需要，人们能够选择、控制、检索多媒体系统，同时，还能够参与到播放多媒体信息与组织多媒体节目的行列中。传统的只能对编排好的节目被动接收的电视机形式已经被打破。

（四）多媒体教学技术的数字化特征

多媒体教学技术的数字化特征，主要是指在多媒体计算机系统中，各种各样的媒体信息都是以数字的形式在计算机中存放，并得到处理。多媒体技术是在数字化处理的前提下被建立的，如以矢量方式储存与处理的图形、以点阵方式储存与处理的图像、以数字编码方式储存与处理的音频和视频。在数字化技术发展的背景下，多媒体教学技术得到了广泛的传播与发展。

除了上述的四种主要特征以外，多媒体教学技术还有其他的一些特征存在，通常来讲，还拥有分布性、综合性与实时性等特征。所谓的实时性特征，主要指的是对于同时间相关的心理，如声音与视频信号等的处理，还有人机的交互显示、操作与检索等都存在实施完成的要求。所谓的分布性特征，主要指的是基于多媒体数据多样性的存在，在不同的时间与空间都会存在它的素材，并且在不同的领域中，它也得到了广泛应用。因此，对于多媒体产品的开发，在离不开计算机专业人才参与的同时，更加需要的是听、视专业的人才。而多媒体计算机系统存在比较明显的综合性，它不仅能够综合集成各种媒体设备，同时还能够综合集成各种信息，使它们成为整体，促进综合效应的产生，不再是单兵作战，而是文字、图片、声音与音像的有机组合。

二、多媒体在高校体育教学中的应用优势

多媒体教学技术通过文字和图形的形式，同动画、音频与视频相结合，将体育课程的教学内容进行立体地显示，具有表现形式和表现手段丰富多样、灵活多变的特征，使其独特的优势得到充分体现。

（一）多媒体技术使高校体育教学观念得到了更新

高校体育教学的传统教学模式是以教师的教作为重心，在高校体育教学应用多媒体技术，能够使此种传统高校体育教学模式发生改变。体育教师在进行授课的过程中，对现代化的多媒体教学手段进行了应用，同时还需要通过人机交互活动与学生间交流活动的开展，使学生的体育参与意识得到激发，将体育多媒体教学的教学思想进行了展现，即以学生的“学”作为中心。这都能够极大地促进高校体育教学方法的实践性与多样性变革，改变学生体育知识与体育技能的学习思路与方式。

（二）多媒体技术使高校体育教学的质量得到提高

在体育课程的传统教学活动中，教师主要应用的教学方式是讲授为主，挂图等展示方式为辅。在实践课中则需要体育教师进行讲解与示范，在主观条件与客观条件的约束下，很难做到完全规范、标准的技术动作示范，在较短的时间内，学生们正确的动作概念也很难形成，只有体育教师才能够反馈出学生的体育学习状况，而这样的高校体育教学效果也是可想而知的。

多媒体高校体育教学的实施使得上述的状况得到改变，在文字与图片的辅助下，体育课程的抽象概念得以具体化、形象化，而通过计算机，就能够对难度较高的体育技术动作进行模拟演示。而在对速度较快、结构复杂的技术动作进行讲解与示范的过程中，取得的效果则将会更加的明显。在多媒体技术的支持下，通过慢动作使学生对这一系列动作进行清晰的感知，促进相关体育概念的形成与动作要领的掌握，方便进行模仿与掌握，使得高校体育教学的效率与效果得到极大的提高。

（三）多媒体技术使学生的体育学习效果得到提高

多媒体技术能够使人的视觉、听觉等多种感官系统得到刺激，促进大脑不同功能区域

交替活动的开展，促进体育学习内容生动化、形象化的发展，增强高校体育教学活动的趣味性与直观性，方便学生对体育技术动作的理解。多媒体技术对字体、色彩、图表、音乐、动画和闪烁等多种表现手段进行了综合利用，保证“声图并茂”“有声有色”，使得高校体育教学内容的艺术表现力与强烈的感染力得到增强，使高校体育教学的课堂氛围得到活跃，特别是多媒体高校体育教学资料中对肢体和谐美、力量美与技艺美的体现，使高校学生对体育的功效与个性的社会价值取得真正的认识，使他们的求知欲与体育学习的热情得到激发，进而使学生的体育学习兴趣与体育课堂教学的质量得到有效提高。

三、多媒体 CAI 在高校体育教学中的应用

（一）目前我国 CAI 的发展现状

目前，CAI 正迎来了一个多媒体大面积教学的时代，即使用先进的计算机技术、多媒体技术、网络技术、通信技术和设备，“让最好的教师面向最广大的学生的时代”。因此，保证 CAI 课件大数量、高质量的发展具有十分深远的意义。

（二）多媒体 CAI 的发展趋势

对于近年来，在 CAI 中多媒体技术的应用情况进行综合分析，可以得知多媒体 CAI 的应用存在三个方面的发展趋势，具体内容如下。

1. 呈现网络化的发展方向

计算机技术的不断发展，尤其是网络技术的迅猛发展，使人们的生活方式与工作方式得到很大的改变。网络技术的发展需要多媒体技术的支持，而多媒体技术需要在网络中得到应用，进而使网络的表现力得到了增强。在网络中应用 CAI 课件，能够保证“最好的教师面向最广大的学生”，进而使多媒体 CAI 的群体教学模式得以实现。

2. 呈现智能化的发展方向

从功能上来讲，多媒体教学软件与智能教学辅助系统之间存在着互补的关系，如果能够将两者进行结合，那么就能够规避短处的同时而发扬长处，进而使得性能较高的新一代多媒体 CAI 系统得以顺势而生。如果想要使多媒体 CAI 具备一定智能性的问题得以实现，那么就不仅仅需要同人工智能领域的知识表达与知识推理紧密联系在一起，同时还需要对学生模型的建构问题进行考虑。在人工智能领域的知识表达与知识推理问题上，需要探求出一种能够与多媒体环境相适应新型的知识表达方式及与之相对应的推理机制。

除此以外，还能够更可能地应用方法保证多媒体知识库中导航功能的智能化发展。智能化导航在具备一般导航功能的同时，还能够按照当前学生的知识水平，对学生最合适的下一步路径进行及时的建议，如果学生碰到了困难，就要对学生进行帮助，等等。

3. 呈现虚拟现实的发展方向

虚拟现实的英文全称是 virtual reality，简称为 VR，属于交互的一种人工世界，需要多媒体技术同仿真技术的有机结合，在此种人工交互的情境中对一种身临其境的感觉进行创造。通常来讲，如果想要融入虚拟现实的环境中，那么就需要佩戴一个特殊的头盔与一副特定的手套。

在高校体育教学中应用VR技术，具有十分令人鼓舞的前景。例如，我们可以对一个“虚拟物理实验室”的系统进行建造，这种系统能够帮助学生开展各种各样的虚拟实验，如万有引力定量实验等，进而深入地了解物理的概念与规律。

伴随多媒体技术与仿真技术的不断发展，VR实现的理论与方法也不断发展。例如，美国城市设计与规划专业的学生，通过对于这一套系统进行利用，从而能够对虚拟的一座城市进行设计、制作，如果学生能够改变城市场景的虚拟视图，那么就能够对于观光浏览真实场景激发虚幻场景的想象能够起到一定的促进作用。

(三) 同传统的高校体育教学方法相比，多媒体CAI具有的优势分析

在高校体育教学课堂教学活动开展的过程中，由于高校体育教学内容与高校体育教学任务方面存在着一定的需求，因此，能够科学地、合理地对现代化教学媒体多媒体CAI进行选择，并进行应用。信息的全方位传递需要人体的多种感官，同时对于媒体组合开展的系统教学能够进行反馈与调控，在高校体育教学课堂教学开展的过程中，保证它的存在是始终有效的，从而实现高校体育教学过程的优化。

多媒体CAI高校体育教学同传统的高校体育教学活动相比较，存在的优点有以下几种。

1. 体育教师在指导学生体育学习活动的过程中对其系统进行利用

在现代化高校体育教学中，计算机能够对大量的教学相关信息进行承载，能够按照高校体育教学的实际需要，开展人机对话，并且能够对各种各样的高校体育教学活动随意地调用、开展。

2. 可帮助学生对动作概念尽快地建立

如果能够将多媒体CAI应用在体育课堂教学过程中，就能够促进力量教学效果的获得。例如，体育教师在对足球理论课进行教授的时候，提到“越位”这一概念的时候，大部分学生对此概念能够很好地理解，然而，在具体的实践中却不能较好掌握。在进行表达的过程中，体育教师可以对画图的形式进行利用，同时，还能够对声像资料进行应用，对于足球比赛活动中一些典型的与不典型的“越位”镜头编辑在一起，从各个角度出发，向学生及时展示什么是“越位”，同时还要将经过反复推敲的解说词列入其中，使学生的各个感官得到调动，从理性上与感性上使学生对这一概念进行理解。

3. 学生可用其对自我学习、自我测验与自我评价直接地开展

对于多媒体高校体育教学的使用方法，由体育教师向学生传授，保证学生的体育学习活动，不仅能够在课堂上进行，还能够在课堂教学结束后开展，即复习或自学。

4. 向学生及时、准确地反馈其学习进程，使体育学习效率得到提高

在传统的高校体育教学过程中，教师在对跳远动作进行教学的时候，会对学生做出的不规范腾空动作或者是没有达到规定标准的动作进行指出，但是有时候学生可能并没有意识到错误的动作，因此导致教师和学生之间出现了沟通障碍，需要注意的是，如果想要消除掉此种掌握，就需要在体育教师的悉心指导下，学生对某一种动作一遍一遍地不断重复练习，并且在不断的重复练习中，对动作的要领不断体会。如果是在学生需要改进某一个

成型动作或者使自身运动成绩得到提高的时候，就可能会导致学生具有较低的训练水平与较慢的成绩提高。体育教师可以对每一次学生做的跳跃动作进行录制，进行慢动作处理，再组织学生进行观看，使学生对于存在的问题能够及时地发现，并予以纠正；还可以利用计算机的处理作用，将一些优秀学生所做的这一动作进行事先的录制，再将两者开展对比，就能够很明显地得出两者之间存在的区别。此外，这套编制的多媒体 CAI 在专业运动员的训练中也同样适用。

5. 使学生的体育学习兴趣提高

在传统高校体育教学活动开展的过程中，鉴于单调高校体育教学形式与落后高校体育教学手段的存在，也由于学习过程反复、辛苦、无聊而使得学生容易产生不能积极应对学习的心理状态，想要调整过来是不容易的。多媒体 CAI 具有的形式是新颖的、变化多样的，能够对学生良好的心理状态进行调节，同时还能够有效刺激学生自身的求知欲，从而使学生的体育学习效率得到一定程度的提升。

综上所述，多媒体 CAI 能够刺激学生的各种感官，对知识或信息进行最大限度地吸收。多媒体 CAI 在高校体育教学中的应用，促进高校体育教学软件多媒体化的发展，能够使学生心理上的不同要求得到更好的满足。它能够将信息编码成图像，经过同步识别以后，保证高校体育教学文件的声图并茂，绘声绘色，且清晰，便于理解，使学生更加容易接受。

（四）体育多媒体 CAI 课件设计

体育课件的结构由两个主要部分构成，即原理教学模式与训练教学模式。而对于体育多媒体 CAI 课件而言，总体的结构组成是高校体育教学内容与高校体育教学目标，其主要目标是使学生对体育基础知识和基本技术、技能进行掌握，使学生的身体素质得到增强，使学生的良好思想品德得到培养，促进学生观察能力与模仿能力的提高。

1. 体育多媒体 CAI 课件设计步骤

体育多媒体 CAI 在设计的过程中主要包含四个主要步骤，具体内容如下。

（1）体育多媒体 CAI 课件设计的第一阶段。在体育多媒体 CAI 课件进行设计的第一阶段，首先要对题目进行确定，之所以对题目进行确定，目的在于对课件设计所依据的规范进行了解。

（2）体育多媒体 CAI 课件设计的第二阶段。在体育多媒体 CAI 课件设计的第二阶段，要对脚本进行撰写。撰写脚本的目的是对高校体育教学的内容进行安排。主要使由具有丰富教学经验的高校体育教学或者作者来负责撰写。

（3）体育多媒体 CAI 课件设计的第三阶段。在体育多媒体 CAI 课件设计的第三阶段，需要编制软件，在前两个阶段中还只是纸上谈兵，但是在这个阶段，不再是字面上的，而是课件的实际材料。在这一过程中需要做的工作有三项，即：①通过对多媒体编辑工具的利用，对多媒体数据进行准确；②通过多媒体的制作工具对多媒体课件进行制作；③对相关的程序进行编制。

（4）体育多媒体 CAI 课件设计的第四阶段。在体育多媒体 CAI 课件设计的第四阶段，需要测试、检验。当完成了体育多媒体 CAI 课件的开发、设计工作以后，就需要进行测试、检验。其主要目的在于对体育多媒体 CAI 课件的运行情况进行测试，从而对课件能否达到规定的目标进行测验。

2. 体育多媒体 CAI 课件的选题原则

我们都需要承认的是体育多媒体 CAI 课件具有的特点与优势是非常强大的，然而，有时候也会有相对的不足与局限存在，因此，在全部教学任务完成的过程中，不能对体育多媒体 CAI 课件过分依赖，还应该对高校体育教学目标、高校体育教学条件、高校体育教学资源与高校体育教学内容进行考虑，保证选择的最优化，并精心设计。更是要同其他教学媒体紧密联系在一起，组合应用，才能扬长避短，使更加高效的教学系统得以构成。

我们首先要对体育多媒体 CAI 课件设计的价值进行考虑，即这堂课是否必须要使用课件。如果传统的教学方式就能够达成良好的教学效果，就没有必要花费大量的精力去对体育多媒体 CAI 课件进行制作。所以，在对体育多媒体 CAI 课件的内容进行确定的时候，通常会很难使用语言对高校体育教学过程中的难点与重点进行清晰的表达，在这样的情况下，对于体育多媒体 CAI 课件的形式进行使用是比较合适的。之所以这样，主要原因是对于体育多媒体 CAI 课件而言，自身具备较为丰富的功能，能够将声音、视频、动画、效果汇集在一起，能够更贴切地模拟自然，表现自然；或者是在实验条件的支持下，通过局部放大、旋转与重复等多种方式进行展现，从而有效地突破高校体育教学的重点与难点。基于模拟训练的目标而言，特别是初级训练更是比较适宜对多媒体形式进行应用。体育多媒体 CAI 课件具有比较强大的模拟功能，能够有效地实施高校体育教学中的各种模拟技能训练。例如，对于一些进展比较困难的危险实验进行替代，高校体育教学过程中学生的实际操作周期较长或者代价较高的实验。但是，需要注意的是，在选择高校体育教学内容的时候，应该选择那些不存在演示实验或者是演示实验不容易做的教学内容进行使用。

3. 体育多媒体 CAI 课件的设计原则

（1）体育多媒体 CAI 课件设计的结构化分析原则。在体育多媒体 CAI 课件进行设计的过程中，应该对结构化分析原则进行遵循，而我们这里所说的结构化分析原则，主要是指设计体育多媒体 CAI 课件的时候应用系统分析的方法，按照结构要素组成对事物进行依次地分解，等到对于所有的要素都能够清楚地进行理解与表现的时候，就能够停止事物的分解了。基于结构化分析原则下的体育多媒体 CAI 课件，能够将高校体育教学的内容进行层次清楚的表达，纲举目张，不管是从系统宏观来讲，还是对于局部细节而言，所做的认识都是非常详尽的，因此，对于体育多媒体 CAI 课件中框架的展开与学科内容的设计都能够起到一定的促进作用。

（2）体育多媒体 CAI 课件设计的模块化设计原则。所谓的体育多媒体 CAI 课件设计的模块化分析原则，主要是按照结构化分析的框架图指示，将相同或相近的部分设计成模块，使其相对独立，用模块图表示出单一功能模块的组成的结构，由此对课件系统及与之相应的功能结构进行确定，进而为结构化编程创造良好条件。

诸多实践证明，体育多媒体 CAI 课件的模块化设计不仅减轻了繁杂的内容编程的负担，还可保证课件的风格统一、制作程序化。

（3）体育多媒体CAI课件设计的个别化教学原则。在对高校体育教学内容进行选择与组织的时候，应该做能够具有广泛的适应性，应该保证某一层次的所有学生都能够适用。同时，根据学生不同能力的差异，对相应的高校体育教学程序和对策进行设计。例如，学生能够对自己学习内容的深度和广度进行控制，并对自己的学习进度进行确定。

（4）体育多媒体CAI课件设计的反馈和激励原则。体育多媒体CAI课件应该对于每一个学生做出的反应都能够将与之相对应的信息不论时间、不论地点地进行反馈。在体育多媒体CAI课件中，要保证友好的交互界面，充分调动学生体育学习的积极性，使学生始终处在良好的学习状态中，同时，还要及时地、有效地强化高校体育教学的效果，使及时正向激励的作用得到有效的发挥。

（5）体育多媒体CAI课件设计的贯彻教学设计原则。对于体育多媒体CAI课件的设计而言，其理论与方法在将体育课堂教学呈现包含在内的同时，也存在体育多媒体CAI课件进行设计的方法与原则。在对高校体育教学的结构与内容进行设计的过程中，体育教师不能单纯地依靠传统的方法与经验对高校体育教学结构与内容进行设计；同时，还要适当地使用系统的技术和方法，进而对高校体育教学目标的设计与分析，以及高校体育教学的诊断工作进行实施。

4. 设计体育多媒体CAI课件的具体方法

体育教师在开始制作体育多媒体CAI课件之前，应该对课件设计工作的重要性进行明确。现阶段，有一些体育教师不能够把握住体育多媒体CAI课件的精髓所在，只是一味地去追求最新的科学技术，一不小心就将体育多媒体CAI课件的性质进行了改变，使之成为多媒体成果展示，这样是不够正确的。之所以出现这样的结果，主要是因为没有对高校体育教学中体育多媒体CAI课件起到的作用进行明确。需要注意的是，在高校体育教学过程中，体育多媒体CAI课件发挥的作用不是主要的，只是辅助性的。在体育课堂教学开展的过程中，教师仍然发挥着主导作用。只要将体育多媒体CAI课件的设计工作做好，才能够制作出更多优秀的课件。因此，在设计体育多媒体CAI课件的过程中，可以从以下几个方面进行考虑。

（1）从体育多媒体CAI课件的可教性考虑。对体育多媒体CAI课件进行制作的主要目的是使体育课堂教学的结构得到优化，使体育课堂教学的效率得到提升，在保证促进体育教师教的同时，还要促进学生的学。因此，在设计体育多媒体CAI课件之前，我们应当对其存在的教学价值进行优先考虑，也就是说，对于这堂课是不是有必要对体育多媒体CAI课件进行使用进行考虑。通常来讲，如果仅仅使用传统的高校体育教学方式就能够使良好的高校体育教学效果得以实现，那么花费大量的精力对体育多媒体CAI课件进行设计就没有必要。因此，在对体育多媒体CAI课件的内容进行制作以前，应该尽可能地对那些不存在演示实验，或者是演示实验不容易做的高校体育教学内容进行选择、应用。

（2）从体育多媒体CAI课件的易用性考虑。对于体育多媒体CAI课件而言，应该能够清楚地表达出高校体育教学的目标、高校体育教学的步骤与高校体育教学的具体操作方法，同时，有一点需要注意的是，即在同本机脱离的情况下，在其他的计算机环境中，体育多媒体 CAI 课件也能够运行成功，因此，需要对于几个方面具体的内容进行注意。

①体育多媒体 CAI 课件应该便于安装，且能够随意拷贝到其他硬盘上使用。首先，体育多媒体 CAI 课件应该保证启动比较快速，避免出现体育教师和学生焦急等待的情况。其次，体育多媒体 CAI 课件应该尽可能占据较小的容量。需要注意的是，对于体育多媒体 CAI 课件越大越好的错误观念必须要更正，伴随网络技术的日新月异，体育多媒体 CAI 课件的运行在网络环境下最好。②体育多媒体 CAI 课件应该具备友好的操作界面。对于体育多媒体 CAI 课件而言，其操作界面应该包含一些具有明确意义的按钮和图片，同时还要能够通过鼠标进行操作，避免发生一些特殊的情况。例如，键盘操作复杂等。此外，应该合理设置体育多媒体 CAI 课件各个内容部分间的连接，保证方便地做跳跃、向前与向后等步骤。③体育多媒体 CAI 课件的运行要保证一定的稳定性。对于体育多媒体 CAI 课件而言，在其运行过程中应该保证一定稳定性的存在，如果体育教师在执行体育多媒体 CAI 课件时做出了错误操作，那么就十分容易产生退出的情况，也会导致计算机重新启动的情况。因此，在体育多媒体 CAI 课件具体的操作过程中，体育教师应该尽可能地使死机的情况较少出现，甚至不出现，保证体育多媒体 CAI 课件运行过程中的稳定。④体育多媒体 CAI 课件要保证及时进行交互应答。在体育多媒体 CAI 课件运行过程中，应该保证及时地进行交互应答，而不能将体育多媒体 CAI 课件等同于电影。同时，体育教师应该高度重视学生的学，使学生学习的过程是循序渐进的，为学生留出更多的思考余地。

（3）从体育多媒体 CAI 课件的艺术性进行考虑。对于一个体育多媒体 CAI 课件而言，它的演示在保证良好高校体育教学效果的同时，还应该是令人愉悦的，只有这样才能够将美的享受提供给体育教师与学生。如果上述的两项因素都能够保证，那么就表示这样的体育多媒体 CAI 课件存在着较强的艺术性特征，完美地融合了优秀的内容和优美的形式，值得我们注意的是，想要实现这两个目标一点儿也不容易。想要实现这些内容，体育教师不仅应该具备一定的美术基础，还要具有一定的审美情趣。

体育多媒体 CAI 课件的艺术性特征主要的表现是：具有柔和色彩的操作界面，科学合理地进行搭配，画面应该同学生的视觉与心理产生共鸣；为了能够保证将更加逼真的图像呈现出来，可以考虑使用 3D 效果；对于画面的流畅性要做出保证，避免停顿、跳跃的现象出现，需要注意的是，体育多媒体 CAI 课件画面中最多只能存在两个运动对象；此外，要想存在优美的音色，还必须通过适宜的配音进行辅助。

5. 体育多媒体 CAI 课件创作工具的选择

在选择体育多媒体 CAI 课件创作工具的问题上，如果能够恰当地选择体育多媒体 CAI 课件的创作工具，那么就能够使得体育多媒体 CAI 课件的具体实施产生更加理想的效果。在本书的此章节内容的分析与研究中，作者主要从以下几个方面简单地分析比较典型的体育多媒体课件创造工具与开发工具。

（1）在体育多媒体 CAI 课件的创作过程中，选择体育多媒体创作工具的基本原则。在体育多媒体 CAI 课件创作的过程中，所选的多媒体创作工具，其主要用途是对用户编排、制作各种各样的节目时能够起到一定的促进作用，多媒体的创作工具在向用户提供的过程中，通常是交互的设计环境与易懂、通俗的高级编著语言，如此一来能够为用户编制各种内容提供便利。如果在体育多媒体 CAI 课件设计过程中，恰当地选择多媒体创作工作，那么就能够保证体育多媒体 CAI 课件的效用得到最大程度的发挥。

①高效原则。在体育多媒体课件创作的过程中，将会对多媒体的开发、创作工具进行应用。对于多媒体开发、创作工具而言，存在的特点主要有：具有容易实现、丰富多样的效果。较高的媒体集成度在体育多媒体课件备课问题与课件开发的开展方面，具有十分明显的效率优势，这一点传统“语言”系统是做不到的。②易用原则。对于同一种知识而言，如果通过 1000 名教师进行教授，自然就会存在 1000 种不同的教学方式。而体育多媒体课件的实际操作具有简单、便捷、方便、容易使用等多项特征，如果想要体育教师真正地接受并使用他们，就需要体育多媒体课件的使用方法在较短的时间内被体育教师所掌握，即便这个体育教师对于程序设计一窍不通，甚至是对于计算机的操作也了解甚少，也能顺利使用该课件。③开放原则。在高校体育教学开展的过程中，可以使用的素材是有变化的，因此体育多媒体课件必须要拥有一个几乎被所有多媒体格式都能兼容的体育多媒体课件创作开发平台，在能够提供或者应用各种各样高校体育教学素材的同时，还能够支持各种各样输入的设备格式。此外，还应该保证存在的所有素材都能够得到充分利用，自己的课件不管是在哪一台计算机中都能够适用。④价廉原则。体育多媒体课件创作工具选择的价廉原则是一种共同要求，在任何一个领域中都适用，当然“质优”是必要的前提。

（2）体育多媒体课件创作工具简介。在体育多媒体教学课件创作的过程中，选择体育多媒体创作工具的时候必须要对其存在的功能进行了解。通常来讲，体育多媒体课件创作工具具备的功能有很多。例如，①为体育多媒体的编程营造良好氛围；②多媒体数据管理功能；③超文本功能；④超媒体功能；⑤对于体育多媒体数据的输入和输出都能够有效的支持；⑥连接各种各样应用的功能；⑦友好的用户界面；⑧制作、编排动作的功能。

在体育多媒体教学课件创作的过程中，如果体育多媒体的创作工具存在于不同的界面中，那么就会同样存在不同的创作特点与创作风格，同时，每一种都会存在其各自的不同优点与缺点。但是，如何对这些界面不同的创作工具进行选择，主要依据是个人的偏爱与需要完成的创作任务。例如，如果仅仅是对学术会议的报告与研究生答辩内容进行制作，那么就不需要通过更加复杂的编程软件来完成制作，只需要对幻灯创作工具进行选择、使用就可以了。但是，有一点需要进行说明的是，如果想要针对某一个领域中的教育教学软件进行制作，以便于更好地辅助个别化教育训练的开展，或者是在实际操作的练习中使用，那么就应该选择具有较强交互性的多媒体创作工具。对于几种比较常见的多媒体创作工具进行了如下的分析。

①幻灯式多媒体创作工具。体育多媒体课件创作过程中的幻灯式多媒体创作工具，一般来讲是一种呈现以线性为主的体育多媒体创作工具。而此种创作工具在应用中就是通过一系列的幻灯片的排列来对过程进行呈现，也就是按照顺序分列并展示在屏幕上。而此处所提及幻灯片，可以是简简单单的文字幻灯片，也可以是简单的图像幻灯片，还可以是由声音、图像、文字、视频或者动画等多种要素结合在一起的体育多媒体课件复杂组合，但是，有一点需要强调，那就是此种体育多媒体课件创作的幻灯式创作工具，在开始使用之前要存在一个预先设置完整的展示程序。

对于幻灯式多媒体创作工具而言，一些特殊功能的程序能够将一定程度的交互作用展现出来，再按照一定顺序将体育多媒体教学课件界面通过键盘操作、鼠标操作与按钮操作；在对体育运动技术动作进行设计的时候，必须要借助动作按钮的功能，完成超级链接。另外，也可以打开一些外部的程序。幻灯式多媒体创作工具中比较典型的就是 PowerPoint，其显著特点就是简单、易学、易用。能够将一个创作展示的软件环境展示出来，不仅包含集成工具、格式化流程、绘画，还包含了其他的多种选项。此外，对其包含的许多模版，我们可以直接进行调用，但是此多媒体创作工具也是存在缺点的，即只存在简单的交互，甚至是缺乏交互，并且存在的交互只是在幻灯的线性序列的点之间进行跳转。在学术报告、汇报与演示过程中对此种幻灯式多媒体创作工具使用较多。

②书页式多媒体创作工具。书页式多媒体创作工具的主要特点是，将相关的高校体育教学内容制作成一本书的形式，当然也存在“页”，并且这些页像书稿一样，也有一定的顺序存在。而上述的这一特征同体育多媒体课件创作的幻灯式多媒体创作工具是比较相近的，但是两者之间也肯定会存在一定的差别，即在页与页之间也能够有效支持更多的交互形式，给人一种身临其境能够浏览真实书稿的感觉。书页式多媒体创作的典型工具是 Tool Book，此软件能够对应用程序进行想象，使之成为具有很多页的书籍，在它自己的窗口中可以对每一页的内容进行画面展示，里面有大量的交互信息与媒体对象包含其中。可以说，书页式多媒体创作工具与幻灯式多媒体创作工具相比，在结构方面交互能够在一页内完成，显示出更加丰富的特点。对于 Tool Book 来讲，在一个独立存在窗口上，每一次只能显示出一个内容，此外，还能够在打开某一本书的某一页内容的时候，同时打开其他的书籍，所以，对于更加复杂化的一个层次结构的建立，可以进行充分的考虑，也就是所谓书架式的应用程序。对于此种书架式的应用程序而言，其原理在于在书架上将多种多样的事物当作一本书进行放置。

比较典型的创作工具 Tool Book，是由 Asymetrix 公司负责开发的。Tool Book 是水平较高的面向对象开发的一个环境，它能够将面向对象的一种程序设计语言 OPENSCRIPT 提供出来，两种相关的信息可以通过这种语言在一起链接，从而对于各种任务的完成起到一定的促进作用，例如可以用于动画声音、计算数字、播放图像，等等。此种体育多媒体课件创作工具的特点，一般在其对应用程序的组织方面体现出来。此种创作工具具有较强的超级链接能力与超级文本能力。对于 Tool Book 而言，如果按照使用的角度对其进行划分，就能够分成两个主要层次，分别为 Tool Book 的作者层次与读者层次。从读者层面上而言，用户能够执行对书的各种操作，同时阅览它的内容；从作者层面上来讲，设计者能够使用命令来实现对新书的编写；在修改对象或者程序中各个页次对象的时候可以对调色板与工具箱进行利用。

③时基模式创作工具。我们这里所说的时基模式创作工具，一种常见的多媒体编辑系统，主要将时间作为基础，通过此种编辑创作工具制作出的内容近似于卡通片或者电影。时基模式创作工具通常是利用看得见的时间轴来对显示对象上演的时间段与事件的顺序进行确定。在这样时间关系存在的情况下，它的出现形式可以是许多的频道，从而能够使多种对象得到安排，同时呈现出来。通常在这样的系统中会有一个控制面板的存在，主要是

为了对播放进行控制，一般来讲就像是常见的录音机与录放像机，主要包含了演出、快进、倒带、前进一步、后退一步、停止等按钮。

④网络模式创作工具。对于网络模式创作工具而言，它可以允许的程序组成一个自由形式的结构，即可以任何一个地方到另外的任何一个地方。同时，它存在着不固定的结构与呈现顺序。在利用网络模式创作工具进行创作的过程中，仍旧需要作者建立自己的结构，也就是说作者需要尽可能多地完成工作。但是，在所有模式的多媒体创作工具中，此种创作工具是一个存在多种层次的，比较适宜建立的应用程度。比较典型的软件是“MEDIA Script”，能够从应用程序空间的任何一个对象使用户随意地跳转向其他的任何对象，访问是完全随机的。网络式的实现可以对任何一种程序语言进行利用，然而，它存在较高的计算机方面的要求，首先需要作者至少是一名程序员。

⑤传统程序语言为基础的多媒体创作工具。对于程序员来讲，在编程方面比较擅长，通常对于多媒体编辑创作系统的限制及依赖工具箱产生对象的方式很难接受，所以，想要他们对多媒体创作系统进行应用，完全地丢弃到他们所熟悉的语言创作工具是非常困难的，几乎不可能实现。在这样的情况下，不仅适当地保留传统语言的特征，还要对于设计程序过程中所涉及的环境进行改进，使之能够像可视化操作的一个系统转变。如果这样的话，就能在程序编写的过程中，使程序员在充分利用传统语言的同时，还能够对多媒体开发的工具箱进行应用，并且还能够直接使用工具箱内的这些编码，使之变成能够得到重用的编码。可以预见，此种多媒体创作工具存在的应用前景是相当广泛的。

四、基于 Web 的体育多媒体网络课件的教学设计

（一）体育多媒体网络课件设计特点

基于 Web 的体育多媒体网络课件的设计，主要对高校体育教学过程中学生的中心地位进行了强调。在主动获取知识的环境下，教师和学生的地位、作用和传统教学方式已发生了很大的变化，相应的教学设计理论与传统教学相比也出现了差异之处。因此，就需要围绕以学生为中心、强调教师与学生充分交互这一原则对体育多媒体网络课件进行设计，保证能够将对网络教学特点进行体现的软件被设计出来。

1. 对于“以学生为中心”的思想进行强调

在体育多媒体网络学习的过程中，应该使学生自身的主体性作用得到有效的发展，将高校体育教学课内与课外相结合、体育锻炼活动自觉参与的精神得到展示。应该保证学生能够在自身联系反馈信息的支持下，形成高校体育教学理论与方法的独到见解。

2. 对于情境在获取知识中的重要性进行强调

在体育课程加血构建的实际情境中，能够开展一系列的学习相关活动，能够促进现有认知结构中的一些相关经验能够被学习者有效地利用，使他们对于现阶段所学的体育课程教学的新知识可以更好地固化、索引，进而将某种特殊的意义赋予到新的高校体育教学知识中。因此，在对体育学习情境进行构造的过程中，要强调知识点与知识点间的结构关系，注意不能只是简单地罗列高校体育教学内容。

3. 对于获取知识方面，协作学习发挥的重要作用进行强调

在体育多媒体网络课件进行设计的过程中，对于学习者与周围环境之间存在的交互作用，还有网络环境能够强化协作学习环境的作用能够得到充分地、有效地发挥，这对于学习者充分理解高校体育教学内容有着非常重要的作用。

4. 对于学习环境的设计进行强调

我们这里所说的学习环境，通常指的是学习者能够自由地进行学习与探索的场所。在学习环境中，学生为了能够使自身的学习目标得到顺利实现，需要充分地利用各种信息资源与工具。基于 Web 的体育多媒体网络课件的设计，在以学生为中心思想的指引下，并不是对高校体育教学环境进行设计，而是针对学习环境展开一系列的设计。这样做的缘由是，更多的控制与支配产生于教学过程中，而更多的主动与自由则是会产生于学习过程中。

5. 对于学习过程中各种各样信息资源的有效利用进行强调

在体育多媒体网络学习开展的过程中，为了能够有效促进学习者对知识的主动获取与探索，需要将更多有效的各类信息资源提供给学习者，与此同时，对于学生自主学习活动与协作式探索的顺利开展得到促进，对于这些媒体与资源应该要科学合理地利用。因此，在选择、设计同传统课件设计相关教学媒体的问题上，需要应用全新的、有效的处理方式。例如，充分考虑到如何获得信息资源、获取信息资源的途径有哪些、怎样有效利用信息资源等多项问题。

（二）高校体育教学内容选择与组织

只有对高校体育教学内容精心选择和组织，才能够使 Web 的优势得到充分利用。具体的做法主要包含以下几个方面的内容：

1. 教学内容的多媒体化

在高校体育教学开展的过程汇总，不仅可以对文字和图片进行使用，还可以利用声音、动画和视频。如果高校体育教学内容具有多元化的形式，那么也要综合地设计高校体育教学内容的形式，对于文字形式、图片形式、声音形式、视频形式与动画形式等多种高校体育教学手段综合利用，详实地解说体育运动技术动作的要点、方法、难点、练习方法、容易犯的错误、纠正错误的方法等多个方面的问题。

2. 补充体育课程教学相关内容与链接

在体育课程教学开展的过程中，在教学的各个知识点中不仅能够将体育课程标准要求的内容引入其中，还可以融入大量的相关信息与知识。例如，在篮球教学中，不仅仅包含体育课程课程标准中规定的一些技术教学内容与战术教学内容，其同时对于篮球运动的所有技战术都进行了扩展，另外，还补充了篮球运动技战术实战应用的内容。在完成体育课程课程标准要求内容的同时，使爱好篮球运动的学生能够给对于国内外先进的篮球运动技战术、教学与训练相关网络站点进行了解学习。此外，还能够对网络连接的特点进行利用。

3. 高校体育教学内容动态更新

在体育课程网络教学开展的过程中，学生体育学习教材由体育教师负责编写的传统方式已经不再适用了。之所以这样，主要是因为在体育课程网络教学中，对于高校体育教学课件的相关内容，学习者可以自由地进行浏览；同时，还能够通过网上教师答疑解惑与课程互动讨论等教学手段对高校体育教学内容进行讨论；另外，还可以提供一些修订意见，促进高校体育教学互动过程中教师与学生对教材进行共同编撰可行性的实现。经过了体育相关教材的共同撰写以后，对于自身的问题与意见，学生能够进行充分的表达，从而使体育课程网络教学过程中学生的参与感得到大大提高。

（三）体育多媒体网络课件的结构设计

在设计体育多媒体网络课件结构的时候，需要考虑的因素有：高校体育教学的目标、高校体育教学的内容、交互方式的性质。体育多媒体网络课件结构主要建立在高校体育教学内容的基础结构上面，它可以保证体育多媒体网络课件的相关教学功能与大致框架得到充分地反映。

对于体育多媒体网络课件而言，其总体结构主要由两个部分内容构成，分别是高校体育教学的内容、网络交互。高校体育教学的组成内容，不仅包含体育课程课程标准要求的全部内容，还包含一些扩充性的知识。在高校体育教学网络手段应用的前提下。大量同体育课程教学核心内容相关的补充性知识在体育课程教学内容中能够有机融合，进而促进高校体育教学资源的一个特定环境得到营造，对于那些存在不同兴趣、爱好的学生而言，能够保证他们的个性化学习活动给予适当的支持。在大量扩充性知识得到引入的情况下，极大地丰富了体育多媒体网络课件的内容。对于体育多媒体网络课件而言，其主要内容包含了体育理论课的教学内容与体育实践课的教学内容。

对于体育多媒体网络课件而言，其主要内容包含了多项内容，例如，相关课程的介绍、课程讲解的要点内容、教师答疑解惑、课程讨论、作业处理与课程公告，等等。其中，相关课程的介绍主要有对学习总体目标的介绍、考核的办法、学习方法、学习进度与课时安排等的介绍；课程讲解的要点内容主要有每一个项目的教学任务、技术动作的要点、技术动作的难点、练习方法、容易犯的错误与纠正的方法，等等。

（四）撰写脚本与设计素材

多媒体手段的引入使得高校体育教学内容的形式得到多元化的发展，在体育网络课件撰写中需要对素材的撰写和设计进行考虑，我们这里所说的素材，主要包含文字、图形图片、声音、动画和视频，等等，对于这些不同类素材之间的连接关系也要进行考虑。

1. 文字脚本的撰写

通常对 Word 软件进行利用，来实现文字脚本的撰写，在内容的问题上，不仅仅要对高校体育教学的知识点进行考虑，还要利用文字清晰地表达出教师的讲解，另外还要在引入图形图片、动画及视频的文字处及超文本链接处做出标记，以便于后期的制作者使用，所以，在字数上，文字脚本是传统教材的 2～5 倍。

2. 声音脚本的撰写

在网络条件的制约下，如果在高校体育教学网络课件中对于大量的声音文件进行应用，很有可能会降低了其最终的运行速度，所以声音文件的使用只能用在特别需要的地方才可以，如对动画的解说、对视频的解说，等等。同时，在对这一种类别的声音脚本进行撰写的时候，首先要进行考虑的是目标动画与目标视频，其次，按照动画的解说与视频的解说，对时间与内容开展配音。需要注意的是，应该保证配音脚本的精炼化，将动画与解说的过程、配音的过程紧密地联系在一起。

3. 关于图形图片的设计

我们常说的图片就是指利用拍照技术而生成的图片。当体育教师向学生讲解高校体育教学内容的时候，可能需要使用到大量的图片。我们常说的图形，就是指利用计算机的相关软件而绘制出来的示意图，例如，篮球运动技战术配合的相关线路，等等。在对图片进行拍摄以前，体育教师应该针对每一个技术动作按照文字讲解的实际需要进一步设计照片拍摄的地点与数量。通过计算机相关软件绘制出的示意图，不仅要对相关的内容进行表现，还要对图形的种类进行确定，可以是二维图形的绘制，也可以是三维图形的绘制。从原则上讲，为了能够使基于 Web 的体育多媒体网络课件的制作成本适当地降低，尽量使用二维图形，而减少对三维图形的使用。

4. 关于动画的设计

我国这里所说的动画，主要是指动态的图形或图片。在基于 Web 的体育多媒体网络课件中，动画的使用只是为了表达原理性的一些内容，例如，体育教师在讲解球类运动的战术配合问题的时候，就需要应用到二维动画。在对相关动画进行设计的时候，首先需要进行设计的就是最原始的静态图形，然后需要通过文字与图示对初始动态图形的每一个变化过程进行说明，同时，还要以文字撰写的形式编写相应的解说文字。对于动画脚本而言，其主要构成有每一步动作的图形、说明性的文字与线条、图片中的文字提示、解说的文字等。一般来讲，一套规范的制作表必须要通过制作人员和脚本撰写人员一起来进行商讨、确定，这对于撰写脚本与双方交流活动的开展能够起到一定的促进作用。

5. 关于视频的设计

在基于 Web 的体育多媒体网络课件设计过程中，视频的拍摄类似于图片的拍摄。通常来讲，视频的拍摄和图片的拍摄在步骤上是一致的。同时，如果拍摄过程中使用的是数字摄像机，那么图片拍摄与视频拍摄事实上就是处在同一个过程中。

6. 关于功能的设计

对于基于 Web 的体育多媒体网络课件而言，其功能的设计内容主要有：对于课件界面的层次选择、导航模式设计、按钮的选择、功能按钮的确定、课程内容展示方式的确定、类型不同素材的连接方法确定、课件内容文件结构的确立，等等。功能设计的目的主要是最大限度地使用多媒体网络手段，以便于能够使特定内容对教学活动辅助作用的完成起到一定的促进作用。在基于 Web 的体育多媒体网络课件中，按照总体结构的相关要求，通常通过三级结构对界面进行设计，分别是：主要界面（也就是网络课件的主页面）、选择内容的界面、讲解内容的界面。

在基于 Web 的体育多媒体网络课件的主要界面中，通常存在两组可以选择内容的按钮，分别是：高校体育教学内容组按钮、网络交互组按钮。为了可以适当地减少页面切换的数量，从而提升基于 Web 的体育多媒体网络课件的运行速度。因此在选择内容的界面，在设置每一节内容选择按钮的同时，还要设置每一章节的切换按钮。针对某一个高校体育教学内容，综合利用各种各样形式的高校体育教学手段，可以采用的高校体育教学手段有文字介绍、动画讲解、图像图片、录像片段等。不仅如此，基于 Web 的体育多媒体网络课件还可以设置其他超文本链接形式的按钮。例如，欣赏，友情地链接到其他的网站。在基于 Web 的体育多媒体网络课件中，其界面存在的各式各样的按钮充分考虑了学生各种需求。此外，还可以科学合理地增加按钮的趣味性与动态效果。

基于 Web 的体育多媒体网络课件作用的主要表现是，使实践课中理论讲授时间紧且不系统的问题得到较好地解决，可在网上将体育课的教学内容完整系统地进行讲授，供不同需求的学生在网上进行个性化学习；可以利用多媒体的手段对体育运动技术动作要领进行形象生动地讲解，保证统一的、规范的动作，可以便于学生重复多次地进行观摩与学习，从而保证基于 Web 的体育多媒体网络课件对于课外体育锻炼能够起到很好的辅助作用；对于网络上能够提供的条件应该充分地利用，对于相关的问题，体育教师应该指导学生进行谈论，并且为其答疑解惑，等等。基于 Web 的体育多媒体网络课件，其应用与发展在对高校体育教学手段与高校体育教学方法进行改革与创新的同时，还会在一定程度上影响到体育教育理论的发展与高校体育教学模式的发展。未来多媒体课件中的一种重要形式就是基于 Web 的体育多媒体网络课件，它也将成为网络教学发展的重要资源基础之一。

第二节　高校体育教学中微课的应用

一、微课的概念

（一）微课概念

所谓的微课，主要是指以视频的方式把教师在课堂内外教学活动开展过程中传授的教学环节或者强调的主要知识难点与重点进行展示的新型的一种教学资源。微课具有一些比较显著的特点，即①碎片化；②突出重点；③具备的交互性比较强；④能够反复多次使用。微课作为一种全新的教学模式，能够使学生的碎片化学习活动随时随地地展开。

（二）微课的组成

对于微课而言，其组成内容的核心就是示例片段，也就是课堂教学视频。不仅如此，也有同某个教学主题相对应的辅助性教学资源，如素材课件、教学设计、练习测试、教师点评、教学反思和学生反馈，等等。在一定的呈现方式和组织关系下，它们共同营造了资源单元应用的“小环境”，而这里所说的资源单元具有的显著特征是主题式的半结构化单元资源，因此，微课同传统单一资源类型的教学资源之间是有一定的差异存在的，主要表现在教学设计、教学课例、教学课件与教学反思等方面。同时，微课与上述的这些教学资源之间存在一定的联系，即微课作为一种新型的教学资源，其发展基础就是上述的这些教学资源。

（三）微课的特点

1. 碎片化

微课视频具有 10 分钟左右，将课程教学过程通过清晰的视频录制的方式进行呈现，

一堂传统课堂教学的时间是 45 分钟，而原有的段状课程在微课的作用下，逐渐向点状课程转变，促进了更加精华、细致课程内容的出现。因此，学生除了课堂的教学的时间以外，还可以利用课外的其他的零散时间。例如，当学生排队等待就餐的时候，可以利用这一小段时间进行学习，所以微课的显著特点之一就是碎片化。

2. 突出重点

基于学生的学习特点，在微课显著碎片化特点的影响下，对于教师的教学能力，微课也提出了更高的要求。在微课视频的 10 分钟展示时间内，要求教师将严谨的逻辑性进行体现的同时，还要将课程内容的重点与亮点突显出来，真正地抓住学生的学习重点所在，才能够使学生的学习兴趣得到更好的激发。

3. 较强的师生交互性

微课作为一种新鲜的课堂形式，它的出现在满足学生知识渴求与猎奇心理的同时，还能够有效改善传统教学模式中教学内容单方面输出的情况。在微课教学开展的过程中，教师与学生之间的互动得到加强，不仅及时收集了学生课程学习的兴趣点，而且对于学生存在的疑问，教师也能够及时进行回答。这无疑会为教师课程后期的设计提供便利条件，使其能够同现阶段学生的知识渴求得到一定的满足，进一步提升课程的教学效果。

4. 能够反复多次使用的教学资源

在微课的模式下，学生能够按照自身的实际需要，对体育学习活动随时随地的展开，例如，在课程开始之前，学生可以通过微课来预习运动技能、巩固难点和重点、练习课后的动作，等等。上述的这些微课学习途径在进一步提升教学效果的问题上都能够发挥出有效的促进作用。此外，对微课教学模式的使用，还可以使学生课程学习的积极性得到增强。

二、微课在高校体育教学中的应用

由于微课存在碎片化、突出重点、较强的师生交互性与可重复利用教学资源的特征存在，从体育微课的基本设计原则出发，开发质量较高的体育微课，进一步地改善当前高校体育教学的现状，使学生体育运动项目学习的兴趣得到提高，对于体育方法微课的应用要始终去探索。一般来讲，在高校体育教学中，主要会在以下几个方面将高校体育教学中微课的应用体现出来。

（一）微课应用在学生体育需求调研中

鉴于高校体育教学传统模式中同高校体育教学内容间存在的关联，在高校体育教学实

践活动正式开始前，体育教师应该按照课程逻辑将高校体育教学内容中的难点与重点提取出来。同时，还应该同现阶段体育栏目与体育热点新闻相结合，对体育微课进行制作，之后再将已经制作完毕的体育微课利用移动互联网的各种渠道实施学校范围内的广泛传播。通过对微课中学生的点击率与同帖评论内容的考察，体育教师能够有效地评定体育课程内容的合理性，保证体育教师更加深入地了解到学生兴趣与期待。此外，在前期对体育微课进行传播，能够有效地调动学生体育学习的积极性，使学生更加期待即将要学习的新内容，使学生的被动学习行为转变向主动学习行为，进而提升学生的体育参与度。

（二）微课应用在体育课程设计中

对于体育微课而言，它不仅补充了传统的高校体育教学模式，还是多媒体时代下高校体育教学发展的必然结果。微课的逐渐出现，使得原本的体育课程设计得到了重新的定义。在高校体育教学开展的后期阶段，将以往室内体育理论课与室外实践课分开开展的体育课程设计进行改变，将两者进行融合；同时，对于多媒体时代大数据的时代特征进行考虑。在设计室内理论课的时候，可以以教师和学生的信息数据交流为主，可以采用头脑风暴法，使他们的意愿感受在体育课程中得到表达，呈现出更加公平、更加自由的体育课程。在这样的形式下，体育教师的教学思维能够得到更进一步地更新，使学生体育学习的热情得到提升。

（三）微课应用在体育课程教学中

一方面，基于体育时事热点与体育课程的新内容等方面，体育教师能够对新颖的体育新课进行设计，并向微课导入；在体育课堂教学开展的过程中，组织学生集体观看，主要的目的在于吸引学生的注意力，激发他们的体育学习兴趣。另一方面，在高校体育教学实践活动开展的过程中，体育教师可以将复杂动作的教学制作成微课。同时，在体育课堂教学过程中，重复地向学生播放，将更加具体、更加直观、更加生动、更加形象的高校体育教学过程呈现出来。

体育教师可以根据新课内容和时事体育热点等方面设计新颖的新课导入微课，在课上给学生观看，目的是吸引学生的注意力，激发学生的学习兴趣。另外，对于高校体育教学中复杂的教学动作，教师可将其制作成微课，在上课过程中进行重复播放，使高校体育教学过程更生动、更直观、更形象、更具体。

（四）微课应用在体育课后辅导中

对于高校体育教学而言，每一节体育课堂教学的时间是 45 分钟，有限的高校体育教学时间使教师很难面面俱到地讲授内容，想要实现精细化教学几乎是不可能的，所以一部分学生不能与教学节奏同步或者是学生不能对其所学运动技能充分掌握的情况必定会出现。当体育课堂教学结束以后，教师可以将包含有高校体育教学重点的微课视频向学生发放，以便于学生能够在课堂结束以后，对于已经学习的技术动作进行练习，对课堂上所学内容进行复习，切实保证温故知新，提升学生的学习效果。

（五）微课应用在体育课程分享中

从本质上来讲，分享就是学习，学生们喜欢在朋友圈中分享一些好的视频课程，对身边的朋友、学生进行感染，使学生的学习圈子得到扩大。因此，我们应该构建一种分享精神的学习共同体，这样能够保证学习共同体的成员间互相督促，对有用的体育学习信息进行分享。例如，将微课应用在体育舞蹈教学过程中，在校园内学生可以对已经学习到的且比较感兴趣的体育舞蹈课进行分享，使越来越多热爱体育舞蹈的学生能够及时地对学习资源进行获取、分享；同时，学生还可以对校园内其他兴趣一致的学生进行自发组织，安排大家一起对体育舞蹈微课进行学习，促进体育舞蹈社团的更进一步发展。通过对社团活动的有效组织，使学生的课堂学习以外的生活得到丰富。

第三节 高校体育教学中慕课的应用

一、慕课的概念

（一）授课形式

慕课不是简单的搜索，而是一种将在世界各地分布的学习者与授课者通过某一个共同的主体或者话题而联系在一起的方式方法。几乎所有慕课的授课形式都是每一周话题研讨的方式，并且只会将一种大体的时间表提供给授课者与学习者。一般来讲，慕课课程都不会对学习者存在特殊的要求，会进行说明的内容比较简单，如阅读建议、每一周进行一次的问题研讨、每一周进行一次的问题研讨，等等。

（二）主要特点

1. 规模比较大

所谓的规模比较大特点，指的是网络开放的大规模课程，而不是以个人名义对一两门课程进行发布。我们这里所说的网络开放的大规模，通常是指那些参与者发布出来的课程，这些课程一般会被人们称为大规模的课程或者是大型的课程，慕课的典型形式就是这些课程。

2. 开放的课程

所谓的开放的课程，一般会对创用（CC）协议严格遵守；可以说，开放的课程就能够被称为慕课。

3. 网络课程

网络课程的相关材料通常在互联网上散布，而不是面对面的课程。此种课程的显著特征就是没有上课地点的特殊要求。例如，如果你想对美国大学的一流课程进行享受，那么不管你处在什么地方，不需要花费太多的金钱，只要有网络连接与电脑的存在就能够实现。在一篇评论文章中，斯坦福大学校长约翰·L·汉尼希（John L. Hennessy）曾经表达过这样的观点，即由学界大师进行授课的小班学习课程存在的水平依然很高，但是，经过证实，网络课程也是一种能够获得高效成果的学习方式。相比于大课的话，结果也是一样的。

二、慕课在高校体育教学中的应用

（一）高校体育教学中慕课的应用价值分析

自慕课引入我国以来，已经过了很长的一段时间，对于此种新式的教学方法许多学校都开始进行尝试。然而，慕课在高校体育教学方面的应用非常地少。实际上，慕课的教学方式在高校体育教学方面也是非常适用的。

随着社会网络的日渐发达，每天都上网的人越来越多。不管是对网页进行浏览，还是刷微博，我们都必须承认的是网络在现代人们生活中承担的责任越来越重要；而对于慕课而言，就是对于此种现状进行利用，在学习开展的过程中充分利用网络条件。除此之外，作为一种学习方式，慕课还具备一定的主动性特征，任何人的监督与强迫都不会对其发生作用，按照自己的个人兴趣爱好，使用者可以选择、学习自己喜欢的内容。同时，慕课所拥有的资源范围是非常广泛的，在高校体育教学开展过程中对慕课进行应用，教师和学生还可以实现对国外高校体育教学资源的分享与使用。

现阶段，学校体育课的开展形式主要是体育教师授课，学生接受学习，即高校体育教学课堂教学中，教师首先进行讲解、示范，之后学生在进行练习。然而，我国大多数中小学、高中体育课的开展时间一般是 45 分钟，当体育课的准备活动做完以后，由体育教师进行体育技术动作的讲解与示范，但是，一堂体育课的时间已经耗费很多，学生们的练习活动无法在剩下的时间展开。对于这个问题，慕课就能够很好地进行解决。

当体育课堂教学结束以后，学生在课后就能够自行复习。在体育微课视频中包含真人操作与讲解，能够帮助学生对于白天体育课堂学习的动作进行复习与记忆。尽管高校体育教学时间长达一个半小时左右，学生能够拥有足够的时间去学习、练习体育运动技术，但是，他们只能对每门体育课修习一次，由于基本上每一个学期所要学习的内容都是相同的，但是学生上会存在差异，不利于一部分学生深入学习、练习的开展。

在高校体育教学中应用慕课的教学方式，不仅能够保证学生深入学习活动的开展，还有利于学生自己掌握学习进度。同时，由于慕课中存在的学习资源是非常丰富的，有利于学生寻找到适宜自己的运动方式。例如，对于一部分学生而言，可能剧烈的运动不适合他们，所以他们能够在慕课中对比较适合自己的运动进行寻找。如此一来，不仅能够避免损伤自己身体的情况发生，还能够使体育锻炼的目的顺利实现。

实际上，如今许多家长也比较重视学生的体育锻炼问题，为了保证孩子的健康成长，家长总是喜欢带着孩子从事散步、晨练等体育锻炼活动。然而，这些体育活动的效果能够真正实现吗？大多数的时候，人们通常会认为，只要自己去参加体育锻炼了，那么就会有益自己的健康发展。然而，需要注意的是，如果人们不能应用健康的方式开展体育锻炼的话，那么在浪费了体育锻炼时间的同时，还会在一定程度上造成身体伤害。如果在高校体育教学中应用慕课的方式，那么在体育运动锻炼的过程中，参考标准的动作，去完成体育锻炼，在这样的情况下，就像是一个专业的私人教练陪在自己身边，在对自己的体育锻炼活动进行正确的指导。

（二）慕课应用在高校体育教学中的未来发展

慕课的教学方式来源于国外，在我国的高校才刚刚开始起步，其有一些内容对于我国高校而言是不适用的，必须要进行一定时间的磨合才能够同我国的教学理念相适应。

基于这样的形式，我国大部分高校应该按照自己学校的特点自行录制慕课视频。同时，在录制慕课视频的时候，可以是多个学校的教师共同参与录制、讨论，然后对多个优秀的视频进行选择，并且上传到网上，方面学生们进行观看、下载、学习。由于不同的教师在讲课的风格与方式上也会存在不同，而教师们录制的慕课中包含多个教师的教学课程，那么学生就能够对最适合自己的教师进行选择。此外，这样的方面对于大课参与人数多的情况能够进行避免，还能够有效改善学生听课效果不佳的情况。将慕课应用在高校体育教学中，能够使小班教学的目的得以实现。同时，同一学科由多个教师进行录制，能够使比较与竞争的氛围更加容易形成，能够帮助教师对于自己的教学缺点更加仔细地观察，使高校体育教学质量得到提高。因为慕课在高校体育教学中的应用主要以网上教学为主，所谓的监督制度是不存在的，因此，要求学生的自主学习能力是比较强的。在高校体育教学考核的问题上，计算机考核的方式可以不再使用，体育教师组织学生开展网络学习以后，再安排传统方式的考试即可。只有这样才能够使学生通过计算机检测进行作弊的情况得到有效避免。此外，还能够对于学生通过慕课进行学习的效果得到检测。需要注意的是，对于慕课教学的认识，教师与学生应该摆正态度。

对于慕课教学而言，并没有对教师完全地解放。例如，在高校体育教学开展的过程中，通过慕课教程开展教学的方式是可取的，然而，如果学生出现一些疑问，也只能是对同一个视频进行观看，因此教师与学生之间的定期交流应该存在。如此一来，不仅能够使教师和学生之间的感情得到增进，还能够对学生的学习产生一定的帮助。尽管我国对于慕课的应用还处于刚刚开始发展阶段，然而，在现代网络发展的背景下，慕课的发展是一种必然趋势。将慕课应用在高校体育教学中，能够给教师未来教学的开展带来一定的启示。需要注意的是，在使用慕课方式开展高校体育教学的时候，还应该同国内的高校体育教学情况相结合。例如，在篮球运动课堂教学开展的过程中，不仅要对手指上的动作进行教学，还要对脚上的动作进行教学，更重要的是还要将两者的教学活动紧密地联系在一起。因此，在制作相关慕课的时候，不仅要将这些动作进行分解，还要有一个规范的整体动作，以便于学生学习活动的开展。查阅相关的文献资料可知，尽管国内已经引入慕课的教学方式，但是慕课在高校体育教学中的应用还不广泛，如果想要对一个体育慕课的完整体系进行构建，那么就需要具备相关的慕课教程。一般来讲，由国外引入的教学资源通常都是外语，存在大量的体育专业名词，导致学生在理解上容易出现困难，面对这样的情况，在制作鼎课的时候，可以聘请我国国内优秀的体育教师集合具体的教学情况进行制作。此外，针对制作慕课的情况，还要对一定的标准进行设定，如果慕课没有达到标准，那么就不能够被使用，这对于慕课的进步与发展是非常重要的。

第四节 高校体育教学中翻转课堂的应用

一、翻转课堂的概念

（一）含义

所谓翻转课堂，词汇来源是英文词汇“inverted classroom”或“flipped classroom”，通常是指重新地调整教学课堂内外的时间。从本质上来讲，就是学习的决定权不再属于教师，而是由学生掌握学习的主动权。在翻转课堂教学模式的应用过程中，学生能够在课堂中有限的时间内更专注的开展学习活动，对于全球化的挑战、本地化的挑战、现实世界中存在的问题，教师与学生一起研究、解决，使得获得理解的层次更加深入。

在课堂教学开展的过程中，教师不会再耗费大部分的课堂时间去讲授信息，但是在课堂教学结束以后，学生需要自主地完成这些信息的学习。他们可以利用的方法有：听播客、看视频讲座、对功能强大的电子书进行阅读，或者是通过网络同其他同学互相讨论。综上所述，翻转课堂教学模式应用过程中，不管什么时候，学生都能够对自己所需的材料进行查阅。

此外，教师同每一个学生进行交流的时间也得到了增多。当课堂教学结束以后，学生就能够自主地对学习节奏、学习内容、学习风格与知识呈现的方式进行规划；同时，学生的知识需要少不了教师对讲授法与协作法的使用才能够得到满足，使学生实现个性化的学习，最终的目的是通过实践活动保证学生学习活动的真实性。

（二）主要特点

在很多年以前，人们就对视频教学的方式进行过研究、探索。最直接的证据是：世界上大部分国家在 20 世纪 50 年代的时候就开展广播电视教育。为什么传统教学模式没有受到当年所做探索的任何影响，而翻转课堂教学模式却被人们广泛关注呢？笔者认为是由于“翻转课堂”具有几个明显特点所导致的，对翻转课堂的特点进行了如下的分析。

1. 教学视频的短小精悍

不管是亚伦·萨姆斯与乔纳森·伯尔曼的化学学科教学视频，还是萨尔曼·汗的数学辅导视频，很明显存在一个显著的共同点，即教学视频的短小精悍。即便是较长一点的视频也只有十几分钟的时间，而大部分的视频通常只有几分钟的时间。同时，每一个视频存在的针对性都是比较强的，如果能够对某一个特定问题进行针对，那么也就会比较方便进行查找；应该尽量在学生注意力比较集中的时间范围内控制视频的时间长度，同学生的身心发展特征相适应；在网络上发布的视频存在回放功能、暂停功能等，能够自己进行控制，使学生的自主学习能够得以顺利实现。

2. 教学信息的明确清晰

在萨尔曼·汗的教学视频中存在一个比较明显的特征，即唯一能够在视频中看到的就是他的手，将一些数学的符号不断地进行书写，并且将整个屏幕慢慢地填满；同时，在书写的同时，还有画外音的配合。对此，萨尔曼·汗自己的观点是：在这样的方式中，同我站在讲台上讲课是不一样的，这样的方式就像将我们聚集在同一张桌子前面，一起学习，在一张纸上写下内容使人感觉贴心。这也是同传统的教学录像相比，翻转课堂教学视频的不同之处。如果在视频中出现了教室中的各种摆设物品，或者是教师的头像，那么就非常容易分散学生的注意力，特别是当学生处于自主学习状态的时候。

3. 重新建构学习流程

学生的学习过程一般会有两个组成阶段，即第一阶段，传递信息。其实现需要教师与学生之间的互动、学生与学生之间的互动；第二阶段，内化吸收。需要学生在课堂教学结束以后自己完成。在学生自己完成的过程中，因为缺少教师的支持与同学的帮助，因此，学生在内化吸收的阶段经常会出现挫败感，使他们丧失掉学习的动机与成就感。

“翻转课堂”的教学模式使学生的学习过程得到重新建构。第一阶段的传递信息是在课堂教学开始之前由学生完成的，而教师在对视频进行提供的同时，也对在线的辅导进行提供；此外，第二阶段的内化吸收是在课堂教学开展的过程中由互动而实现的，对于学生存在的学习困惑与困难，教师应该提前进行了解，并在课堂教学开展过程中对学生进行有效的指导，而学生与学生之间的互相交流活动，对于学生内化吸收知识的整个过程，还能够起到一定的促进作用。

4. 复习检测的快捷方便

当学生观看完教学视频以后，就会看到视频结尾处出现的几个小问题，通常是四个或五个，能够帮助学生及时检验自己教学内容的学习情况，同时，根据自身的学习情况做出合适的判断。如果对于这几个问题，学生的答案不是很理想，那么学生就应该回放一遍教学视频，对于出现问题的原因仔细思考。同时，通过云平台，将学生回答问题的实际情况及时地进行汇总、分析、处理，使教师对学生学习情况的了解更加客观、全面。教学视频的另一个明显优势，就是能够在经过一段时间的学习以后，方便学生对学习到的知识进行复习与巩固。伴随评价技术的不断发展跟进，使得学生学习的相关环节具有足够的实证性资料支撑，这对于教师从真正意义上了解学生是非常有帮助的。

二、体育翻转课堂的实施策略

（一）做好在线虚拟教学平台的建设

在线虚拟教学平台搭建的主要目的在于为翻转课堂的实施创造前提和基础，这一平台主要包括教学内容上传模块、师生交流与答疑模块、在线测试与评价模块、学习跟踪与监控模块以及学习总结与成果展示模块等。体育教师通过这一平台，就可以将与高校体育教学相关的微视频、PPT、各种音频等教学材料向在线虚拟教学平台上传，还可以借助这一平台实现作业发布、在线测验、监控督促、在线交流、在线评价等；学生则可以通过这一平台进行学习材料下载或在线学习，并同体育教师之间实现及时的交流与沟通。

（二）注重评价机制的创新

翻转课堂教学模式下的高校体育教学评价不能限于传统的纸笔测验，评价内容、评价主体、评价标准和评价方法等都应区别于传统教学，否则，翻转课堂的实施就会流于形式。翻转课堂模式下的高校体育教学评价应该把“以评促学”“以评促教”作为评价的主要目的，并将学生的进步程度作为评价的主要指标并注重多元化评价的采用，只有这样，评价才能既有针对性又不失全面性。多元化评价主要表现在评价主体、评价内容、评价方法、评价阶段等方面，紧紧围绕促进学生的学和促进教师的教两个方面，最终将提高教学实效作为评价的主旨。

（三）注重提高体育教师的综合素养

无论何种教育教学改革，教师始终是改革成败的核心与关键。作为信息化社会的产物，翻转课堂不仅仅一种先进的教学理念，还是一种先进的教学方法，它对体育教师的综合素养提出了较高的要求。体育教师既是在线虚拟教学平台的搭建者、设计者和使用者；又是教学视频等学习资源的开发者和上传者；既是学生学习与实践的组织者、引导者，又是学生学习成果评价的设计者和评价者；既是学生在线学习情况的监控者和督促者，又是教学设计的完善者。

（四）对体育课堂实效进行追求，避免翻转课堂异化

翻转课堂作为一个新生的事物，虽然它顺应了信息化社会的时代背景，但还没有形成公认的科学实施模式，各个学科对翻转课堂的研究成果较为丰富，但各类研究也存在很多的不足，综合起来主要表现在以下几个方面。

1. 要避免弱化体育教师的作用而过度强调以学生为中心的情况

翻转课堂模式下，体育教师虽然把课堂讲解与示范的时间让位给了学生，但并不代表教师的作用被弱化了。事实上，体育教师的作用变得更加关键，而不是被弱化。课前教学视频的录制和搜集、教学资料的优化与整合、在线虚拟教学平台的建设与管理，课中体育教师的讲解与示范、学生活动的设计与组织，课后学生学习结果的考核与评价、教学方案的优化与修订等，每一项工作都离不开教师的付出。如果对体育教师的作用过度弱化，学生的学习就会失去系统性和效能，高校体育教学最终难逃沦为“放羊式”的结果。

2. 要避免忽视学生课前学习的跟踪和监测而高估学生的自主性的情况

对于翻转课堂教学模式而言，“掌握学习”是其建构的重要基础。翻转课堂的有效实施离不开学生的自主学习性。作为现实社会中的复杂存在，学生在课堂教学开始之前的在线学习中，并不是每一次都能够针对高校体育教学内容有效的、自觉的学习。因此，教师有必要对学生进行适当的检测与跟踪，它不仅能够对学生的技能学习和知识学习的完成起到督促作用，还能够有效培养学生的自主学习能力。

3. 要避免忽视学科的差异而一味借鉴其他学科的经验的情况

现阶段，对翻转课堂教学模式的相关理论研究成果与实践研究成绩，主要是基于其他学科的基础知识。在体育学科的理论等方面的研究还并不十分成熟，在对高校体育教学中翻转课堂教学模式的应用进行研究的时候，我们对于其他学科的实践经验不可避免地要进行借鉴。但是，学科与学科之间的差异是肯定存在的，在其他学科领域比较适用的理论和经验，在体育学科中不一定能够适合使用。因此，在翻转课堂教学模式进行具体实施的时

候，我们应该要把握好体育学科本质特点，应该有选择地吸收、借鉴其他学科的理论与经验，要避免发生生搬硬套的情况。

4. 要避免偏离翻转课堂的本质而过度追求形式的情况

实施翻转课堂教学模式的主要目标是在一定程度上提升高校体育教学的时效性，这一点是毫无疑问的。高校体育教学的存在离不开价值的支持与丰富，体育课程教学一种至高境界是对于既正当又有效的高校体育教学进行贯彻，如果过分追求形式而对高校体育教学的效果不够重视的话，那么即便是翻转课堂的教学模式得以实施，也失去了意义。

在高校体育教学改革深入发展的特殊阶段，在广大体育教师积极投身于高校体育教学改革的今天，对于翻转课堂教学模式我们依然应该谨慎地对其缺陷与优势进行审视，尤其是要避免对于偏离翻转课堂的本质而过度追求形式的情况。

三、翻转课堂在高校体育教学中的应用

（一）高校体育教学中实施翻转课堂的价值探析

1. 当前高校体育教学中存在的典型问题

（1）教学指导思想混乱。教学指导思想反映的是体育教师的理念问题，它会直接影响高校体育教学主旨的确定、教学方法和手段的选择以及整个教学组织管理过程，最终影响教学实效。“健康第一”“快乐体育”“终身体育”等各种体育课程指导思想的提出，有力地促进了我国高校体育教学的发展，但也会让体育教师感觉无所适从，众多的体育指导思想让体育教师很容易迷失教学的主旨，最后只能依据个人理解众里挑一并从一而终。可见，混乱的教学指导思想很容易让体育教师片面理解高校体育教学，最终会影响我国高校体育教学的良性发展。

（2）失去工具性和人文性之间的平衡。对于高校体育教学目标而言，存在三个维度，里面包含的知识与技能目标能够展示出体育的工具性特征，而态度、情感与价值观目标能够展示出体育的人文性。体育课堂教学所具备的工具性对于实践性与实用性进行强调；体育的人文性对于情感与精神进行强调。

现阶段，高校体育教学能够充分地表现出其工具性特征，然而却忽视了人文性方面的特征，体育教师只是对应该教什么内容、以什么样的方式进行教学、学生如何进行学习、学生能否真正学会等问题给予重视，但是却很少关注在体育课程教与学中态度、情感与人格等方面的发展需求。最终导致的结果是，尽管学生已经对体育知识进行了学习，同时还对一定的体育实践能力进行了掌握，但是在学生的体育实践意识与整体体育素养方面仍需要加强，对于体育课和体育教师，学生往往表现出淡漠的情感，致使“学生不喜欢体育课却喜欢体育”“体育锻炼意识与习惯缺乏”的现象时有发生。由此可见，在传统的高校体育教学过程中，轻视人文性、重视工具性的方法存在的缺陷是非常显著的，如果想要高校体育教学的最终目标得到实现，就需要对高校体育教学的人文性和工具性的统一始终坚持。

（3）缺少个性与人本化。现阶段，我国体育实践中存在的问题有很多，虽然我们已经

充分地意识到它们的存在，同时对力气持续加大，为了能够将这些问题解决掉，对于多种措施进行了应用，然而，却没能够有效地解决这些问题，导致瓶颈状态的出现，在我国高校体育教学中，这样的情况是非常明显的。在高校体育教学活动开展的过程中，体育教师通常从主观意识出发，将“一刀切”的特点表现出来，尽管打着面对全体学生的旗号，实际上却忽略了学生的个体差异；为了能够使传递知识和技能的目的得以实现，体育教师所发挥的作用是至关重要的，这主要是因为体育课堂教学的时间基本上都是在体育教师的示范和讲解中度过，在课堂容量的约束下，学生知识和技能内化的实现根本上是很难的，几乎不可能，更不要说提高学生的综合能力了。

在高校体育教学实践活动开展的过程中，体育教师需要面对非常复杂的学习群体，之所以这样说，是因为他们在性格特征、知识基础、学习方式、学习能力、学习习惯与学习需求等方面会表现出较大的差别，因此，体育教师需要深入了解学生的实际情况，同时实施区别对待，展开个性化教学。在传统的高校体育教学中，如果缺少一定的个性化与人本化，那么想要将因材施教落到实处是很困难的，很容易导致学生两极分化的情况出现，即好的学生更好，而差的学生则是越来越差，在体育课堂教学过程中，学生的主体性与独立性是根本无法实现的，严重背离了人才培养的要求。

（4）学习评价结果的失真。在我国传统的高校体育教学过程中，唯一的评价主体就是教师，而一贯使用的评价方法是纸笔测试与技能考核，在统一的标准下对学生进行考核，在按照相关标准由教师进行打分，这样的评价方法尽管看起来是公正的、客观的，但是实际上对于学生的学习效果与进步程度却很难反映出来，而“通过评价促进学习”的目的更是难以达到。一旦碰到考试，学生就如临大敌，经常出现的现象是：考试以前临阵磨枪，考试以后惶恐不安，课程结束以后就像是逃离了地狱中一般。

对于传统的高校体育教学评价模式而言，对于学生的学习效果不能真实地反映出来，同时，学生体育学习的兴趣很难得到激发，其体育锻炼习惯也很难养成，更为严重的是，还会使学生对体育课程学习的抵触情绪得到增加，不存在任何的意义。

2. 翻转课堂在高校体育教学中的核心价值

当前，翻转课堂在我国的兴起已经成为不争的事实，但对于翻转课堂的价值进行深入探讨似乎还未引起理论层面的重视。为了更好地应用和推广翻转课堂，对其在高校体育教学中的核心价值予以探讨。

（1）翻转课堂使高校体育教学与信息技术的有机结合得到实现。在信息化社会的今天，学生的生活方式和学习方式发生了深刻的变化，借助手机、电脑等信息化平台进行学习和交流已经成为日常习惯，为适应学生在行为和习惯上的变化，教学信息化在所难免。

翻转课堂作为信息化社会的产物，它使教学与信息技术之间有机结合，高度迎合了学生的日常习惯，改变了传统课堂呆板的模式和形象，使学生的学习变得更加自然和有趣。体育教师通过上传视频、三维动画、PPT 等丰富而直观的教学材料，设置系统有序的学习导航，加上教师对学生客观而有趣的在线评价和在线交流，一个有益于学生身心发展的教学环境被创建出来。这不仅有效增进了师生之间的情感，更提高了学生的学习情趣和自主性，也为体育教师有效组织课中的教学活动奠定了基础，这对提高高校体育教学的实效性是非常有利的。

(2) 翻转课堂有助于实现高校体育教学的精讲多练。学生课中学习和练习的时间总量是一定的，新知识、新技能的学习耗时过多，学生从事体育练习的时间势必减少，体育课的健身性以及学生对知识、技能的掌握和内化就会大打折扣，因此，精讲多练符合体育课堂教学的要求。在翻转课堂模式下，课前，学生通过观看教学视频，对高校体育教学内容有了初步的认知，对体育学习中的难点深有感受，在遇到无法解决的问题时，学生通过在线交流平台及时反映给体育教师，这样教师就会对学生的课前学习情况有所把握；课中，体育教师依据学生所反映的问题进行针对性极强的讲解或个别指导，不需要每个问题都进行讲解，这样就省去了很多讲解的时间，学生在课中进行体育实践的时间就被延长，精讲多练的目的自然达到。

(3) 翻转课堂使高校体育教学要素的优化组合得到实现。从高校体育教学要素的层面上来讲，翻转课堂同传统的高校体育教学模式之间存在的区别并不是很明显。对于翻转课堂而言，它主要是利用科学合理地重构高校体育教学要素来使高校体育教学的效能实现增值的。我们之所以将翻转课堂判定为一种革命性的高校体育教学方式创新，主要是由于此种教学模式在对高校体育教学要素的各种功能进行准确定位的情况下，体育教师与学生的主体性地位得到了转换，使体育课程的资源得到拓展，促进了高校体育教学目的、高校体育教学方法手段与反馈机制的合理调整，对学生体育学习的良好环境进行创设，进而从质的层面改变高校体育教学的形态与结果。同时，需要注意的是，翻转课堂在组合高校体育教学要素的问题上并不是固定不变的，而是动态的，不是呆板的，而是灵活的。在高校体育教学的实践活动中，按照实际的需要，体育教师对于各教学要素间的组合关系可以随时进行调整以保证特定高校体育教学目的的实现。只有对于这一点充分认识，才能够保证我们能够将翻转课堂作为固定范式进行看待，进而使高校体育教学中应用翻转课堂教学方法流于形式的情况得到避免。

(4) 翻转课堂能够促进高校体育教学中素质教育的实施。素质教育的主要目的是对于受教育者的综合素质进行全面提高，而值得注意的是，综合素质的提升离不开人的全面发展，同时，对于学生个性的培养，我们也不能忽略。个性的完善，不仅是素质教育开展的价值理念，又是素质教育的目标理念，培养个性、促进人的全面发展是素质教育的真谛。

在翻转课堂教学模式应用的过程中，学生的学习目标是统一的，同时，按照学生的具体实际，体育教师可以对学生的个体目标进行制定。通过对在线高校体育教学视频的观看，可以保证学生自主学习的实现，按照学生的学习能力来确定高校体育教学视频的观看次数，而按照学生的学习基础来由学生自主选择观看的内容；从反馈问题的层面上来讲，通过在线交流平台，学生能够将学习中的问题随时向教师反映，同时，获得教师的及时教导；从学习评价的层面上来讲，体育教师对于学生进行评价的根据是学生的进步程度，同时将小组评价和个人评价融入最终评价结果之中，这种评价模式有助于让学生明确在学习过程中的优点和不足，并时刻感受到自己在不断提高。可见，翻转课堂这种个性化的教学模式对于学生端正学习态度、激发学习兴趣、提高沟通能力、培养正确的价值观以及促进学生的全面发展都是有益的。

（二）将翻转课堂教学方法引入高校体育教学的全新高校体育教学模式

我们常说的高校体育教学模式主要是指在一定高校体育教学理念、高校体育教学思想的引导与高校体育教学理论的指导下，因此而建立的各种各样高校体育教学活动的基本框架或者基本结构。一般来讲，高校体育教学模式主要包含了多种要素，即高校体育教学理论依据、高校体育教学原则、高校体育教学程序与学习程序、教学资源与实现条件，以及高校体育教学效果评价，等等。将翻转课堂教学方法引入高校体育教学的全新高校体育教学模式具体包含以下几个方面的内容。

1. 高校体育教学的理论依据

高校体育教学中应用翻转课堂的教学模式主要的思想基础是“先学后教”思想，对于高校体育教学活动中学生的教学参与与学生的主体性进行强调。从高校体育教学的特征与行为心理学原理出发，特别是对斯金纳操作性条件反射的训练心理学进行考虑，对高校体育教学的程序进行确定，具体是：利用视频学习—对于联系吸收理解—再通过视频回顾—互动反馈—强化实践—学习、掌握，并且在这样循环、反复的高校体育教学过程中，对于行为目标进行有效塑造；同时，按照学习的过程与教学的实际效果、学习主体对体育“教”与“学”的活动过程进行不断的完善与创新，促进预期高校体育教学目标与学习目标的实现。

2. 高校体育教学的目标与原则

对于高校阶段的高校体育教学目标而言，主要是为了对中小学阶段高校体育教学目标进行巩固与提高，即体育锻炼的思想、体育能力与体育习惯，对于学生科学、积极、主动参与体育锻炼的行为进行引导与教育，对于现代体育科学中的基础知识、基本技术和技能、方法进行扎根；使学生体育锻炼的参与意识得到强化，使其体育文化素养得到提高。

为了能够保证高校体育教学目标的顺利实现，对于将翻转课堂教学方法引入高校体育教学的全新高校体育教学模式而言，而教学原则是体育教师应该遵照学生的认知水平与心理发展特征，加工整理高校体育教学内容，使高校体育教学的设计、制作通俗易懂，同时还能够紧密地联系到自身已经掌握的认知结构，对于优质的、适宜的高校体育教学视频进行选择；对于一个宽松的、民主的、轻松的交互式学习社区或网络教学平台进行构建，对于学习反馈信息及时地掌握，并能够有效地发现问题、解决问题；在对总体学习情况进行把握的条件下，对于个体学习发展的过程给予重视，将高校体育教学过程中与学习过程中学生的主体性作用充分发挥出来，尽可能地使学生自己发展，对存在的问题自己进行分析与解决，同时对于自我认识、能力与技能进行深化、拓展。

3. 高校体育教学程序与学习程序

将翻转课堂教学方法引入高校体育教学的全新高校体育教学模式，其主要基础是优质的交互学习社区与视频资源，因此，可以将高校体育教学程序与学习程序进行如下的设计：对于高校体育教学内容进行预习—对高校体育教学视频有针对性地进行观看，再进行示范、讲解—使学生学习动机得到激发，对学习过程中的问题进行发现—在课堂教学中由教师对新课进行讲授，对于学生的疑惑进行解答，并进行示范—有学生自主进行练习与实践，对体育学习效果进行巩固—对体育学习效果进行反馈，由教师、学生进行评价—通过资源拓展完善、知识和技能结构的扩展，以及反复练习实践对理解与训练效果进行加强。

4. 高校体育教学的实现条件和教学资源

近些年来，慕课教学平台的快速发展与互联网的广泛普及，创造了良好的条件以便于翻转课堂高校体育教学模式的实施。然而，对于现代高校体育教学来讲，我国的高校体育教学相关视频与学习资料还是相对较少的，所以，我国的体育教师应该从体育课程与教学内容出发，自行制作与设计高校体育教学资源。对于高校体育教学内容而言，主要有理论教学内容与动作讲解、演示的视频，保证体育练习活动的理解性与课余训练活动的实践性。既要有动作示范的要领分析，又要有训练实践的摄像记录视频，此外，还要有拓展性的教学资源和学习资源以及专题性的研讨问题等。不仅如此，体育教师在组织学生观看教学视频、开展练习活动和训练活动的同时，还要保证在交互社区体育教师能够对于学生的疑惑及时地进行解答、讨论与指导。

5. 高校体育教学效果与评价

将翻转课堂教学方法引入高校体育教学的全新高校体育教学模式，其实施能够使学生体育学习的兴趣得到激发，使学生自主发现、学习、探索、分析、解决问题的综合能力得到培养，同时促进学生技术和技能的提升，同时还能够有效促进学生自主学习能力、社会发展适应能力、互相合作能力的发展与培养，体育教师应该通过交流与活动对学生的学习情况与进度实时地进行了解，还要对反馈信息及时掌握，同时再从所获的情况出发，适当地进行引导，对于学生的学习积极性进行鼓励并充分调动，在高校体育教学与讲解活动开展的过程中，针对不同的学生因材施教。将翻转课堂应用在高校体育教学中的相关活动适宜于小班教学，所以在大班教学中一般很难实施。而对于学生的评价而言，需要注意的是，它同其他文化课程是不同的，在对其学习好坏进行衡量的时候，不能单纯地将考试成绩作为标准。在学校高校体育教学中，应该对“健康第一”的指导思想始终坚持，同时，还要在体育考试的各个环节中渗透“健康”的标准，对于标准化的项目应该适当地减少技能考试，同时，还要有效改进高校体育教学的评价标准，尽可能地避免学生由于害怕考试而出现的体育厌学心理与逆反心理。此外，对于学生应该积极地引导，使他们加强对高校体育教学的相关认识，促进学生体育锻炼良好习惯的养成，并且积极构建同高校体育教学目标相适应的人性化测试方法。

参考文献

[1] 上官福忠．普通高校体育教学改革的理论与实践研究［J］．当代体育科技，2020，10（14）：177－178，180.

[2] 任鹏．关于“互联网＋”背景下高校体育信息化教学改革的研究［J］．当代体育科技，2020，10（30）：181－183.

[3] 王海鑫．基于学生兴趣培养的高校体育教学改革路径探索［J］．文体用品与科技，2019（20）：99－100.

[4] 刘楠．我国高校体育教学改革的影响因素及其发展对策研究［J］．文体用品与科技，2019（22）：131－132.

[5] 陈婧．创新教育理念下的高校体育教学改革探究［J］．教育观察（上旬），2019，8（7）：4.

[6] 李明．试论终身体育思想对高校体育教学改革创新的影响［J］．陕西教育：高教版，2017（12）：22.

[7] 符巍．浅析多媒体技术在高校体育教学改革创新中的应用构建［J］．当代体育科技，2017（22）：12.

[8] 芦琳．浅谈在高校体育教改中创新素质培养的价值［J］．体育时空，2016，（009）：84.

[9] 薛俊．试析高校体育教师教学行为改革创新［J］．河北体育学院学报，2016，17（001）：42－44.

[10] 马金凤．我国高校体育教学改革探讨［J］．山东体育学院学报，2014（30）：105－107.

[11] 徐伟．高校校园体育文化建设及其育人的内在机理分析［J］．北京体育大学学报，2015（1）：94－99.

[12] 孟祥增，刘瑞梅，王广新．微课设计与制作的理论与实践［J］．教育科学文摘，2014（6）：95－96.

[13] 张珂，仲卫朋．微课在高职院校体育教学中的应用［J］．当代体育科技，2018（8）：106，108.

[14] 徐勇．微课教学在高职体育课程教改中的应用［J］．科教导刊：电子版，2017（1）：200.

[15] 曲宗湖，杨文轩．学校体育教学探究［M］．北京：人民体育出版社，2000.

[16] 李元伟．科技与体育—关于新世纪体育科学技术发展问题［J］．中国体育科技，2002，38（6）：3－8，19.

[17] 徐本立．运动训练学［M］．济南：山东教育出版社，1990：228.

[18] 王智慧，王国艳．体育科技与体育伦理辨析［J］．体育文化导刊，2016（6）：146－148.

[19] 曹庆雷，李小兰．前沿科技与体育［J］．山东体育科技，2004，26（1）：37－38.

[20] 董传升．“科技奥运”的困境与消解［M］．沈阳：东北大学出版社，2004：15.